不忘初心

老一辈革命家的人格风范

李庆刚————著

生活·讀書·新知 三联书店

Copyright © 2022 by SDX Joint Publishing Company.
All Rights Reserved.
本作品版权由生活・读书・新知三联书店所有。
未经许可,不得翻印。

图书在版编目(CIP)数据

不忘初心:老一辈革命家的人格风范/李庆刚著.—北京:
生活・读书・新知三联书店,2023.3
ISBN 978 - 7 - 108 - 07346 - 4

Ⅰ.①不… Ⅱ.①李… Ⅲ.①中国共产党-革命领袖-人物研究-文集
Ⅳ.① K827=7

中国版本图书馆 CIP 数据核字(2021)第 281550 号

责任编辑	唐明星
装帧设计	罗 洪
责任校对	龚黔兰
责任印制	卢 岳
出版发行	生活・讀書・新知 三联书店
	(北京市东城区美术馆东街 22 号 100010)
网 址	www.sdxjpc.com
经 销	新华书店
印 刷	河北松源印刷有限公司
版 次	2022 年 3 月北京第 1 版
	2023 年 3 月北京第 2 次印刷
开 本	635 毫米 × 965 毫米 1/16 印张 22
字 数	245 千字
印 数	5,001-8,000 册
定 价	68.00 元

(印装查询:01064002715;邮购查询:01084010542)

目 录

代　序　中国共产党老一代革命家的人格风范　谢春涛　李庆刚　1

领袖的功勋和风范

毛泽东

延安时期的毛泽东：朴实得和老百姓没两样　12
反对"客里空"　16
在西柏坡立规矩　24
"两条腿走路"的办学思想及其实践　31
"中国应当对于人类有较大贡献"的思想　45
毛泽东与《论十大关系》　56

周恩来

青年周恩来的现代化意识　74
周恩来的知识分子情结　89
周恩来的自我改造观　97
周恩来与新中国城市建设　107
周恩来的人格风范　120

刘少奇

刘少奇的调研与《论十大关系》　140
正确处理人民内部矛盾探索中的制度创新
　　——论刘少奇两种教育制度、两种劳动制度思想的形成　145

邓小平

邓小平理论形成与新时期中国教育改革的嬗变　164
关于维护中央权威的思想　179

陈　云

论陈云党的基层组织建设思想　194
从毛泽东的评价看陈云的思想方法和品格风范　205

领袖之间

留法勤工俭学运动与中国共产党人世界眼光的培养
　　——以周恩来、邓小平为例　215
毛泽东、邓小平教育思想比较　229
"中国应当对于人类有较大的贡献"
　　——论毛泽东、邓小平的民族复兴观　257

学习和调研

徐特立：懂得很多而时刻以为不足　277
董必武：观书有得觉思清　282

谢觉哉：毕生自修无尽期　　287

林伯渠：把握住大的方向　　292

吴玉章：留作青年好范畴　　297

习仲勋：1961年，长葛调查　　303

"一切结论产生于调查情况的末尾"　　339

代　序
中国共产党老一代革命家的人格风范

谢春涛　李庆刚

以毛泽东、邓小平等为代表的老一代革命家，不仅以其毕生的精力为实现国家富强、民族振兴和人民幸福建立了不朽功勋，同时也以其崇高的人格风范构筑了中国共产党和中华民族的道德丰碑。见贤思齐，学习老一代革命家的人格风范，对于新形势下广大党员干部加强党性修养具有重要意义。

一、坚定不移的理想信念

理想信念是共产党人的精神内核，是支撑共产党人坚定事业信心的动力源泉。老一代革命家以自己的光荣一生坚守理想信念，证明了信仰的力量。

20世纪初的中国，列强压迫、军阀混战，民族危机、社会危机深重。苦闷彷徨中的中国人在各种"主义"中寻找信仰，共产主义成为老一代革命家共同的选择。1936年，毛泽东在与美国记者埃德加·斯诺的数次谈话中提到，他一旦接受了马克思主义对历史的正确解释以后，对马克思主义的信仰就没有动摇过。周恩来在确立共产主义信仰之时说："我认的主义一定是不变了，并且很坚决地要为她宣传奔走"。

选择理想不易，坚守信念更难。在坚守信仰的征途上，不仅布满了荆棘,而且有可能付出鲜血和生命的代价。从1927年3月至1928年上半年,全国有31万余人牺牲在国民党反动派的屠刀之下,其中有26000余名共产党员,包括罗亦农、赵世炎、陈延年、陈乔年、李启汉、萧楚女、邓培、向警予、夏明翰、张太雷等革命家在内。这期间,有不少人退党,但有更多人入党。叶剑英等人就是这个时候加入党组织的。

在坚守信仰的征途上,不可避免地会遭遇信仰与个人利益的冲突,老一代革命家从国家民族命运出发,舍弃"小我",实现"大我"。为了革命的胜利,毛泽东一家牺牲6位亲人,徐海东大将家族牺牲70多人,贺龙元帅的贺氏宗亲中有名有姓的烈士达2050人。

理想信念是精神之"钙",具有神奇的力量。邓小平指出:"为什么我们过去能在非常困难的情况下奋斗出来,战胜千难万险使革命胜利呢?就是因为我们有理想,有马克思主义信念,有共产主义信念。"反观一些党员领导干部之所以政治上变质、经济上贪婪、道德上堕落、生活上腐化,其深层次根源就在于理想信念的缺失与丧失。

二、敢于担当的使命意识

自古以来,中华民族就有敢于担当的优良传统。中国共产党人继承了这种传统,老一代革命家自觉担负起争取民族独立和人民解放、实现国家富强和人民幸福的历史使命。

在重大关头敢于承担重任。1945年抗战结束,蒋介石几次电邀毛泽东赴重庆谈判。党内一些同志担心毛泽东的安全,不同意他去，但毛泽东以国家和民族利益为重，义无反顾去了重庆。新中国成立后不久，当美国把朝鲜战争的战火烧到鸭绿江边的危急时刻，中共中央毅然作出"抗美援朝，保家卫国"的战略决策，彭德怀临危受命，出任中国人民志愿军司令员兼政治委员。

在重要问题上敢于建言献策。1948年初，针对当时土改中出现的"左"倾错误，时任西北局书记的习仲勋三次致信党中央和毛泽东，主张尽快纠正土改中的"左"倾错误，受到党中央和毛泽东的高度重视，在党史上被传为佳话。1948年，中央三次命令粟裕率部过长江，粟裕鉴于当时的形势，经慎重考虑，向中央进言延缓过长江，并亲赴城南庄面见毛泽东等中央领导。最后中央采纳了他的建议，调整战略部署，粟裕为淮海战役的胜利立下了"第一功"。

勇于承担历史责任。1977年，邓小平再次复出时已是73岁高龄。他说，出来工作，可以有两种态度，一种是做官，一种是做点工作。"谁叫你当共产党人呢，既然当了，就不能够做官，不能够有私心杂念，不能够有别的选择，应该老老实实地履行党员的责任。"邓小平坚决纠正"文革"错误，大胆推进改革开放，成功开创了中国特色社会主义道路。

实现"两个一百年"奋斗目标，实现中华民族伟大复兴的中国梦，需要领导干部有直面矛盾的勇气，有敢于担当的精神。各级领导干部一定要发扬老一代革命家敢于担当的精神，切实担起应有的政治责任。

三、严守纪律的大局观念

纪律严明是中国共产党的光荣传统和独特优势，老一代革命家都是严守纪律的模范。

对中央作出的决定或决议，要坚决遵守。在长征途中，当时担任红四方面军负责人的张国焘无视党的纪律，背着中央搞分裂活动，险些断送党和红军。红军中的广大党员，包括红四方面军的绝大部分同志，都能抵制张国焘的错误。当张国焘逼迫朱德公开反对中央关于北上抗日的决议时，朱德坚定地回答："党中央的北上方针是正确的。北上决议，我在政治局会议上是举过手的。我不反对北上，我是拥护北上的。"

对中央作出的决定或决议，即使存在问题或个人受到委屈仍要服从。在井冈山、瑞金时期，由于"左"倾错误路线的指导，毛泽东多次受到不公正对待，但他每次都能做到服从组织决定。1932年10月在宁都会议上，毛泽东被剥夺红一方面军总政委的职务，他尊重集体决定，严格遵守党的纪律，坚决维护党的团结统一，表示"什么时候需要我回来，我就回来"。与此同时，他通过组织程序，进行耐心细致的工作，说服教育了一部分受"左"倾错误影响的同志。后来，遵义会议纠正了"左"倾军事路线，挽救了中国共产党和中国革命。

强调和健全党的各项纪律。以毛泽东为首的党中央，始终高度重视党的纪律建设。1938年11月，党的六届六中全会专门制定了加强党的纪律的文件，重申了"四个服从"的组织纪律。毛泽东在会上强调指出："谁破坏了这些纪律，谁就破坏了党的统一。"在延安整风运动中，中央把反对宗派主义、加强党的纪律建设，作为整风的主要内容之一。1941年中央政治局通过的《关于增强党性的决定》，强调党在思想上、政治上、组织上的团结统一，批判了政治上的自由主义、组织上的山头主义、思想上的个人主义等错误倾向。

当前,面对世情、国情、党情的深刻变化,我们党比以往任何时候都更加需要严明政治纪律和政治规矩。必须维护党中央权威,在思想上、政治上、行动上同党中央保持高度一致;必须维护党的团结,团结一切忠诚于党的同志;必须遵循组织程序,重大问题必须请示汇报;必须服从组织决定,决不允许搞非组织活动。

四、廉洁奉公的公仆精神

廉洁奉公,是《中国共产党章程》规定的党员必须履行的义务,体现了中国共产党的宗旨、本色和风格。在这方面,老一代革命家时时事事以身作则,率先垂范。

正确对待名利。李大钊提倡"简易生活"、许光达不受"镜匾"、罗荣桓高风让贤、刘伯承坚持撤换"标语"等,都是正确对待名利的典范。他们摆正名利、地位与事业的关系,以平和之心对待"名",以淡泊之心对待"位",以知足之心对待"利",以敬畏之心对待"权",以精进之心对待"事",把自己的一切与国家的命运、党的事业、人民利益紧紧联系在一起,珍惜人民赋予的权力,努力为人民群众办好事、实事。

不收不当之礼。周恩来拒礼附《通知》、陶铸"不准请客,不准迎送,不准送礼"、黄克诚"来者必拒"等,都反映了他们在此问题上的坚决态度和"拒礼"艺术。尽管这些都是小事,但小事中包含大道理、体现大风范,展示了共产党人面对不当之利时的崇高境界。

管好亲属和"身边人"。毛泽东从不利用手中的权力为家属、亲友谋取私利。新中国成立后，有亲戚、故旧以为毛泽东是国家主席了，求他安排工作，或给个一官半职，都被毛泽东婉言相劝予以拒绝。还有亲戚给他写信，反映生活困难，要求政府照顾，他从自己工资或稿费中拨款予以接济，还劝告对方不能以毛泽东的亲戚为由要求特殊。

严格要求干部廉政。从土地革命战争时期《井冈山反腐败训令》《关于惩治贪污浪费行为》等法律法规的颁布，到新中国成立后不久严惩贪官刘青山、张子善，老一代革命家一刻也没有放松过对党员干部清正廉洁的要求。

一个人能否廉洁自律、克己奉公，最大的诱惑是自己，最大的障碍也是自己。党员领导干部只有做到严以修身、严以用权、严以律己，谋事要实、创业要实、做人要实，才能保持共产党人的政治本色，才会得到人民群众的衷心拥护。

五、高尚纯洁的道德情操

德才兼备、以德为先是我们党选任干部的标准。老一代革命家身上体现出的高尚纯洁的道德情操证明，有德才有得，有诚才有成；做官先做人，从政先立德。

慎独自省，自我解剖。周恩来的座右铭是"活到老，学到老，改造到老"。邓小平说："自我评论，我不是完人，也犯过很多错误，不是不犯错误的人，但是我问心无愧，其中一点就是从来不搞小圈子。"

虚怀若谷，平等待人。毛泽东和张澜、陈叔通、黄炎培、许德珩、沈钧儒、程潜等民主党派和无党派人士，以及同赛福鼎·艾则孜、班禅额尔德尼·确吉坚赞等民族宗教界人士真诚交往,留下许多佳话。周恩来真诚地同各界人士交往的事迹也广为传颂,如在同原国民党战犯座谈时,杜聿明等人都非常惭愧,周恩来却说怪自己当年在黄埔军校没有教育好他们;在会见末代皇帝溥仪时,他真心实意地为溥仪家族解决实际困难;在与知识青年交谈时,周恩来十分关心青年一代的生活和成长。

坦荡无私,顾全大局。刘少奇指出:"我们无产阶级革命家忠诚纯洁,不能欺骗自己,不能欺骗人民,也不能欺骗古人。这是我们共产党员的一大特点,也是一大优点。""文化大革命"结束后,面对一些人否定毛泽东的倾向,黄克诚态度鲜明地指出:虽然我自庐山会议以来一直蒙冤,但我们这代人对毛泽东的感情是超越一切个人恩怨的。"如何认识和评价毛主席,如何评价毛泽东思想,对我们党和国家来说,是一个根本的问题。"

注重加强党性修养。1938年10月,毛泽东在党的六届六中全会上首次提出"我们党的马克思列宁主义的修养"的命题,随后,张闻天、陈云先后发表《论青年的修养》《怎样做一个共产党员》,从不同角度论述了共产党员的修养问题。1939年7月,刘少奇作《论共产党员的修养》演讲,对加强共产党员修养问题作了全面系统的阐述。这一经典文献,成为党员党性教育的必读书籍。

老一代革命家的伟大人格和崇高风范,来自自身的修身和自省,更来自中国革命的锤炼,必将激励党员领导干部体悟崇高的力量,在为人民利益的奋斗之中,努力创造出无愧于先辈和时代的业绩。毛泽东指出:"无数革命先烈为了人民的利益牺牲了他们的生命,使我们每个活着的人想起他们就心里难过,难道我们还有什么个人利益不能牺牲,还有什么错误不能抛弃吗?"老一代革命家以其杰出的人格风范,受到亿万人民群众的衷心爱戴,为广大共产党人树立了学习的榜样。正如习近平总书记指出的那样:"共产党人拥有人格力量,才能无愧于自己的称号,才能赢得人民的赞誉。"

(原文刊发于《求是》2015年第14期)

领袖的功勋和风范

毛泽东

延安时期的毛泽东：朴实得和老百姓没两样

《西行漫记》，已为人们所熟知，但被誉为其姊妹篇的《北行漫记》及其作者福尔曼，知道的人就不多了。

1941年皖南事变后，国民党当局一直对陕北采取军事封锁和新闻封锁，诋毁共产党的抗战功绩，中伤根据地党政军民关系。这反而引起了一些新闻记者特别是外国记者对共产党的浓厚兴趣。这些新闻记者多半既非共产党，也不是共产党的同情者。身为美国合众社、英国《泰晤士报》记者的哈里森·福尔曼（Harrison Forman）就是其中的一位。经过与国民党当局的交涉，1944年6月，他随中外记者参观团到达延安及华北抗日根据地进行战地采访。其间，他采访了毛泽东、朱德、彭德怀、贺龙、陈毅、叶剑英、王震、吕正操等人，对中共领袖和将领的访问，使他了解了延安的真实情况，从而对国民党宣传的虚假性感到厌恶。不等离开延安，福尔曼当众表示，他要把所见到的一切，毫无顾忌地告诉全世界。

1945年，福尔曼回国后便急不可待地出版了《来自红色中国的报道》（又译为《北行漫记》）一书。这部作品向全世界真实报道了抗战圣地延安，报道了模范抗日根据地陕甘宁边区及艰苦卓绝、英勇抗日的八路军，此书被誉为斯诺所写的《西行漫记》的姊妹篇。

"毛泽东在延安并不是什么不可接近的神灵，也不是所有智慧和指导思想的唯一源泉，他的话也不是不可质疑的法律。"

福尔曼在《北行漫记》中写道：中国共产党的领袖保持着劳动者的本色，实行的是集体领导。在福尔曼眼里，毛泽东朴实得和普通的老百姓并无两样，他的会客室是一个有着简单砖地、白墙壁，有着笨重粗糙家具的窑洞。在昏暗的窑洞里，唯一照明的火光，是来自一支安在翻转杆子上的蜡烛。招待客人用的是淡茶、土制糖果和香烟。福尔曼描写道：小孩子在大人们谈话的全部时间中进进出出，他们会立下来，注视客人几分钟，随后抢了一块糖，飞跑出去。毛泽东对他们不加注意。通过近距离接触、了解毛泽东，福尔曼得出这样的判断："毛泽东在延安并不是什么不可接近的神灵，也不是所有智慧和指导思想的唯一源泉，他的话也不是不可质疑的法律。不可否认，毛的观点和建议对政策的形成有着巨大的影响，但这些只被看作是供共产党领导成员讨论和最终批准的基础，而这些领导人决不是些人云亦云的人。因此，毛公开发表言论前，先要经过仔细的构思，然后得到他党内同事的修改。这样，最后的定稿是党委集体的意见，不只代表毛个人的观点。"

"关于人民内心怎么看待共产党的问题，民兵作出了最概括的回答。"

福尔曼发现，中国共产党的领导赢得了人民的支持。福尔曼是从民兵武装来认识这个问题的。他指出："220万民兵是华北和华中抗日根据地抗日的中坚力量。他们是共产党武装起来的人民。在我看来，关于人民内心怎么看待共产党的问题，民兵作出了最概括的回答，因为武装起来的人民不可能会长期容忍一个不受欢迎的政府和一支强加的军队。这是举世公理。"福尔曼还向八路军总司令朱德问到抗战胜利后国共两党如何解决分歧的问题。朱德认真回答说:"我们不愿意考虑中国的内战,我们当然也不会挑起这样的战争。……国民党如果企图重开内战,那么这场战争便不仅仅是对付共产党,而且是对付全中国人民,因为人民站在我们一边,他们是向全中国人民宣战。"当谈到蒋介石时,朱德回答:如果他继续压制共产党及中国其他民主力量,甚至不惜冒内战的危险,那么他很快就会发现,自己失去了人民的支持。

"世界上还没有任何其他军队这样大规模地开展过生产,这毫无疑问也是造成军民间神奇合作的最重要的因素。"

福尔曼还发现,中国共产党领导的军队与人民群众结下了鱼水深情。对于八路军参加大生产运动,福尔曼感到新奇。他指出:"生产运动不只是在老百姓中开展,部队也参加了。这或许可以说是八路军的特色。据我所知,世界上还没有任何其他军队这样大规模地开展过生产,这毫无疑问也是造成军民间神奇合作的最重要的因素。就我所知道的,任何接触过八路军的人都不会怀疑,正是与人民的这种鱼水之情,才使得八路军在这场靠缴获或土造的武器进行的战斗中,能坚持下来。"当福尔曼对一群八路军军官提出,如果重庆发动一次新的"围剿",驻扎在紧挨国民党统治区的边区的5万名集农民与士兵身份于一身的八路军战士,可能无力抵御胡宗南50万中央军时,他们毫不犹豫地齐声说:"够啦!够啦!""你忘了,"他们补充说,"人民和我们在一起。"朱德还给福尔曼指出了国共两党所领导的军队的不同:我们知道自己为何而战,"遗憾的是,被国民党强行征来的大多数士兵，至少在目前还只是模模糊糊知道为何而战。很明显，这就解释了他们为什么一再受挫。但我们的八路军和新四军战士们则形成鲜明的对比：我们是人民的战士，受到人民的支持。我们的战士有主动性，有作战能力。"

百闻不如一见。根据地的所见所闻使得福尔曼豁然开朗。1944年9月21日，福尔曼在晋绥汾阳前线的八分区司令部欢迎大会上发表讲话，他指出："过去有人告诉我们：八路军不打仗，现在我们亲眼看见了八路军是作战的。过去有人同我们讲八路军没有伤兵，现在我们看到了八路军是有伤兵的。过去有人给我们讲八路军没有捉住俘虏，现在我们看到了八路军捉住了俘虏。过去有人给我们讲这地方的人民害怕并恨八路军，现在我们看到了人民是爱护八路军、拥护八路军的。现在最好的一个证明，即你们都有武器，如果人民怕八路军，或八路军怕人民，八路军就不会给人民枪支。这次参观使我最受感动的，是人民都武装起来了。""在中国已证明了光武器还不是要紧的东西，精神更重要。这奋斗的精神与武器结合起来就是最大的力量。"最后，他和其他记者一齐高呼："八路军、游击队、民兵、老百姓万岁！"

就这样，福尔曼在《北行漫记》中告诉美国人民，共产党人已经"在中国创造了一个奇迹——赢得了人民的尊敬和合作"。

反对"客里空"

2013年6月,习近平总书记在党的群众路线教育实践活动工作会议上的重要讲话中,批评了形式主义的种种表现,指出:"有的抓工作不讲实效,不下功夫解决存在的矛盾和问题,难以给领导留下印象的事不做,形不成多大影响的事不做,工作汇报或年终总结看上去不漂亮的事不做,仪式一场接着一场,总结一份接着一份,评奖一个接着一个,最后都是'客里空'。"

何谓"客里空"?为什么要反对"客里空"?关于这些疑问的解答,不能不联系到党的历史,不能不从党反对主观主义、形式主义的优良传统谈起。

什么是"客里空"

"客里空"是一个虚构的文学典型人物,它出自1942年9月苏联作家柯涅楚克发表的话剧《前线》。这部话剧在苏联反法西斯战争中产生过重要影响。1944年春,诗人萧三把自己翻译成中文的《前线》剧本交给毛泽东阅读,毛泽东读后立即推荐给《解放日报》,并于5月份开始连载。

《前线》给人印象最深的是其中塑造的两个人物。一个是前线总指挥戈尔洛夫将军,作为老资格的布尔什维克,他对党忠诚，作战勇敢，功不可没；但毛病也很明显：故步自封，骄傲自大，摆老资格。另一个就是脱离实际、靠捕风捉影甚至编造事实来写报道的记者客里空。作为一个记者，此君最大的本事和特点是能坐在屋子里把不存在的事情编成新闻，并且活灵活现。当听说戈尔洛夫的儿子在前线牺牲的消息后，善于捕风捉影、添油加醋的客里空顿时来了灵感，在没有采访将军本人的情况下，他便写出了绘声绘色的"真实"报道。客里空在报道中这样写道："老将军知道他的爱子阵亡了，垂下头来，久坐不动。然后抬起头来，他眼睛里没有眼泪。没有，我没有看见！他的眼泪被神圣的复仇的火焰烧干了。他坚决地说：'我的孩子，安眠吧，放心吧。我会报仇的。我用老军人的荣誉发誓。'"在准备把报道发往莫斯科的时候，毕竟心里发虚，客里空才提出要"在电话里和总指挥商量商量"。有人质疑："在电话里你怎么能看得见总指挥的眼睛呢？你却描写得那样逼真。"客里空一语道破天机："我的天呀，假如我只写我所看见的，那我就不能每天写文章了。我就一辈子也休想这样出名了。"客里空暴露马脚后，广大红军官兵把他从前线赶走了。

"戈尔洛夫"和"客里空"这两个人物形象给毛泽东留下了深刻印象。在把《前线》剧本推荐给《解放日报》发表后，毛泽东进一步提出把《前线》和郭沫若的《甲申三百年祭》一道作为全党的整风学习文件。一部外国戏剧作品、一篇中国历史文章，题材不同，所讲的道理却相通。1944年6月，中央要求各地将两者翻印，在干部中散发，并开展评论，在有条件的根据地可排演话剧《前线》。通知说：这两篇作品对我们的重大意义，就是要我们全党首先是高级领导同志，无论遇到何种有利形势与实际胜利,无论自己如何功在党国、德高望重,必须永远保持清醒与学习态度,万万不可冲昏头脑,忘乎所以,重蹈李自成与戈尔洛夫的覆辙。此后,在多次重要讲话中,毛泽东都以"戈尔洛夫"和"客里空"为靶子,告诫各级领导干部和知识分子要引以为戒。1945年2月,毛泽东在中央党校的讲话中指出:苏联十月社会主义革命后已经二十多年了,"但是他们还出了戈尔洛夫式的人物。所以要有思想准备"。在七大会议上的讲话中,毛泽东强调:知识分子要和工农兵交朋友,不要和"《前线》里的客里空"这类脱离接触实际的人交朋友。

在中央和毛泽东的推动下,《前线》中"戈尔洛夫"和"客里空"这两个剧中人物的名字,经常出现在各级领导干部的讲话和文章当中,迅速为党员干部和广大群众所熟知。后来,"客里空"的知名度超过了"戈尔洛夫",是与解放战争时期各解放区新闻界开展的反"客里空"运动直接相关的。

解放区新闻界开展反"客里空"运动

解放区新闻界的反"客里空"运动,是由《晋绥日报》发动的。《晋绥日报》是中共中央晋绥分局的机关报,1940年9月在山西兴县创刊,原名《抗战日报》,1946年改名《晋绥日报》。

1946年5月,中共中央发布《关于土地问题的指示》,确定了由减租减息政策向没收地主阶级的土地分配给农民政策的转变,开始实行土地改革。随着革命形势的迅猛发展、解放区土地改革的深入进行,受新闻从业者自身素质等诸多因素的影响,在报纸宣传报道中,夸大成绩、隐瞒缺点等个人主义、主观主义倾向也有所发展。一些新闻报道对于"土改"中阶级斗争的复杂性、激烈性视而不见,这与广大基层群众所亲身体验的"土改"存在极大差距。随着这种失实的新闻报道增多,广大农民群众逐渐对报纸产生了不信任的情绪。

1947年4月,党中央新组成的工作委员会在刘少奇等人领导下渡过黄河到达晋绥边区,开始了解"土改"进行中的情况和问题,发现了报纸新闻报道有些不真实的问题。6月,中共晋绥分局召开地委书记会议,开始纠正右的偏向。同时,《晋绥日报》开始认真检查新闻报道工作中右的倾向和存在的新闻失实问题。

1947年6月15日,《晋绥日报》用整版篇幅刊登《前线》剧本中有关"客里空"的情节,并在"编者按"中说:"我们的编者作者应该更加警惕,并勇敢地严格地检讨与揭露自己不正确的采访编写的思想作风,更希望我们每一个读者都起来认真、负责、大胆地揭发客里空和比客里空更坏的新闻通讯及其作者,在我们的新闻阵营中肃清客里空。"6月25日、26日,《晋绥日报》又以《不真实新闻与客里空之揭露》为题,公开揭露检查出来的新闻报道工作中的不真实现象,如:有些人凭空制造"英雄模范",采访时道听途说、捕风捉影,编辑时任意删改,校对中马马虎虎。文章号召群众对此加以检举并协助报社弄清真实情况。解放区新闻界反"客里空"运动由此揭开帷幕。

《晋绥日报》发起的反"客里空"运动得到了中央肯定。1947年8月29日,新华社发表《学习〈晋绥日报〉的自我批评》的社论;9月1日,新华社又发表了编辑部文章《锤炼我们的立场与作风——学习〈晋绥日报〉检查工作》,文章号召各解放区新闻工作者"彻底检查自己的立场与作风,要由此开展一个普遍的学习运动"。由此,反"客里空"运动迅速扩展到全国。

1947年9月18日,《晋绥日报》在创刊7周年纪念之际,与新华社晋绥总分社联名发表《关于"客里空"的检查》,连载4天,提出把肃清"客里空"与检查端正领导作风结合起来。文章指出:"'客里空'之所以能够出现,又是和戈尔洛夫分不开的;'客里空'的笔是替戈尔洛夫写的。"《晋绥日报》中层以上的领导干部经过学习后一致认为:"法国没有戈尔洛夫,'客里空'也吃不开。我们也应当拿这面镜子照照自己。"1947年11月9日,中央宣传部发出《对反客里空运动的指示》,号召应把反"客里空"的"自我批评的精神应用到各种工作中去"。

晋绥解放区反"客里空"运动,迅速推广到其他解放区。晋冀鲁豫《人民日报》《东北日报》《大众日报》《晋察冀日报》等纷纷以反"客里空"为中心,检查自身工作中的缺点和错误。

《大众日报》在检查后发表的社论中说:"我们编辑同志在处理稿件时,还缺乏反复思考分析的慎重、严肃、科学的态度,也就是缺乏对党对人民真正负责任的态度。特别是发现新的问题时,往往不调查、不研究、不分析其发生的原因和情况,甚至不请示党委,便以小资产阶级追求新奇的态度,加以处理。""我们记者和特约通讯员,大都是采访会议、采访干部,大都是在干部会议、会议干部中打圈子,很少直接采访群众。"因此,群众的呼声,"就很难直接通过采访关系,在我们报道上出现。""资产阶级'有闻必录'的陈腐新闻观点,尚在一定程度上有意无意地影响着我们的采访编辑工作。"

这表明,反"客里空"运动向纵深发展,由对新闻报道失实现象的纠查深入到对新闻工作者立场作风的检查。在运动中,通过批评与自我批评，检查、纠正了新闻报道失实现象，克服了"土改"宣传中右的倾向，改造了新闻工作者的立场与作风，提高了新闻工作者的政治素质。当然，反"客里空"运动在反对右的错误倾向时助长了"左"的错误倾向，片面强调"走贫雇农路线"，排斥与打击中农和其他工商业者，误伤了一些好人。所幸，这一情况迅即为党中央所觉察而得到纠正。1948年2月11日，毛泽东为党中央起草了党内指示，即《纠正土地改革宣传中的"左"倾错误》，要求各地党的领导机关、新华总社和各地总分社以及各地报纸工作人员，检查过去几个月的宣传工作，发扬成绩，纠正错误。

毛泽东、刘少奇为反"客里空"做总结

1948年3月下旬，毛泽东和中共中央离开陕北，途经晋绥地区赴河北。4月2日，毛泽东接见了《晋绥日报》编辑部人员，发表了著名的《对晋绥日报编辑人员的谈话》。毛泽东的讲话，对包括《晋绥日报》在内的解放区新闻界反"客里空"运动做了总结。毛泽东指出：《晋绥日报》在去年六月以后进行的反对右倾的斗争，是完全正确的"，后来出现的缺点，"主要是'左'的偏向"。毛泽东特别强调了党报的作用与任务，他指出："报纸的作用和力量，就在于它能使党的纲领路线，方针政策，工作任务和工作方法，最迅速最广泛地同群众见面。""办好报纸，把报纸办得引人入胜，在报纸上正确地宣传党的方针政策，通过报纸加强党和群众的联系，这是党的工作中的一项不可小看的、有重大原则意义的问题。"关于党报的风格，毛泽东指出："我们党所办

的报纸，我们党所进行的一切宣传工作，都应当是生动的，鲜明的，尖锐的，毫不吞吞吐吐。这是我们革命无产阶级应有的战斗风格。"关于党报工作者的学习与修养问题，毛泽东认为："报纸工作人员为了教育群众，首先要向群众学习。""要使不懂得变成懂得，就要去做去看，这就是学习。"

1948年5月，党中央到达河北平山县西柏坡。由于华北广大地区已经基本上连成一片，晋察冀和晋冀鲁豫两大解放区的领导机关逐渐合并。6月15日，《晋察冀日报》和晋冀鲁豫《人民日报》在石家庄合并为华北《人民日报》。8月，华北人民政府成立。建立新中国，指日可待。

在这一历史转折时刻，为了改进和加强新闻工作，中共中央在西柏坡召集《人民日报》和新华社华北总分社的部分记者进行学习。1948年10月2日，刘少奇与记者团进行谈话。在谈话中，刘少奇对于一年多来的反"客里空"运动也做了总结。他指出："党依靠你们的工作，指导群众，向群众学习。因此，你们做得好，对党对人民的帮助就大；做不好，帮助就不大；如做错，来个'客里空'，故意夸大，反映得不真实，就害死人了。因此，这是个很严肃的工作，一定要认真负责地从事你们的事业，要对党对人民有很大的责任心。搞'客里空'是会受处罚的。"他说："在我们党内，有没有喜欢别人吹拍的戈尔洛夫呢？有的。你批评他，他不高兴，你给他吹吹拍拍，他高兴了。因此，'客里空'还有点地位……不过这不可靠，哪一天一说整党，就糟糕了。"刘少奇强调指出，做好新闻记者工作，需要具备以下条件：第一，要有正确的态度；第二，必须独立地做相当艰苦的工作；第三，要有马列主义理论修养；第四，要熟悉党的路线和政策。其中，真实全面报道是至关重要的。刘少奇指出:"你们的报道一定要真实,不要加油加醋,不要戴有色眼镜。""你们去访问,不论访问什么人,要得到群众的真心话,是很不容易的。……你们的工作做好了,党和群众会报答你们的。但是,这是结果,不能当作目的去追求。如果你着急,马上想搞一个全国出名,那只能是'客里空'。你们的笔,是人民的笔,你们是党和人民的耳目喉舌。你们不能采取轻率的、哗众取宠的、'客里空'式的态度,而应当采取负责的、谨慎的、严肃的态度去做工作。"

经过毛泽东、刘少奇的总结,反"客里空"引起包括新闻界在内的全体党员领导干部的高度重视,并成为一种社会风气和党的优良作风。与此同时,"客里空"一词也广为人知,成为华而不实、哗众取宠、弄虚作假的同义语,为全党和人民群众所厌恶、所摒弃。1961年,陈毅元帅在写给孩子的诗中特别叮嘱:"汝要学技术,专业应精通。勿学纨绔儿,变成百痴聋。少年当切戒,阿飞客里空。"

在西柏坡立规矩

2013年7月习近平同志到河北省调研，在参观西柏坡时指出："这里是立规矩的地方。党的规矩、制度的建立和执行，有力推动了党的作风和纪律建设。"党在西柏坡时期立下了哪些"规矩"？这些"规矩"发挥了怎样的作用，对当今党的建设有何启示？本文做一解答。

1948年5月，毛泽东率中共中央机关东渡黄河来到西柏坡。从此，中国革命的步伐在这个太行山东麓的小山村做了短暂的驻足。然而，正是这次短暂的驻足，把中国革命的进程向前推进了一大步，实现了历史的大跨越、大转折。在这里建立了党的规矩、执行了党的制度建设，在党建的历史上写下了光辉的一笔。尤其是1949年3月5日至13日在西柏坡召开的七届二中全会，是新民主主义革命时期中共中央在"最后一个农村指挥所"召开的党的全会，是被誉为"铲地基"并筹划"起房子"的一次全会。七届二中全会定下的诸多规矩和筹划的制度设计，为党带领人民建设新中国提供了坚实的制度保障和精神支撑。时至今日，仍然为全党所铭记、所遵循。

关于国家与政党体制

革命胜利后建设一个什么样的国家？早在抗日战争时期，中国共产党人就有明确的论述。在建国问题提到议事日程的重要关头，七届二中全会上毛泽东又重申：要建立的国体是"无产阶级领导的以工农联盟为基础的人民民主专政"。全会还明确了各阶级的地位和发挥民主党派的作用，批准了在中国共产党领导下发起并协同各民主党派、人民团体及民主人士，召开没有反动分子参加的新的政治协商会议及成立民主联合政府的建议。全会报告提出："我党同党外人士长期合作的政策，必须在全党思想上和工作上确定下来。"对于共产党领导，全会报告重申：中国无产阶级及其政党，"由于受到几重敌人的压迫，得到了锻炼，具有了领导中国人民革命的资格。谁要是忽视或轻视了这一点，谁就要犯右倾机会主义的错误。"报告鲜明地指出，有了"中国人民革命的胜利和人民共和国的建立，中国共产党的领导"，"中国的兴盛是可以计日程功的"。

关于马克思主义中国化

人民群众对现实制度的认识，对政党纲领的理解，是从执政党提供的价值理念中获得的。执政党必须向民众宣传、灌输自己的意识形态。在全会上，毛泽东重申马克思主义在意识形态领域的指导地位。他指出："马、恩、列、斯在中国的威信很高"，"对宣传马克思主义，提高我们的马克思主义水平，应当有共同的认识。"与此同时，不应走到像王明那样教条主义式地对待经典作家的错误道路上去。毛泽东指出:"我们要普遍宣传马克思主义,同时不反对也不应当反对宣传中国的东西。""马克思主义的普遍真理与中国革命的具体实践的统一,这样提法较好。"就是说,中国共产党人致力于马克思主义中国化。因此,毛泽东自信地指出:"我们这一套是一个国家的经验。"这是理论定位很重的一个判断,表明中国共产党人根据世情、国情、党情变化的实际,不断推进马克思主义中国化成为一种自觉的理性追求。

关于学习

1927年大革命失败后,党的主要工作从城市转到乡村;经过22年艰苦卓绝的奋斗,不断聚集力量,当时已面临着夺取全国政权、以城市领导乡村的新任务。对于长期在农村根据地艰苦条件下成长起来的党,走向城市、执政全国后,能否担当起建设的重任,国内外有很多人在观望。毛泽东对此看得很清楚。他指出,一部分人认为"国民党是不好的,共产党也不见得好,看一看再说"。面对这种质疑,全会表达了一个雄心壮志:我们能够学会我们原来不懂的东西。"我们不但善于破坏一个旧世界,我们还要善于建设一个新世界。"全会提出加强党的学习的内容包括政治、经济、文化、科学、技术、党务、外交等多领域多方面,但学习的重点、中心是经济工作,是生产建设。其他一切工作都是"围绕着生产建设这一个中心工作并为这个中心工作服务的"。这种全局性与导向性的结合,也是新中国成立以后党在学习上的一个突出的时代特点。学习是中国共产党发展壮大的秘诀,是应对任何挑战和风险考验的法宝。七届二中全会提出学习这一重大历史任务和课题，作为长期执政的中国共产党来说，建设学习型政党，未有穷期。

关于进京"赶考"

列宁曾经把十月革命后开始的由革命党向执政党的转变比作"新的升级考试"。面临着由革命胜利转向建设新中国的转变，中国共产党也需要"新的升级考试"。这就是毛泽东在七届二中全会上把进驻北京、完成新中国建设大业，实现由城市领导农村的大转折形象地称之为进京"赶考"。毛泽东多次提醒大家：我们决不当李自成，我们进京"赶考"一定要考出好成绩。七届二中全会拉开了中国共产党漫长曲折、难度空前的"赶考"序幕，成为党战胜风险挑战，实现从新民主主义革命向社会主义革命转变，并推动社会主义革命和建设事业不断前进的"赶考"起点。当前，中国共产党面临的执政考验、改革开放考验、市场经济考验、外部环境考验是长期的、复杂的、严峻的，这也是七届二中全会开启的进京"赶考"的延续。作为长期执政的党，中国共产党继续"赶考"的任务还远没有结束。

关于"两个务必"

党执政后，所处的社会环境和党的队伍自身都将有深刻变化。七届二中全会指出，因为胜利，党内的骄傲情绪，以功臣自居的情绪，停顿起来不求进步的情绪，贪图享乐不愿再过艰苦生活的情绪，可能生长。这"四种情绪"可能表现在部分党员干部身上。全会特别警戒全党同志不要骄傲自满,不要被人们无原则的捧场所软化。为此,毛泽东鲜明地提出:"务必使同志们继续地保持谦虚、谨慎、不骄、不躁的作风,务必使同志们继续地保持艰苦奋斗的作风。""两个务必",既是中华民族的传统作风,又是中国共产党人在长期革命斗争中一贯倡导和培育的作风。在新中国即将成立之时,把它概括出来,体现的是一个历史规律性认识,为的是使全党同志在新中国建立后经受住执政的考验,防止"四种情绪"的滋生蔓延,克服精神懈怠、能力不足、脱离群众、消极腐败危险,坚持立党为公,牢记全心全意为人民服务的根本宗旨,不搞以权谋私,杜绝腐败,防止人亡政息。"两个务必"的深邃思想,成为共产党人时刻警醒、永葆先进性和纯洁性的良药。

关于"六条规定"

为了防止"糖衣炮弹"的腐蚀,防止歌功颂德,力戒骄傲,会议根据毛泽东的提议,通过了几条没有写进决议然而又十分重要和具体的规定。在1953年全国财经会议上,毛泽东详细谈了这几条规定,他说:"一曰不做寿。做寿不会使人长寿。主要是要把工作做好。二曰不送礼。至少党内不要送。三曰少敬酒。一定场合可以。四曰少拍掌。不要禁止,出于群众热情,也不泼冷水。五曰不以人名作地名。六曰不要把中国同志和马、恩、列、斯并列。这是学生和先生的关系,应当如此。遵守这些规定,就是谦虚态度。"据杨尚昆回忆,会场最初悬挂的是马、恩、列、斯和毛泽东、朱德的画像。3月5日那天,毛泽东一进会场便提出批评：开会不要挂我们的像，这样不好，应该挂马、恩、列、斯的照片。第二天会场就只挂了四位国际伟人的像。可大家议论纷纷，说法不一。于是，又将毛主席和朱总司令的像挂在两旁，结果再次受到毛泽东的严厉批评。这几条规定虽然没有写进七届二中全会决议，但经毛泽东和党中央的大力提倡和坚持，已经成为共产党人日常行为的规矩。习近平总书记在河北调研党的群众路线教育实践活动时，在西柏坡纪念馆内一一对照"六条规定"说："不做寿，这条做到了；不送礼，这个还有问题，所以反'四风'要解决这个问题；少敬酒，现在公款吃喝得到遏制，关键是要坚持下去；少拍掌，我们也提倡；不以人名命名地名，这一条坚持下来了；第六条，我们党对此有清醒的认识。""六条规定"是一面镜子，时常对照以"正衣冠"，就能防微杜渐，保持党的肌体健康。

关于党委会工作方法

革命的胜利，建设的开展，离不开党的正确领导。党如何实现正确领导？毛泽东提出了依靠民主的思想。在七届二中全会总结报告中，毛泽东系统地讲了党委会的12条工作方法：1.党委书记要善于当"班长"；2.要把问题摆到桌面上来；3."互通情报"；4.不懂的和不了解的东西要问下级，不要轻易表示赞成或反对；5.学会"弹钢琴"；6.要"抓紧"；7.胸中有"数"；8."安民告示"，开会要事先通知，像出安民告示一样；9."精兵简政"，会议不要开得太长；10.注意团结那些和自己意见不同的同志一道工作；11.力戒骄傲；12.划清两种界限。其中，第1、2、3、4、

8、10、11条都是谈党内民主制度建设的。涉及书记这个"班长"与其他委员之间的平等关系、委员之间的团结沟通关系，以及发扬党内民主、健全党内议事决策制度等。主张尊重委员们的平等权利，通过坚持和完善党的民主集中制来预防胜利后骄傲、个人专断和过分突出个人等容易导致的错误。这些工作方法，仍然是发展党内民主行之有效的、需要继承和借鉴的做法。

"两条腿走路"的办学思想及其实践

"两条腿走路"办学，是一种形象化的说法，是指在中国这样一个幅员辽阔、人口众多、情况复杂的大国，发展教育除了依靠国家办学这一条"腿"外，还要依靠群众办学的另一条"腿"。毛泽东主张发展教育事业要"两条腿走路"。他的这一思想，来源于他对传统正规学校教育的批判和自身的教育实践，并与中国革命和建设的具体国情联系在一起，是毛泽东教育思想中非常重要的组成部分，值得总结研究。

革命时期毛泽东"两条腿走路"的办学思想和实践

青少年时期的毛泽东，对中国教育有自己独特的认识。1920年6月，毛泽东曾说过这样的话："我一生恨极了学校，所以我决定不再进学校。"对于"性不好束缚"的毛泽东来说，他痛恨的是那种脱离实际、束缚学生思想自由的旧学校。毛泽东"正规的"学习只是在湖南省立第一师范学校期间，然而纵观他的一生，他的"非正规的"学习一直不曾间断。

青年时期的毛泽东对创办形式多样、教学灵活的新学校，是非常渴望的。1917年10月，毛泽东主持筹办湖南第一师范的夜学，旨在提高工人文化。他认为欧美教育发达的国家还创办这种学校,中国更应该学习。五四运动前后,受俄国十月革命的影响,劳工神圣的思想在中国澎湃激荡,半工半读、教育与劳动结合成为一种风气和时尚。毛泽东对此是支持的。1919年12月,毛泽东在《学生之工作》一文中主张:学习减少教授时间,"使学生多自动研究及工作",从事种园、种田、畜牧等事项,实行"工读主义"。工作必须是为生产的、合于实际生活的。[1]1921年8月,毛泽东在长沙与何叔衡等利用船山学社旧址和经费,创办湖南自修大学。除学习、研究外,学校非常重视对学生进行劳动教育,强调脑力劳动与体力劳动相结合、知识分子与工农相结合,为革命培养了一批人才。可以说,1917年至1920年间的毛泽东,是一位决心通过兴办新教育,改变旧中国落后、愚昧面貌的进步爱国教师。毛泽东青年时期对学校教育的独特看法及办学经历,是其"两条腿走路"教育思想形成的渊源。在以后的革命和建设的事业中,这一思想得到了发展和完善。

1925年春夏间,毛泽东在韶山,依靠进步知识分子,先后在毛氏祠堂等处,开办了多所农民夜校,对农民进行文化启蒙教育。在井冈山时期,为帮助红军提高文化水平和思想政治水平,毛泽东在红军中办教导队、文化补习班,组织干部和战士学习。20世纪30年代在江西苏区,毛泽东明确指出"苏维埃文化教育的总方针","在于以共产主义的精神教育广大的劳苦民众,在于使文化教育为革命战争与阶级斗争服务,在于使教育与劳动联系起来,在于使广大中国民众都成为享受文明幸福的

---

[1] 中共中央文献研究室编:《毛泽东年谱(1893—1949)》上卷,中央文献出版社,2013年,第47页。

人"[1]。对于发展教育，通过实际调查研究，毛泽东在《兴国调查》《长冈乡调查》和《才溪乡调查》中，提出了依靠群众、采取多样性办学来发展教育的方法。

在抗日战争时期，毛泽东同样非常重视根据地的教育发展。他多次强调：战争、经济、教育是根据地的三大任务[2]。1939年至1941年，根据地教育一度出现了以追求旧型正规化为目的的教条主义错误，取消了一批民办、村办学校，合并了一些学校，学生数量减员很大。对此毛泽东很不满意。1941年9月11日，胡乔木为《解放日报》写了《打碎旧的一套》社论，专门批判了搞正规化学校的教条主义倾向。毛泽东也适时表明了自己的态度。1943年3月，毛泽东在谈到陕甘宁边区的文化教育问题时说："教育厅开了会，说学校要归民办，我想这样很好。乔木同志对我讲，学校要村办才好。"他说："锁家崖村要办一所小学，采取一年三学期制，农忙时放假，学生帮助家里耕作。这样，一面读书，一面帮助家里做事。"他指出："在乡村里，一个村办一个小学是比较方便的。"[3]同年4月7日，《解放日报》的社论指出正规化办学与中国的实际、战争的实际，与农村根据地的实际不相符合："第一，它是资本主义高度发展国家的产物，不合于中国的需要；第二，它是资产阶级统治者的产物，不合于中国民主根据地的需要；第三，它是和平时期的产物，不合于抗日战争

---

[1] 人民教育出版社教育室编：《毛泽东周恩来刘少奇邓小平论教育》，人民教育出版社，1994年，第11页。

[2] 中共中央文献研究室编：《毛泽东文集》第3卷，人民出版社，1996年，第2、53、106页。

[3] 同上书，第113—114页。

的需要；第四，它是大城市的产物，不合于农村的需要（更不必说像陕甘宁、晋西北这样地广人稀的农村）。"[1]10月，毛泽东在边区文教工作会议上又指出："在教育工作方面，不但要有集中的正规小学、中学，而且要有分散的不正规的村学、读报组和识字组。不但要有新式学校，而且要利用旧的村塾加以改造。"[2]1945年毛泽东在《论联合政府》中再次强调："教育工作者在推进他们的工作时，应当根据目前的农村特点，根据农村人民的需要和自愿的原则，采用适宜的内容和形式。"正是遵从了毛泽东发展教育的相关指示，根据地的教育事业得到了很大发展，为取得民族抗战胜利做出了贡献。

在解放战争中，毛泽东对于教育事业的发展仍然十分关注。当时，随着夺取全国政权的任务迫在眉睫，为训练培养大批人才，对知识分子进行争取、团结、教育、改造，各大行政区均创办了人民革命大学。毛泽东十分重视革命大学的工作。1949年7月，华北人民革命大学总结了第一期的教育情况及主要经验。毛泽东阅后批示各中央局、中央分局、各野战军前委："请你们注意这种经验。假如你们同意的话，请将这个文件转发给你们所属学校的负责同志，并在党内刊物上发表，以资传播和仿效。我认为这个总结里所说的方针和方法是正确的。"[3]革命大学的办学方法和教育思路，是毛泽东"两条腿走路"教育思想的体现，革命

---

[1] 顾明远、郭笙：《中国教育大系·马克思主义与中国教育》（下），湖北教育出版社，1994年，第1114页。

[2]《毛泽东选集》第3卷，人民出版社，1991年，第1011—1012页。

[3] 王炳照、阎国华主编：《中国教育思想通史》第八卷，湖南教育出版社，1996年，第13页。

大学存在三四年之久，对转变知识分子的思想作风、培养建设人才做出了贡献。

新中国成立后毛泽东"两条腿走路"的办学思想和实践

新中国成立后，对于发展教育事业，毛泽东认为，必须从实际出发考虑国情，要继承革命战争年代办学的优良传统，在依靠国家发展教育的前提下，还要发动群众来积极办教育，并明确地称之为"两条腿走路"。毛泽东"两条腿走路"办学思想的完整表述，体现在1958年9月19日中共中央、国务院下发的《关于教育工作的指示》中。《指示》指出，办学"既要有中央的积极性，又要有地方的积极性和厂矿、企业、农业合作社、学校和广大群众的积极性，为此必须采取统一性与多样性相结合，普及与提高相结合，全面规划与地方分权相结合的原则"。多样化的办学形式，即国家办学与厂矿、企业、农业合作社办学并举，普通教育与职业（技术）教育并举，成人教育与儿童教育并举，全日制学校与半工半读、业余学校并举，学校教育与自学并举，免费教育与不免费的教育并举。在发展教育方面，"我们的原则，是在普及的基础上提高，在提高的指导下普及，是'两条腿走路'，不是'一条腿走路'。"[1]

毛泽东的这一教育思想，特色鲜明，目标明确，可概括为：

---

[1] 中共中央文献研究室编：《建国以来重要文献选编》第11册，中央文献出版社，1995年，第493—495页。

立足于基本国情,直面现实社会矛盾,着力构建合理的教育制度。

(一)立足基本国情。毛泽东认为,新中国百废待兴,办教育不可能由国家全部包下来,必须依靠群众,发动群众来积极办学。

在国民经济恢复任务完成后,1953年5月,毛泽东在主持中央政治局会议讨论教育工作时明确指出:允许小学民办,不限定几年,能办几年就办几年;关于整顿小学,整顿巩固、重点发展、提高质量、稳步前进的方针好,但不要过了头;不可能把小学都办成一样,不可能整齐划一。"不应过分强调正规化。农村小学可分为三类:中心小学、不正规小学、速成小学。农村小学应便于农民子女上学。应允许那些私塾式、改良式、不正规的小学存在。"[1]在农业社会主义改造过程中,1955年10月毛泽东又指出:合作社应该有教育规划,"包括识字扫盲,办小学,办适合农村需要的中学"[2],把学校办成职业技术学校。

由于生产建设的发展和社会主义改造的基本完成,广大群众迫切渴望提高文化教育水平,表现出极大的办学积极性。如何引导好这种积极性,是一个大问题。1957年3月,在全国宣传工作会议期间,毛泽东专门同七省市教育厅厅长就普通教育工作进行谈话。关于社办、民办学校问题,毛泽东认为,有条件的应该允许办,并同意厂矿、企业、机关办学。他说:"办戴帽中学还

---

[1] 马齐彬、陈文斌等编:《中国共产党执政四十年》,中共党史资料出版社,1989年,第64页。

[2] 中共中央文献研究室编:《毛泽东文集》第6卷,人民出版社,1999年,第475页。

是一种好办法。中学办在农村是先进经验，农民子弟可以就近上学，毕业后可以回家生产。……在农村，教育要强调普及，不要强调提高，不要过分强调质量。"他指出："戴帽中学的这个帽子不要摘掉，有条件的要多戴一点，学校应该分散在农村里头，摘掉是不好的。"[1]

按照这一要求，1957年10月，中共中央在公布的《1956—1967年全国农业发展纲要（修正草案）》中指出："农村办学应当采取多种形式，除了国家办学以外，必须大力提倡群众集体办学，允许私人办学，以便逐步普及小学教育。"[2] 1958年2月，在一届全国人大五次会议上，教育部副部长董纯才发言指出："中小学教育的发展途径不是一条，而是三条。就是说除了国家办学这一途径之外，还有群众办学和勤俭办学、勤工俭学两条途径。""如果不打破包办的思想，只是死盯着国家办学这一条路""那只有限制中小学教育的发展。"[3] 2月10日，《人民日报》发表社论《贯彻群众办学、勤工俭学的方针》，把提倡群众办学和提倡勤工俭学作为教育工作的主要努力方向提了出来。这也是毛泽东在革命和建设时期一贯强调要实行的方针，无疑是正确的。

（二）解决现实问题。毛泽东"两条腿走路"的办学思想，

---

[1]中共中央文献研究室编：《毛泽东文集》第7卷，人民出版社，1999年，第245—246页。

[2]中共中央文献研究室编：《建国以来重要文献选编》第10册，中央文献出版社，1994年，第653页。

[3]《加强思想教育、劳动教育，提倡群众办学、勤俭办学，教育部副部长董纯才谈普通教育工作的方针》，《人民日报》1958年2月15日。

是与解决社会现实问题、解决教育领域内的人民内部矛盾直接联系在一起的。

1953—1954年和1957年,中国出现了大批高小和初中毕业生不能升学的社会问题。据统计,1953年小学毕业生数是293.5万,初中招生数是81.8万,小学毕业生不能升学的比例是72.12%;初中毕业生数是39.8万,高中招生数是16.1万,初中毕业生不能升学的比例是59.54%。1954年,小学毕业生不能升学的比例是62.82%;初中毕业生不能升学的比例是66.14%。[1]针对这一问题,在《中国农村的社会主义高潮》一书中,毛泽东专门指出:"现在我国不仅有许多到了学习年龄的儿童没有学校可进,而且还有一大批超过学龄的少年和青年也没有学校可进,成年人更不待说了。这个严重的问题必须在农业合作化的过程中加以解决。"[2]解决的办法就是合作社应该有教育规划,采取多种形式办学。

但教育问题的解决是一项系统工程,非一日之功。到了1957年,又出现第二次学生升学危机。据1957年春估计,高小毕业生有五分之四不能升初中,初中毕业生有三分之二不能升高中和中等专业学校,高中毕业生有三分之一不能升大学;1958年春估计,高小毕业生三分之二不能升学,初中毕业生有一半不能升学,高中毕业生有将近一半不能升学。据上海第六女子中学统计,该校当年毕业生中升学人数占20%,就业人数占10%,而不

---

[1] 金一鸣主编:《中国社会主义教育的轨迹》,华东师范大学出版社,2000年,第155页。
[2] 中共中央文献研究室编:《毛泽东文集》第6卷,人民出版社,1999年,第455页。

能升学就业的占70%。[1]这成为当时人民内部矛盾在教育领域的一个突出表现。

为解决矛盾，1957年2月，毛泽东在《关于正确处理人民内部矛盾的问题》的讲话中，提出了对新中国教育发展影响深远的教育方针："我们的教育方针，应该使受教育者在德育、智育、体育几方面都得到发展，成为有社会主义觉悟的有文化的劳动者。"[2]教育方针提出后立即得到贯彻。1957年3月召开的第三次全国教育行政会议提出：小学教育的发展必须打破由国家包下来的思想。在城市里，要提倡街道、机关、厂矿企业办学；在农村，要提倡群众集体办学。1957年6月，教育部发出通知，提倡群众办学。通知指出，中小学是地方性和群众性的事业，我国地广人多，经济落后，中小学教育不可能完全由国家包下来，当前必须采取多种多样的办学形式，才能适当满足儿童入学和升学的要求。今后，除国家办学以外，必须大力提倡群众办学，动员城乡居民和工矿企业、机关、团体、院校、合作社等单位的员工，根据需要、自愿和可能的原则，集资兴办学校。此外，还应鼓励华侨办学，并允许私人办学。[3]在此基础上，1958年9月，中共中央、国务院下发《关于教育工作的指示》，肯定群众办学的这一条"腿"与国家办学的另一条"腿"，都具有重要作用。

（三）改革教育制度。毛泽东"两条腿走路"的教育思想及其实践，核心是为了改革不合理的教育体制。

---

[1] 陈桂生：《现代中国的教育魂》，辽宁教育出版社，1993年，第320页。
[2] 中共中央文献研究室编：《毛泽东文集》第7卷，人民出版社，1999年，第226页。
[3] 中央教育科学研究所编：《中华人民共和国教育大事记（1949—1982）》，教育科学出版社，1984年，第198页。

每个国家对教育制度的选择,与该国的文化传统有密切的关系。由于中国经历了漫长的封建社会,"劳心者治人,劳力者治于人"的思想理念盛行,人们往往把技术视为"末流""雕虫小技""奇技淫巧",从而置于次要地位。受此影响,职业技术教育长期受不到重视。新中国成立时,《共同纲领》的"文化教育政策"部分,对职业教育发展只字未提,只规定要"注意技术教育"。在实际工作中,教育领域一方面要接管、整顿旧学校,另一方面要学习苏联教育经验。在这一过程中如何发展教育,对毛泽东本人来说,也是一个新课题。1952年6月,北京市委在给中央和华北局的关于中小学生费用负担及生活情况的报告中说:中小学生所负担的费用,对于劳动人民的家庭和低薪制工作人员来说是相当重的,为改变这种情况,计划接管全部私立中小学,公私立中小学一律免收学杂费。毛泽东批示:"如有可能,应全部接管私立中小学。"[1]按照这一指示,教育部决定自1952年下半年至1954年,将全国私立中小学全部由政府接办,改为公立。与此同时,初级职业学校逐步合并或停办。对此,1963年教育部部长杨秀峰曾指出:"建国初期,我国学制系统中曾有各类职业学校。1953年后,国家建设事业的发展,需要大量的各级建设人才,普通教育有较大发展,……而对于实施一般劳动就业训练性质的职业学校则注意得不够。"[2]对职业教育重视不够,基本上依靠全日制普通教育这一条"腿"来培养人才。千军万马挤独木桥,于是

---

[1]《建国以来毛泽东文稿》第3卷,中央文献出版社,1989年,第471页。
[2] 刘英杰主编:《中国教育大事典(1949—1990)》下卷,浙江教育出版社,1993年,第1743页。

就发生了学生升学困难的危机。

为解决危机,毛泽东开始探索从体制上、从改革中央与地方的教育管理权力的角度来发展教育。在《论十大关系》中,毛泽东提出中央向地方分权的主张。为发挥地方办学的积极性,1958年在"大跃进"过程中,中央做出了教育管理权力下放的决定。与此同时,毛泽东赞同用半工半读的方式来发展教育,这也是他在青年时代憧憬和以实践证明可行的方法。1958年1月,毛泽东在《工作方法六十条》(草案)中对半工半读给予了肯定:"一切中等技术学校和技工学校,凡是可能的,一律试办工厂或者农场,进行生产,做到自给或者半自给。学生实行半工半读。""一切高等工业学校的可以进行生产的实验室和附属工厂,除了保证教学和科学研究的需要以外,都应当尽可能地进行生产。"[1] 9月,在中共中央、国务院发出的《关于教育工作的指示》中,也提出了"普通教育与职业(技术)教育并举,全日制学校与半工半读、业余学校并举"的办学方法。

毛泽东"两条腿走路"的办学思想与实践简评

综上所论,毛泽东"两条腿走路"的办学思想,在革命战争时期积累了丰富的经验,成效显著,新中国成立后不久即在教育工作中得到贯彻落实。毛泽东强调"两条腿走路"办学,实际上更为强调依靠群众办学这一条"腿"。他的这一思想,在江西共产主义劳动大学的创立及发展中得到了很好的实践与诠释。1958

---

[1] 中共中央文献研究室编:《毛泽东文集》第7卷,人民出版社,1999年,第360页。

年6月，江西共产主义劳动大学（下文简称江西"共大"）建立，分总校和若干分校，除总校设在南昌市的郊区外，多数分校办在山区，少数在平地。学校实行省、专、县分级办学——省办总校，以大专、本科为主；省属和专区属分校办中专，个别专业办大专；县属分校办初技，个别专业办中专——形成了全省高、中、初多层次的农业教育网。[1]1961年7月30日，在江西"共大"成立3周年前夕，毛泽东应邀写了一封信以志庆贺。之所以要写这封信，毛泽东认为"这是件大事"，他说："你们的事业，我是完全赞成的。半工半读，勤工俭学，不要国家一分钱，小学、中学、大学都有，分散在全省的各个山头，少数在平地。这样的学校的确是很好的。在校的青年居多，也有一部分中年干部。我希望不但在江西有这样的学校，各省也应有这样的学校。各省应派有能力有见识的负责同志到江西来考察，吸取经验，回去试办。"[2]江西"共大"直到1980年学校改制，历时22年，创下开办108所分校的纪录，为国家培养了22万余名从初技毕业至大专毕业程度不等的建设人才。

毛泽东"两条腿走路"教育思想的核心是改革不合理教育体制，发展职业技术教育。这一思想经过曲折探索，在实践中也取得了很大成效。到1965年年末，我国共有中等学校80993所，其中普通中学18102所，中等专业学校1265所，农业中学及其他职业中学发展到61626所；中等学校在校生1431.8万人，其中，普通中学学生933.8万人，中等专业学校、农业中学、职业

---

[1]《江西共产主义劳动大学》，《上饶日报》2011年6月28日。
[2] 中共中央文献研究室编：《毛泽东文集》第8卷，人民出版社，1999年，第282页。

中学学生达 1431.8 万人，职业技术学校在校生占中等教育在校生总数的 34%。[1] 这一比例是比较合理的，是正确贯彻毛泽东"两条腿走路"办学思想的结果。

当然还要看到，毛泽东"两条腿走路"办学思想，是与 1956 年后教育领域"以苏为鉴"开始探索中国自己的发展道路密切联系在一起的。鉴于苏联高度集中的管理体制的弊端，毛泽东提出要给地方分权，提倡发挥地方办学的积极主动性。由于新中国没有发展社会主义教育的新经验，同时也不愿意再以苏联教育模式为榜样，于是就将民主革命时期多渠道办教育、发动群众办学的做法借用了过来。在"大跃进"时期，在群众办学的积极性调动起来后，教育行政部门却未能及时加以正确的引导和组织，任凭群众不顾办学所需的基本条件，盲目地、不切实际地大办各级各类学校，造成形式主义泛滥，虚夸成风，使得群众办学与国家正规全日制教育的比例关系极度不协调，甚至只强调群众办学，贬低全日制的学校教育，结果是连累了全日制教育发展，降低了教育质量。这在《工作方法六十条》(草案)中已有反映。随着"大跃进"不断升温，毛泽东提出要工厂办学校，学校办工厂。1958 年 8 月 13 日，毛泽东在视察天津大学时说："以后要学校办工厂，工厂办学校。"9 月 8 日，他在最高国务会议上说："老读书，实在不是一种办法。……如果是学校办工厂，工厂办学校，学校有农场，人民公社办学校，勤工俭学，或者半工半读，学习和劳

---

[1] 中央教育科学研究所编:《中华人民共和国教育大事记(1949—1982)》，教育科学出版社，1984 年，第 391 页。

动就结合起来了。这是一大改革。"[1]结果,造成了学生劳动过多的不良后果。

历史证明,毛泽东"两条腿走路"的办学思想,在合乎客观实际、得到正确贯彻的时候,就能促进教育事业的健康发展;相反,当脱离客观经济条件的限制,无限夸大群众办学这一条"腿"的作用的时候,就会对教育事业的发展造成损害。这对于推动我国教育事业健康发展,仍有重要的借鉴意义。

---

[1] 中共中央文献研究室编:《毛泽东文集》第7卷,人民出版社,1999年,第396页。

"中国应当对于人类有较大贡献"的思想

毛泽东是一位伟人，他为国家的独立、民族的解放和人民的幸福做出了不可磨灭的贡献。新中国成立后，以他为核心的党的第一代中央领导集体带领全国人民进行社会主义革命和建设，试图探索出一条中国自己的建设道路。在这一过程中，积累了正反两方面的经验。经验也好，教训也罢，其中都贯穿着一个宝贵的思想，即"中国应当对于人类有较大的贡献"。其后的中共中央领导集体，秉承了这一思想，并把这一话语转换为"实现中华民族伟大复兴"。分析毛泽东的这一思想，对于深化理解"实现中华民族伟大复兴"的内涵具有启发意义。

毛泽东的"中国应当对于人类有较大的贡献"思想提出的历史依据

中华民族的历史源远流长，创造了灿烂辉煌的文明。从汉代到明代，中国的科学技术在世界上一直处于领先地位，长达14个世纪。在这一时期产生的影响世界文明进程的重要发明中，相当一部分是中华民族的贡献。英国著名科技史专家李约瑟博士等人列举了古代中国发明创造的100个"世界第一"，说明现代文明赖以建立的基本发明，约有一半来自中国。

直到清朝中期，中国对世界的贡献仍是很大的。乾隆末年，中国的经济总量居世界第一位，人口占世界总人口三分之一，对外贸易长期出超。晚清时期，清政府本应顺应历史潮流，对世界做出更大的贡献，但"也正是在这一时期，西方发生了工业革命，科学技术和生产力加速发展"，而"当时的清朝统治者却不看这个世界的大变化，夜郎自大，闭关自守，拒绝学习先进的科学技术。最后，在短短一百多年的时间里，就大大落后于西方国家，直至在西方列强的坚船利炮面前不堪一击"。[1]

但中华民族是一个不甘落后、勇于进取的民族。"周虽旧邦，其命维新"。近代以来，中国的先进分子为实现中华民族的复兴不断探索。孙中山喊出了"振兴中华"的口号，在后来的发展中，这一重任历史地落在以毛泽东为代表的中国共产党人身上。

从青年时代起，毛泽东就有强烈的民族自尊心、自信心。他深信中华民族具有伟大创造力，深信中国将会对人类做出更大的贡献。他在《湘江评论》中宣称："我们中华民族原有伟大的能力！""他日中华民族的改革，将较任何民族为彻底。"毛泽东反对民族自卑心理，面对日本帝国主义的猖狂进攻，在民族危亡时刻，他坚定地说："我们中华民族有同自己的敌人血战到底的气概，有在自力更生的基础上光复旧物的决心，有自立于世界民族之林的能力。"随着新中国的诞生，相信后人胜过前人、新者战胜旧者的毛泽东，更加坚定了中国能够为人类做出较大贡献的信念。

---

[1] 江泽民：《论党的建设》，中央文献出版社，2001年，第426页。

毛泽东的"中国应当对于人类有较大的贡献"思想提出的现实依据

在延安时期，毛泽东就指出，中国共产党人一切奋斗的目的"在于建设一个中华民族的新社会和新国家"，使中国"变为一个政治上自由和经济上繁荣的中国""变为一个被新文化统治而文明先进的中国"。[1] 新中国成立后，仅用短短 7 年的时间，就完成了对农业、手工业和资本主义工商业的改造，建立了社会主义基本制度。1953 年开始执行国民经济第一个五年计划，1956 年"一五"计划的大部分指标提前完成，奠定了我国社会主义工业化的基础。这些成绩的取得，使长期积贫积弱的中国有可能以此为基础为人类做出更多更大的贡献。1956 年党的八大胜利召开，我国进入开始全面建设社会主义的新的历史时期。中国人民的精神极大解放，建设热情极大迸发，正如毛泽东指出的那样："从来也没有看见人民群众像现在这样精神振奋，斗志昂扬，意气风发。"[2] "七八年来，都看出我们这个民族有希望。""就是希望我们的国家成为一个大国，一个强国。"[3]

在这种情况下，毛泽东提出了"中国应当对于人类有较大的贡献"的思想。1956 年 8 月，在党的八大预备会议第一次会议上，毛泽东提出："我们团结党内外、国内外一切可以团结的力量，……建设一个伟大的社会主义国家。我们这样的国家，可以

---

[1]《毛泽东选集》第 2 卷，人民出版社，1991 年，第 663 页。
[2]《建国以来毛泽东文稿》第 7 册，中央文献出版社，1992 年，第 177 页。
[3] 逄先知、金冲及主编：《毛泽东传（1949—1976）》上册，中央文献出版社，2003 年，第 781 页。

而且应当用'伟大的'这几个字。"毛泽东指出:"过去人家看我们不起是有理由的。因为你没有什么贡献。""我们这个国家建设起来,是一个伟大的社会主义国家,将完全改变过去一百多年落后的那种情况,被人家看不起的那种情况,倒霉的那种情况,而且会赶上世界上最强大的资本主义国家,就是美国。""你搞了五六十年还不能超过美国,你像个什么样子呢?那就要从地球上开除你的球籍!"他说:"超过美国,不仅有可能,而且完全有必要,完全应该。如果不是这样,那我们中华民族就对不起全世界各民族,我们对人类的贡献就不大。"[1] 1956年11月,在纪念孙中山先生诞辰90周年的文章中,毛泽东明确提出:"中国应当对于人类有较大的贡献","因为中国是一个具有九百六十万平方公里和六万万人口的国家。"而"这种贡献,在过去一个长时期内,则是太少了。这使我们感到惭愧"。[2] 毛泽东的"中国应当对于人类有较大的贡献"思想第一次凸显出来。

毛泽东的"中国应当对于人类有较大的贡献"思想的主要内容与意义

1. 要做到"中国应当对于人类有较大的贡献",中国必须加快发展速度,迅速强大起来

为了实现中国应当对于人类有较大的贡献的目标,就需要中

---

[1] 中共中央文献研究室编:《毛泽东文集》第7卷,人民出版社,1999年,第88—89页。
[2] 同上书,第156—157页。

国尽快发展起来。只有发展，才是实现这一思想目标的最主要手段。新中国成立后的七八年间，中国的发展速度是很快的，取得的成就也是巨大的。但对于"一万年太久，只争朝夕"的毛泽东来说，这些成就既给他很大鼓舞，又让他觉得发展速度还不够快。1958年1月，毛泽东说："中国经济落后，物质基础薄弱，使我们至今还处在一种被动状态，精神上感到还是受束缚，在这方面我们还没有得到解放。要鼓一把劲。再过五年，就可以比较主动一些了；十年后将会更加主动一些；十五年后，粮食多了，钢铁多了，我们的主动就更多了。"[1]毛泽东认为，社会主义制度加上群众运动将是万能的武器。在加快发展速度的过程中，发动了"大跃进"运动。在"大跃进"的氛围下，1958年11月，毛泽东再次豪迈地提出："中国应当对人类有较大的贡献"，成为地球上的"天下第一国"。

但事与愿违，"大跃进"直接导致国民经济出现严重困难。在总结教训的基础上，毛泽东本人渴望民族振兴、奋发图强、不断进取的信念并没有因挫折而气馁。1964年12月，毛泽东对周恩来在三届全国人大一次会议上的政府工作报告稿进行了修改。政府工作报告稿上有一句话是："我们应当更有信心用比较不太长的时间，赶上科学技术先进国家的水平。"毛泽东认为，只讲"赶上"还不行，还要讲"超过"。他把这句话改为："我们应当更有信心用比较不太长的时间，赶上和超过科学技术先进国家的水平。简单地说，我们必须用几十年时间，赶上和超过西方资产

---

[1] 中共中央文献研究室编：《毛泽东文集》第7卷，人民出版社，1999年，第350页。

阶级用几百年时间才能达到的水平。"[1]这次会议宣布，要在不太长的历史时期内实现社会主义四个现代化的奋斗目标。这是一个重大的历史决策，影响深远。邓小平指出："四个现代化这个目标是毛主席、周总理在世时确定的。所谓四个现代化，就是要改变中国贫穷落后的面貌，不但使人民生活水平逐步有所提高，也要使中国在国际事务中能够恢复符合自己情况的地位，对人类作出比较多的一点贡献。"[2]

2. "中国应当对人类有较大的贡献"由理想变为现实，需要很长的时间

中国真正实现对人类有较大贡献的理想，究竟需要多长时间？对此，毛泽东的认识有一个变化的过程，这一过程是与他如何把中国建设成为一个强大的社会主义国家的思考紧密联系在一起的。

最初，毛泽东设想的是经过50年的奋斗使中国强大起来。1954年在制定新中国第一部宪法时，毛泽东说："我们是一个六亿人口的大国，……我们要建成一个伟大的社会主义国家，大概经过五十年即十个五年计划，就差不多了，就像个样子了，就同现在大不一样了。"1955年，他又指出："要建成为一个强大的高度社会主义工业化的国家，就需要有几十年的艰苦努力，比如说，要有五十年的时间，即本世纪的整个下半世纪。"1956年，他又说："辛亥革命，到今年，不过四五十年，中国的面目完全

---

[1] 逄先知、金冲及主编：《毛泽东传（1949—1976）》下册，中央文献出版社，2003年，第1365页。
[2] 中共中央文献编辑委员会编：《邓小平文选》第2卷，人民出版社，1994年，第237页。

变了。再过四十五年，就是二千零一年，也就是进到二十一世纪的时候，中国的面目更要大变。中国将变为一个强大的社会主义工业国。"[1]

与此同时，毛泽东也估计到了在建设社会主义强大国家、实现对人类有较大的贡献这一目标的过程中要遇到困难，为此要做长时间奋斗的准备。1956年9月，他在回答南斯拉夫客人关于中国的前途问题时指出："要使中国变成富强的国家，需要五十到一百年的时光。……可是这已不是我这一辈的事，也不是我儿子一辈的事。"[2]这是一种准备长期奋斗的估计。

经过"大跃进"欲速而不达的挫折后，对在中国建成社会主义的时间估计上，毛泽东再次强调要用100年或更多的时间。在经过1961年（"调查研究年"）的调查研究后，1962年1月，在扩大的中央工作会议上，毛泽东坦言："在社会主义建设上，我们还有很大的盲目性。社会主义经济，对于我们来说，还有许多未被认识的必然王国。"由此他得出了较为符合实际的认识："建设强大的社会主义经济，在中国，五十年不行，会要一百年，或者更多的时间。"他解释说："中国人口多，底子薄，经济落后，要使生产力很大地发展起来，要赶上和超过世界上最先进的资本主义国家，没有一百多年的时间，我看是不行的。也许只要几十年，例如有些人所设想的五十年，就能做到。果然这样，谢天谢地，岂不甚好。但是我劝同志们宁肯把困难想得多一点，因而把时间设想得长一点。三百几十年建设了强大的资本主义经济，在

---

[1] 中共中央文献研究室编：《毛泽东文集》第7卷，人民出版社，1999年，第156页。
[2] 同上书，第124页。

我国，五十年内外到一百年内外，建设起强大的社会主义经济，那又有什么不好呢？"[1]在这里，毛泽东委婉地做了自我批评，抛弃了原来用50年建设强大社会主义国家、为人类做出较大贡献的设想，而把这一时间定位在100年或更多的时间。100年的时间，正是21世纪中叶、新中国成立100周年的时候。毛泽东的这一思想认识，为后来邓小平提出中国现代化建设"三步走"的发展战略，提供了重要的思想借鉴。1985年，邓小平指出："到下世纪中叶，能够接近世界发达国家的水平，那才是大变化。到那时，社会主义中国的分量和作用就不同了，我们就可以对人类有较大的贡献。"[2]

3. 社会主义中国强大了，不会对其他国家构成威胁，不会称霸，而只会为世界和平与人类进步做出自己的贡献

毛泽东始终认为，中国要做到对人类有较大贡献，就要维护世界和平，平等对待世界上的一切国家和民族。在新中国成立前夕的中国人民政治协商会议第一届全体会议上，他就指出："我们的民族将从此列入爱好和平自由的世界各民族的大家庭，以勇敢而勤劳的姿态工作着，创造自己的文明和幸福，同时也促进世界的和平和自由。"1959年6月，毛泽东在同外国客人谈话时指出："中国不仅要自己料理自己，自己过生活，还应该对别的国家和民族进行帮助，对世界有些益处。同别的国家一样，不仅要为自己而且还要对世界做些贡献。"他说："中国有希望就是了。

---

[1] 中共中央文献研究室编：《毛泽东文集》第8卷，人民出版社，1999年，第301—302页。

[2] 中共中央文献编辑委员会编：《邓小平文选》第3卷，人民出版社，1993年，第143页。

这还要靠你们帮助，靠世界上爱好和平人民的帮助，最主要的是保持和平环境，这是大家的最大利益。你们要和平，我们也是这样。"[1]

中国的发展需要和平环境，而中国强大后，也不会搞大国主义、霸权主义，对其他国家构成威胁。1960年5月，毛泽东与来访的英国元帅蒙哥马利进行了一番谈话。蒙哥马利说：中国大概需要五十年，一切事情就办得差不多了，到那时候，你看中国的前途将会怎样？毛泽东说："你怕我们会侵略？""要向外侵略，就会被打回来。"蒙哥马利再问："五十年以后中国的命运怎么样？那时中国会是世界上最强大的国家了。"毛泽东说："那不一定。五十年以后，中国的命运还是九百六十万平方公里。……如果我们占人家一寸土地，我们就是侵略者。"[2] 1962年1月，毛泽东重提他与蒙哥马利的对话，他说："我们是马克思主义者，我们的国家是社会主义国家，不是资本主义国家，因此，一百年，一万年，我们也不会侵略别人。"[3]

对毛泽东这一思想的精髓，邓小平理解与阐述得最清楚。1975年1月，他在会见日本客人时说：我们永不称霸，坦率地说，现在我们这么一个落后的国家有什么资格称霸？问题是三十年、五十年以后，我们也成了一个发达国家，是不是也要称霸？毛主席制定的路线叫永远不称霸，不是讲现在，是讲将来永远不称霸。如果有朝一日中国要称霸，世界人民就有责任揭露我们，

---

[1] 中共中央文献研究室编：《毛泽东文集》第8卷，人民出版社，1999年，第71—73页。
[2] 同上书，第187—189页。
[3] 同上书，第301页。

指责我们，并同中国人民一道来打倒称霸的中国。我们是用这样的路线来教育我们的子孙后代的。[1]这就向世界表明了中国永不称霸，而只想为人类和平发展做贡献的决心。

4. 毛泽东的"中国应当对于人类有较大的贡献"思想的意义与总体评价

对于"身无分文、心忧天下"的毛泽东来说，他一生奋斗的最大目的，是实现中华民族的伟大复兴，在此过程和基础上使中国对于人类有较大的贡献。为了促进发展，毛泽东只争朝夕，不甘落后、力争赶超发达国家。新中国成立时，毛泽东接手的，是一个四分五裂、人心涣散、被帝国主义列强用经济手段直至军事手段肆意践踏的中国。而在毛泽东和他的战友们的努力下，20世纪50年代中国成为世界社会主义大国，60年代成为世界核大国，70年代成为世界政治大国。中华民族自近代以来第一次以从未有过的尊严和凝聚力，屹立在世界舞台，成为维护世界和平的一支重要力量。这是新中国对人类做出的巨大贡献，也是毛泽东对祖国和人民做出的巨大贡献。

毛泽东的"中国应当对于人类有较大的贡献"思想在实践过程中，出现过一些失误，甚至是严重的失误，这是历史事实，我们要承认。但同时我们还要承认：毛泽东的初衷和愿望是良好的，他既有加快发展速度的热望，又有做长期准备的打算。加快速度实现跨越式发展，是后发的现代化国家普遍追求的发展模式，是值得肯定的，问题在于如何促进发展。毛泽东毫无私心，

---

[1] 中共中央文献研究室编：《邓小平思想年谱（1975—1997）》，中央文献出版社，1998年，第2页。

他考虑的一切都是为了中国的发展和强大,能为人类做出应有的贡献。他的这一宝贵思想被后来的中共中央领导集体所秉承并不断赋予新的时代内涵。可以说现在党中央强调的"实现中华民族的伟大复兴"这一命题,就是对毛泽东"中国应当对于人类有较大的贡献"这一思想合乎逻辑的继承和发展。由此,我们才可以这样总结说:毛泽东一生奋斗的最大目的,就是实现中华民族的伟大复兴,其"中国应当对于人类有较大的贡献"的目标,只是在此基础上的一个必然结果。这样说,不但不能成为我们忽视毛泽东的"中国应当对于人类有较大的贡献"思想的理由;相反,我们应该充分重视这一思想,挖掘其蕴含的丰富历史内涵。

毛泽东与《论十大关系》

1956年,在社会主义改造基本完成、社会主义基本制度初步建立之时,党中央和毛泽东以苏联经验为借鉴,开始探索中国自己的建设社会主义的道路。这一道路探索的起点,以1956年4月毛泽东在中央政治局扩大会议上所做的《论十大关系》报告为标志。《论十大关系》的提出,为1956年9月党的八大胜利召开做好了相应的理论准备。时至今日,《论十大关系》提出的关于建设社会主义的一系列原则方针和政策措施,对于新时代坚持和发展中国特色社会主义仍具有重要的现实指导意义。

开启探索任务的重大关键步骤

1956年社会主义改造基本完成、社会主义制度初步建立之后,探索社会主义建设道路的任务客观地摆在了中国共产党人面前。如何在中国这样一个贫穷落后、人口众多、情况特殊的东方大国建设社会主义,对于中国共产党人来说,的确是一个非常困难而复杂的问题。这在马克思、恩格斯那里是没有也不可能找到现成答案的。作为世界上第一个社会主义国家的苏联,经过几十年的发展,逐步形成了高度中央集权和主要通过行政手段管理经济的模式即"苏联模式"。在建国初期学习苏联的过程中,中国也照抄照搬了苏联模式的一些做法。随着实践的发展，到"一五"计划后期，这种模式的弊端日益暴露。对此，毛泽东"总觉得不满意，心情不舒畅"[1]。因此，从1955年12月开始，毛泽东在处理繁忙的日常国务之余，抽出大量时间，从事调查研究和听取汇报工作，希望在苏联模式之外另辟蹊径，探索出一条适合中国自己特点的社会主义建设道路来。

在党中央、毛泽东着手探索中国自己的社会主义建设道路的时候，1956年2月，苏联共产党召开了二十大。在大会即将闭幕的头一天晚上，苏共中央总书记赫鲁晓夫召开了一次事先没有安排的秘密会议，在会上做了《关于个人崇拜及其后果》的秘密报告，揭露了斯大林制造个人崇拜及造成的严重后果。报告内容被披露后，立即在国际社会特别是在社会主义阵营内掀起了巨大的政治冲击波。斯大林问题的暴露，使社会主义国家的人们看到，原来一直被膜拜的苏联经验并非完美无缺而是存在严重弊端，简单模仿苏联的办法终究不能代替自己探索。这就极大地促进了各国共产党人包括中国共产党人的思想解放（毛泽东称其为"一场解放战争"），促使他们认真反思苏联模式，重新思考本国的建设道路问题。

1956年1月中旬，薄一波去向毛泽东汇报工作时，谈到为准备党的八大报告，刘少奇正在听取一些部委的汇报。毛泽东很感兴趣，即对薄一波说："这很好，我也想听听。你能不能替我也组织一些部门汇报？"薄一波当即答应下来，于是就有了前后历时两个多月（从2月14日至4月24日，实际听汇报的时间为43

---

[1] 中共中央文献研究室编：《毛泽东文集》第8卷，人民出版社，1999年，第117页。

天）总共 35 个部门[1]的汇报。

集中汇报结束后，为了增加工业建设方面的感性知识，从 4 月 12 日到 4 月 17 日，毛泽东连续 6 天参观了机械工业展览。从 4 月 18 日起，新的一轮汇报又开始了，主要是国家计划委员会主任李富春和计委向毛泽东汇报第二个五年计划，刘少奇、周恩来、邓小平等人参加，至 24 日结束。这是毛泽东向各部门做系统调查的延续。前一阶段是专业性的，这一阶段是综合性的，先分析、后综合。毛泽东的认识在深化、在发展，《论十大关系》的完整思想呼之欲出。

在听取汇报的过程中，毛泽东十分疲劳。有次听完汇报，他带着疲乏的神情，说他现在每天是"床上地下、地下床上"——起床就听汇报，穿插着处理日常工作，听完汇报就上床休息。这是毛泽东在新中国成立后乃至在他一生中所做的规模最大、时间最长、周密而系统的经济工作调查。历史表明，毛泽东听取各部门工作汇报的举动，成为开启探索社会主义建设道路任务的重大关键步骤。

《论十大关系》的主要内容

在听取各部门工作汇报的基础上，1956 年 4 月 25 日，毛泽东在中央政治局扩大会议上发表《论十大关系》的讲话；5 月 2 日，

---

[1] 过去通常说毛泽东听取国务院 34 个部门的汇报。根据现存的档案材料，向毛泽东汇报的是 35 个部门。参见中共中央文献研究室编：《毛泽东年谱（1949—1976）》第 2 卷，中央文献出版社，2013 年，第 468 页。

他在最高国务会议上第二次阐发《论十大关系》。

《论十大关系》一开始就开宗明义地指出:"最近苏联方面暴露了他们在建设社会主义过程中的一些缺点和错误,他们走过的弯路,你还想走?"[1]这一反问,明确表明以毛泽东为核心的党的第一代中央领导集体想要在社会主义建设问题上,走出一条中国自己的道路。

《论十大关系》中前五大关系主要讲经济问题,讲的是从经济工作的各个方面来调动各种积极因素:

(一)重工业和轻工业、农业的关系。要求在坚持优先发展重工业的前提下,强调更多地发展轻工业和农业。毛泽东指出,必须优先发展生产资料的生产,把重工业作为中国建设的重点,这是已经决定了的。但我们决不可以因此忽视生活资料尤其是粮食的生产。他讲到,苏联和一些东欧国家片面地注重重工业,忽视农业和轻工业,市场上货物不够,货币不稳定,人民不满意。我们必须引以为戒,处理好重工业和轻工业、农业的关系。

(二)沿海工业和内地工业的关系。在合理安排工业布局的前提下,强调更多地利用和发展沿海工业。中国全部轻工业、重工业的70%在沿海,30%在内地。这种不合理的状况是历史形成的。毛泽东指出,要"好好地利用和发展沿海的工业老底子",这"可以使我们更有力量来发展和支持内地工业"。

(三)经济建设和国防建设的关系。强调首先要加强经济建设,国防建设才有后盾。毛泽东提出,中国"不但要有更多的飞机和大炮,而且还要有原子弹。在今天的世界上,我们要不受

---

[1] 中共中央文献研究室编:《毛泽东文集》第7卷,人民出版社,1999年,第23页。

人家欺负，就不能没有这个东西"。他提出了一个重要的战略方针：为了加强国防，一定要首先加强经济建设。经济建设发展更快了，国防建设才能够有更大的进步。

（四）国家、生产单位和生产者个人的关系。强调国家、生产单位和生产者三方面必须兼顾，特别要照顾农民的利益，还要给工厂一定的权力，一定的独立性。其中，毛泽东非常重视保护工农群众切身利益，调动他们的积极性。毛泽东强调，我们既要提高工农群众的政治觉悟，同时要提倡关心群众生活，反对不关心群众痛痒的官僚主义；既要大力发扬群众的艰苦奋斗的精神，同时也需要更多地注意解决他们在劳动和生活中的迫切问题。我们同农民的关系历来很好，没有像苏联那样，从农民那里拿走的东西太多而给予的太少，但也一度犯过粮食征购过多的错误。我们一定要兼顾国家和农民的利益，减轻农民的负担。农业税要轻，工农业产品的交换要采取缩小剪刀差、实行等价交换或近乎等价交换的政策。同时，必须在增加农业生产的基础上，使90%的农民收入逐年有所增加。

（五）中央和地方的关系。要求在巩固中央统一领导的前提下，给地方更多的权力和独立性，发扬中央和地方两个积极性。毛泽东认为，我们不能像苏联那样，把什么都集中到中央，而应当在巩固中央统一领导的前提下，扩大一点地方的权力，给地方更多的独立性，让地方办更多的事情。他还认为，不给工厂一点权力、一点机动的余地、一点利益，不好。各个生产单位都要有一个与统一性相联系的独立性，才会发展得更活泼。毛泽东指出："处理好中央和地方的关系，这对于我们这样的大国大党是一个十分重要的问题。""为了建设一个强大的社会主义国家，必须有中央的强有力的统一领导。""同时,又必须充分发挥地方的积极性,各地都要有适合当地情况的特殊。"

1958年3月,毛泽东在成都会议上指出:"在十大关系中,工业和农业,沿海和内地,中央和地方,国家、集体和个人,国防建设和经济建设,这五条是主要的。"[1]

《论十大关系》中后五大关系主要讲政治问题,是从政治工作的各个方面来调动各种积极因素:

(六)汉族和少数民族的关系。要处理好汉族和少数民族的关系,地方民族主义要反对,但重点是反对大汉族主义。毛泽东指出:在苏联,俄罗斯民族和少数民族的关系很不正常,我们应当接受这个教训。"必须搞好汉族和少数民族的关系,巩固各民族的团结""要诚心诚意地积极帮助少数民族发展经济建设和文化建设"。

(七)党和非党的关系。强调长期共存,互相监督。社会主义改造基本完成后,社会阶级关系发生了重大变动,各民主党派今后还要不要继续存在呢?毛泽东明确指出:"现在看来,恐怕是几个党好。不但过去如此,而且将来也可以如此,就是长期共存,互相监督。"

(八)革命和反革命的关系。毛泽东指出:新中国成立初期镇压反革命是必须的;现在还有反革命,但是已经大为减少;今后社会上的镇反,要少捉少杀,机关、学校、部队里面清查反革命要坚持一个不杀、大部不捉;对一切反革命分子,都应当给以生活出路,使他们有自新的机会。他提出:反革命抓到手以

---

[1] 中共中央文献研究室编:《毛泽东文集》第7卷,人民出版社,1999年,第370页。

后，可以让他们给人民办点事情，这是化消极因素为积极因素的方针。

（九）是非关系。毛泽东指出，党内党外都要分清是非，这是团结的思想基础。对于犯错误的人，"一要看，二要帮"。他说："无论在社会上不准人家革命，还是在党内不准犯错误的同志改正错误，都是不好的。"他指出："对待犯错误的同志，究竟是采取帮助态度还是采取敌视态度，这是区别一个人是好心还是坏心的一个标准。"

（十）中国和外国的关系。毛泽东明确提出"向外国学习"的口号。这里所说的外国，不仅是指社会主义国家、民族独立国家，而且包括资本主义国家。他说：我们的方针是，一切民族、一切国家的长处都要学，政治、经济、科学、技术、文学、艺术的一切真正好的东西都要学。但是，必须有分析有批判地学，不能盲目地学，不能一切照抄、机械搬用。他们的短处、缺点，当然不要学。外国资产阶级的一切腐败制度和思想作风，我们要坚决抵制和批判。但是，这并不妨碍我们去学习资本主义国家先进的科学技术和企业管理方法中合乎科学的方面。这表明，在开始探索中国社会主义建设道路的时候，以毛泽东为代表的中国共产党人的思路是宽阔的、开放的。毛泽东强调指出，对于马克思主义理论，"我们要学的是属于普遍真理的东西，并且学习一定要与中国实际相结合。如果每句话，包括马克思的话，都要照搬，那就不得了。我们的理论，是马克思列宁主义的普遍真理同中国革命的具体实践相结合。"[1]

---

[1] 中共中央文献研究室编：《毛泽东文集》第7卷，人民出版社，1999年，第42页。

在分别论述了十大关系之后，毛泽东做了一个简短的结论："一共讲了十点。这十种关系，都是矛盾。世界是由矛盾组成的。没有矛盾就没有世界。我们的任务，是要正确处理这些矛盾。"他指出："我们一定要努力把党内党外、国内国外的一切积极的因素，直接的、间接的积极因素，全部调动起来，把我国建设成为一个强大的社会主义国家。"这一主旨，和《论十大关系》一开始提出的"把国内外一切积极因素调动起来，为社会主义事业服务"的基本方针，是首尾呼应、完全一致的。

《论十大关系》的发表，"标志着毛泽东对中国社会主义建设道路的探索开始形成一个初步的然而又是比较系统的思路"，是"中国共产党比较系统地探索中国自己的建设社会主义道路的开始"[1]。毛泽东后来在总结新中国成立后的历史经验时，多次把它看作是一个转折。1958年3月，他在成都会议上说："1956年4月的《论十大关系》，开始提出我们自己的建设路线，原则和苏联相同，但方法有所不同，有我们自己的一套内容。"1960年6月，他在《十年总结》中又写道："前八年照抄外国的经验。但从1956年提出十大关系起，开始找到一条适合中国的路线。"[2]

《论十大关系》思想的初步贯彻

《论十大关系》阐述的一系列重大方针政策，在1956年9月

---

[1] 逄先知、金冲及主编：《毛泽东传（1949—1976）》，中央文献出版社，2003年，第485页；中共中央党史研究室：《中国共产党历史：第二卷（1949—1978）》上册，中共党史出版社，2011年，第380页。

[2]《建国以来毛泽东文稿》第9册，中央文献出版社，1996年，第213页。

召开的党的八大上得到了进一步深化和展开。根据中央关于召开党的八大的工作分工,刘少奇负责八大政治报告的起草工作。对于这一政治报告,根据毛泽东的意见起初是以反对右倾保守为指导思想的。但是《论十大关系》讲话发表后,八大政治报告随之确定以《论十大关系》为指导思想。1958年5月,刘少奇在党的八大二次会议上指出:"党中央委员会向第八届全国代表大会第一次会议的工作报告,就是根据毛泽东同志关于处理十大关系的方针政策而提出的。"[1]

1956年9月15日至27日,具有重要历史意义的党的第八次全国代表大会在北京召开。毛泽东致开幕词,他宣布这次大会的任务是:"总结从七次大会以来的经验,团结全党,团结国内外一切可能团结的力量,为了建设一个伟大的社会主义的中国而奋斗。"他指出:"我国革命和建设的胜利,都是马克思列宁主义的胜利。把马克思列宁主义的理论和中国革命的实践密切地联系起来,这是我们党的一贯的思想原则。"这与《论十大关系》的主旨是一致的。刘少奇在所做的《中国共产党中央委员会向第八次全国代表大会的政治报告》中也明确提出:"我们党现时的任务,就是要依靠已经获得解放和已经组织起来的几亿劳动人民,团结国内外一切可能团结的力量,充分利用一切对我们有利的条件,尽可能迅速地把我国建设成为一个伟大的社会主义国家。"[2]这与《论十大关系》的主旨也是一致的。

---

[1] 中共中央文献研究室编:《建国以来重要文献选编》第11册,中央文献出版社,1996年,第300页。

[2] 《刘少奇选集》下卷,人民出版社,1985年,第203页。

以"调动一切积极因素,建设伟大的社会主义国家"为指导,刘少奇在政治报告中进一步论述了:重工业与轻工业的关系问题;工业布局上沿海和内地、大型企业和中小型企业、中央国营企业和地方国营企业的配合问题;在发展生产基础上逐步改善职工生活的问题;国家政治生活中中共与各民主党派的关系问题;调整中央和地方行政管理职权问题;国内各兄弟民族亲密团结问题;对反革命分子和其他犯罪分子实行惩办和宽大相结合的政策问题;争取国际上一切有利条件和团结国际上一切可能团结的力量问题等等。周恩来在八大上所作的《关于发展国民经济的第二个五年计划的建议的报告》,也就处理好重工业和轻工业的关系、沿海工业和内地工业的关系、积累和消费的关系、扩大国际间经济技术和文化合作与联系等问题进行了阐述。周恩来指出:"以重工业为中心的工业建设,是不能够也不应该孤立地进行的,它必须有各个方面的配合,特别是农业的配合。""在第二个五年计划期间,我们应该继续努力发展农业,求得农业和工业的发展互相配合。为了使国民经济的各个部门和各个方面按比例地、互相协调地发展,我们又应该妥善地安排重工业和轻工业之间的关系,工农业生产和运输、商品流转之间的关系,经济建设和文化建设之间的关系,国家建设和人民生活之间的关系,同时,还应该进一步地安排中央和地方之间的关系,近海地区和内地之间的关系,各个民族之间的关系,以便把一切积极的因素和有用的力量都组织到建设社会主义的伟大事业中来。"[1]

在会议上,刘少奇、周恩来、陈云等在讲话中都阐述了改进

---

[1]《周恩来选集》下卷,人民出版社,1984年,第226—227页。

经济管理体制的重要性,尤其是陈云提出的"三个主体、三个补充"(国营经济和集体经济是工商业生产经营的主体,附有一定数量的个体经济作为补充;计划生产是工农业生产的主体,按照市场变化而在国家计划许可范围内的自由生产作为补充;国家市场是主体,附有一定范围内国家领导的自由市场作为补充)的思想,针对性强,具有前瞻眼光。1957年1月以后,陈云主持中央财经小组对此进行了更深入一步的调查研究。1957年9月至10月,党的八届三中全会通过了关于改进工业、商业和财政体制的决定,成为我国经济体制改革最初的尝试和实践。

1956年9月27日,党的八大最后通过了《关于政治报告的决议》,其中对我国社会主义改造基本完成以后国内主要矛盾的变化做出判断:"我们国内的主要矛盾,已经是人民对于建立先进的工业国的要求同落后的农业国的现实之间的矛盾,已经是人民对于经济文化迅速发展的需要同当前经济文化不能满足人民需要的状况之间的矛盾。"围绕解决这一主要矛盾,决议重申了十大关系中的有关思想,主要是:(一)要继续坚持优先发展重工业的方针,同时积极发展农业和轻工业。(二)要正确解决工业和其他经济事业的布局问题,"在内地和近海地区的关系上,既须继续把工业重点合理地移向内地,发展内地的经济事业,又须充分利用和合理发展近海地区的经济事业,特别是应当充分利用近海原有的工业基地来迅速推进内地新的工业基地的建设。在中央和地方的关系上,既须发挥中央各经济部门的积极性,又须发挥地方的积极性;既须纠正地方经济事业中盲目发展的偏向,又须纠正对地方经济事业注意不够和限制过多的偏向。在大型工业和中、小型工业的关系上,既须努力建设那些起骨干作用的大型工业企业,又须有计划地新建和改建那些起配合作用的或者适合于较小规模经营的中小型工业企业"[1]。(三)要使国家建设和人民生活改善两个方面得到适当的结合,"使国民收入中积累和消费的比例关系得到正确的处理",要"在国家所已经建立的统一集中的基础上,适当地调整中央和地方、上级地方和下级地方的行政管理职权"。(四)必须按照长期共存、互相监督的方针,继续加强同各民主党派和无党派民主人士的合作,并且充分发挥人民政治协商会议和各级协商机构的作用。(五)加强国内各民族的团结,促进各民族的共同进步,是我们国家工作中的一项重大任务。(六)今后对于反革命残余势力还必须继续进行坚决的斗争,但是因为反革命力量已经日益缩小和分化,对于反革命分子应当进一步实行宽大政策。(七)对于一切在革命斗争中犯错误的同志,党应当坚持"惩前毖后,治病救人""既要弄清思想,又要团结同志"的原则,耐心地帮助他们改正错误,继续团结他们在一起工作等等。

党的八大通过的《关于政治报告的决议》在最后一部分指出:"我们的一切任务能否胜利地完成,归根结底,是决定于党的领导是否正确。也就是说,决定于党的领导能否实事求是,能否将马克思列宁主义的普遍真理同中国革命的实践密切结合起来。"《决议》最后强调:"我们将继续巩固我们党的团结,依靠这个团结来团结全国劳动人民,团结国内外一切应当团结、可以团结的力量。这样,我们就一定可以尽可能迅速地把我们的国家建设成为一个伟大的社会主义国家。"[2]

---

[1]《建国以来重要文献选编》第9册,中央文献出版社,1994年,第345—346页。
[2]同上书,第353、355页。

历史证明，党的八大围绕社会主义建设这一党的工作着重点，在经济、政治、文化和党的建设等方面规定了比较明确的方针政策，堪称党为中国社会主义建设设计的第一个蓝图。然而遗憾的是，由于党对全面建设社会主义的思想准备不足等因素影响，《论十大关系》和党的八大提出的许多正确路线方针政策没有能够在实践中坚持下去。随着1957年"左"倾思想开始抬头，党对社会主义建设道路的探索出现了曲折和顿挫。

《论十大关系》的公开发表与历史地位

《论十大关系》是毛泽东和毛泽东思想中的经典著作。但这一理论文献名篇在毛泽东生前却没有公开发表。这既和1957年后毛泽东的关注重点发生变化有关，也和他在整理这一文献过程中的慎思有关。[1]

1956年毛泽东在做完《论十大关系》的讲话后，曾有一个文字整理稿，当时在党内中高级干部中进行过传达，但具体内容未对外公开。时隔近10年之后，1965年12月15日，在第三个五年计划开始执行之际，为了教育全党，刘少奇写信给毛泽东，认为《论十大关系》"对于一些基本问题说得很好，对现在的工作仍有很重要的指导作用"，建议作为内部文件发给县、团以上党委学习。毛泽东看了整理稿后批复："此件看了，不大满意，发下去征求意见，以为将来修改之助。此意请写入中央批语中。"12

---

[1] 陈晋:《毛泽东的三篇口头讲话是怎样成为经典文献的》，《党的文献》2013年第1期。

月27日，讲话以"中发［65］751号文件"印发，中共中央的批语是："毛泽东同志在1956年4月作的《论十大关系》，是一篇极为重要的文件，对社会主义革命和建设的基本问题作了很好的论述，对现在和今后的工作具有很重要的指导作用。为此，特印发县、团级以上党委学习。这个文件是当时讲话的一篇记录稿，毛泽东同志最近看了后，觉得还不大满意，同意下发征求意见。请各级党委对文件的内容提出意见，汇总报告中央，以为将来修改时参考。"[1]

1975年，邓小平在主持中央日常工作和《毛泽东选集》第5卷编辑工作期间，由胡乔木具体主持将毛泽东有关《论十大关系》两次讲话的记录稿综合整理。7月10日稿子送邓小平，13日转送毛泽东。邓小平在给毛泽东的信中说："我们在读改时，一致觉得这篇东西太重要了，对当前和以后，都有很大的针对性和理论指导意义，对国际（特别第三世界）的作用也大，所以，我们有这样的想法：希望早日定稿，定稿后即予公开发表，并作为全国学理论的重要文献。"当天，毛泽东审阅了这个稿子，并批示："同意。可以印发政治局同志阅。暂时不要公开，可以印发全党讨论，不登报，将来出选集再公开。"[2]7月23日，中共中央发出的通知指出：毛主席1956年4月《论十大关系》的报告，经过重新整理，主席已经同意，并决定印发全党讨论；主席的这个报告有重大的理论意义和现实意义，全党应作为当前理论学习的

---

[1]《建国以来毛泽东文稿》第11册，中央文献出版社，1996年版，第490—491页。
[2] 中共中央文献研究室编：《关于建国以来党的若干历史问题的决议注释本》，人民出版社，1983年，第236页。

重要文件之一，望各级党委注意指导这一文件的学习和讨论。8月5日，邓小平再一次批示："《论十大关系》这套文件，是经过毛主席看过的（一字未改），现退存中办。以后，毛选第五卷定稿一篇，送存一篇。"[1]

毛泽东逝世、"文化大革命"结束后，1976年12月10日至27日，第二次全国农业学大寨会议召开，《论十大关系》是这次会议集中学习的文件。会议闭幕的前一天即12月26日，是毛泽东诞辰83周年纪念日，《论十大关系》在《人民日报》全文公开发表。

在具有历史转折意义的党的十一届三中全会通过的会议公报中，《论十大关系》是唯一一篇被提及的毛泽东著作，公报指出："为了迎接社会主义现代化建设的伟大任务，会议回顾了建国以来经济建设的经验教训。会议认为，毛泽东同志一九五六年总结我国经济建设经验的《论十大关系》报告中提出的基本方针，既是经济规律的客观反映，也是社会政治安定的重要保证，仍然保持着重要的指导意义。"《论十大关系》这份珍贵的探索社会主义建设道路的经典文献所阐发的原则方针，最终被以邓小平为核心的党的第二代中央领导集体所继承、发展与超越，在新的历史时期找到了"自己的道路"。

理论探索的生命力不因时间的流逝而消减。2016年1月18日，习近平总书记在省部级主要领导干部学习贯彻党的十八届五中全会精神专题研讨班上的讲话中强调指出："我们党在带领人

---

[1] 中共中央文献研究室编：《邓小平年谱（1975—1997）》（上），中央文献出版社，2004年，第69页。

民建设社会主义的长期实践中,形成了许多关于协调发展的理念和战略。"《论十大关系》是毛泽东同志运用普遍联系观点阐述社会主义建设规律的典范。"总之,《论十大关系》体现了对立统一的辩证思维和矛盾分析方法,体现了"重点论""两点论""全面论"的辩证统一,体现了崇尚创新、注重协调的战略思维和哲学思维。《论十大关系》所提出的"把国内外一切积极因素调动起来,为社会主义事业服务"的基本方针,所提出的社会主义建设要处理好的涉及政治和经济关系的一系列重大问题,所展现的走中国自己的社会主义建设道路的道路自信和理论自信,仍然是党团结带领全国各族人民在新时代坚持和发展中国特色社会主义、实现中华民族伟大复兴的中国梦应坚持的重要方针,具有长久的理论和现实指导意义。

周恩来

青年周恩来的现代化意识

在中国共产党推动和促进中国现代化发展的征途中,周恩来在其中的作用功不可没。他与新中国现代化建设事业不可分的关系,多有人论及。本文试图追周恩来现代化思想意识之源头,以其早期文集(自1912年10月至1924年6月)为资源,揭示青年周恩来的现代化意识。

从中国近百年来现代化思潮演变的大的历史框架中看,中国先进分子的现代化意识的明确显示是在五四前后的新文化运动中。周恩来的现代化意识亦集中体现在这一时期并有自己的一些特性。

何谓现代化意识?其特性如何?有专家认为:现代化意识是符合现代化发展方向和需求的意识,它具有开放性、进取性、创新性。[1]青年周恩来的现代化意识,也具有这些特点。这集中体现在他为觉悟社起草的纲领性文件——《〈觉悟〉的宣言》所宣称的"革心""革新"的精神中。"革心"者,革人之心也,是"思想改造"的事业。[2]"革新"者,革新社会之谓也。这实际上是周

---

[1] 张静如:《唯物史观与中共党史学》,湖南出版社,1995年,第186—187页。
[2] 中共中央文献研究室、南开大学编:《周恩来早期文集》上卷,中央文献出版社、南开大学出版社,1998年,第472页。

恩来关于实现人的现代化和社会现代化意识的集中体现。

一、关于人的现代化意识

人作为社会的主体，其现代化的实现是社会现代化的内部动力，推动社会现代化的顺利实现。1915 年，陈独秀提出了"现代人"所具备的精神状态和品格，即：自主的而非奴隶的；进步的而非保守的；进取的而非退隐的；世界的而非锁国的；实利的而非虚文的；科学的而非想象的。[1] 这六个方面的内容，可以浓缩成上面的开放性、进取性、创新性及科学理性精神。并且，科学理性精神贯穿于前三者之中。

从青年周恩来的言行中，可以发现他的关于人的现代化的意识，大多体现在对自己的要求上；在个人具有现代化意识的基础上，要求国人"革心"。他认为自我"革心"是实现社会"革新"的道路，社会"革新"是自我"革心"的目的。这也是青年周恩来思想的特征，是他的思维与行为的一贯特性在其现代化意识中的体现。

在周恩来关于人的现代化意识中，其开放性表现是很强的。青年周恩来有一种非常开阔的世界眼光，十分重视与强调把中国的事情放到世界范围中去观察。他批评当时闭目塞听的国人："中国人喜欢闭着眼睛说话，也不看看世界的大势，观察进化的潮流，就瞎编派事情。"[2] 要看清世界大势，需要国人有世界眼

---

[1] 陈独秀:《敬告青年》,《青年杂志》第 1 卷第 1 号，1915 年 9 月 15 日。
[2] 中共中央文献研究室、南开大学编:《周恩来早期文集》上卷，中央文献出版社、南开大学出版社，1998 年，第 337 页。

光。周恩来说:"我们虽是中国人,我们的眼光终须放到全世界上来。"周恩来在赴法勤工俭学期间,兼做天津《益世报》的特约通讯员。在他所发回的稿件中,对许多问题的论述,都颇具世界眼光。后来,他又提出了做具有"世界眼光的革命家"[1]的要求。青年周恩来日后能够成为中共党内具有世界眼光的政治家,并不是偶然的,是与他开放的现代化意识密切相关的。

青年周恩来有一种非常强烈的创新、求新意识。他东渡日本学习时,在日记中记下对他有如三宝的东西:"第一,想要想比现在还新的思想;第二,做要做现在最新的事情;第三,学要学离现在最近的学问。"[2]当他接触到《新青年》杂志后,求新意识更加迫切,他把辟"新思想"、求"新学问"、做"新事情"看成是如同"重生""更生"一样。[3]周恩来认为,只有"人人心中存着这个'新'字,中国才有希望呢"[4]。他认为个人要求新,在给同学的信中他说对"新思潮尤所切望"[5]。同时,他认为团体也要求新,"团体要做的事情,是为'新'"[6]。1919年7月,周恩来在为《天津学生联合会报》撰写的发刊词中指出,本报的一项主旨就是"介绍现在最新思潮于社会"。他认为,新的东西是最有生

---

[1] 中共中央文献研究室、南开大学编:《周恩来早期文集》下卷,中央文献出版社、南开大学出版社,1998年,第507页。

[2] 中共中央文献研究室、南开大学编:《周恩来早期文集》上卷,中央文献出版社、南开大学出版社,1998年,第331—332页。

[3] 同上书,第335页。

[4] 同上书,第367页。

[5] 同上书,第409页。

[6] 同上书,第416页。

命力的,"新者永远战胜,旧者常常失败"[1]。正是有这种求新意识,周恩来才身体力行"活到老,学习到老,改造到老"。

在培养人的进取意识方面,周恩来谈得非常多,并自身努力实践。他的"为中华之崛起而读书"的誓言、"大江歌罢掉头东"的豪言壮语及为同学写的"浮舟沧海,立马昆仑"的临别赠言,都表现出了一种很强的开拓进取精神。周恩来强烈的进取心,表现在他多次谈到的"立志"问题中。周恩来在天津读书时,专门写过一篇《尚志论》的作文。周恩来对梁启超的"世界无穷愿无尽"一句诗十分欣赏,他说:"盖现在的人,总要有个志向。""有大志向的人,便想去救国,尽力社会。"[2]通过立志,去寻求救国与改造社会的真理。在当时中国的先进青年分子当中,这种"立志"思想是十分强烈的。如毛泽东曾说:"真欲立志,不能如是容易,……以其所得真理,奉以为己身言动之准,立之为前途之鹄,在择其合于此鹄之事,尽力为之,以为达到之方,始谓之有志也。""十年未得真理,即十年无志;终身未得,即终身无志。"[3]这样,"立志"体现了主体所要追求的价值目标体系,反映着主体对现实的否定性态度,凸显了主体超越现实的冲动,使其与对真理的追求、与改造社会结合起来。在这一点上,周、毛二人有着相同点,这也是他们走上革命道路的一个内在的精神动力。在进取的道路上,周恩来期望自己的"思""学""行","能

---

[1] 中共中央文献研究室、南开大学编:《周恩来早期文集》上卷,中央文献出版社、南开大学出版社,1998年,第437页。
[2] 同上书,第328页。
[3] 中共中央文献研究室、中共湖南省委《毛泽东早期文稿》编辑组:《毛泽东早期文稿》,湖南出版社,1995年,第86—87页。

顺着进化的轨道,自然的妙理去向前走。"[1]在前进中,困难是在所难免的,要做好一切准备,甚至是自我牺牲的准备。周恩来认为:"我们必须鼓足勇气,去面对那些小困难。否则这些小困难就会扩大成大的困难。"他指出:"贯穿在他漫长一生中的是自我牺牲精神,这种精神使他更为光荣,出类拔萃!"[2]在进取中,持之以恒的精神是必需的。在领导天津学生参加"五四"运动中,周恩来提出:"吾人作事乃宜审慎,有恒心,有胆力,方能成功。"[3]在《觉悟》第一期所发表的《学生的根本觉悟》一文中,周恩来着重指出,现在中国学生"在发展个性,研究学术,求着实验以外,还要负一种促进社会去谋人类幸福社会进化的责任"[4]。"从'觉悟'中生出来的效果,必定是不满意现状,去另辟一条新道,接续不断的往前走,去求无穷的进化。"[5]在进取中,不要急于求得结果,只问耕耘,不问收获的态度,也是必需的。在法国勤工俭学时,针对其表兄对社会的悲观情绪,周恩来指出:"举目禹域,诚难说到乐观,然事亦在人为,吾辈丁斯时艰,只宜问耕耘如何,不宜先急于收获也!"[6]正是在这种立志进取精神的支配下,作为主体的人才能不断与时俱进,切合时代进步的要求。这样,随着时间的推移和革命实践经验的丰富,在

---

[1] 中共中央文献研究室、南开大学编:《周恩来早期文集》上卷,中央文献出版社、南开大学出版社,1998年,第336页。
[2] 同上书,第382页。
[3] 同上书,第418页。
[4] 同上书,第449页。
[5] 同上书,第474页。
[6] 中共中央文献研究室、南开大学编:《周恩来早期文集》下卷,中央文献出版社、南开大学出版社,1998年,第21页。

进取中超越觉悟社"革心"的信条,用一种更科学的信条代替它,便在情理之中。这一信条就是共产主义。1922年,周恩来说:"觉悟社的信条自然是不够用、欠明了,但老实说来,用一个Communism(共产主义)也就够了。"[1]这正是立志进取,追求真理,实现人的现代化的科学、正确的途径。

在开拓、进取和创新过程中,人还要具有科学理性精神。科学理性精神,是"五四"时期广大先进分子倡导和追求的一种精神,即不以自己的是非为是非,不让主观的、感性的东西蒙蔽和左右自己的正确判断。在日本留学时,针对有些留学生看见有中国人同日本人交往就骂他为汉奸的这种不良情绪化思想,周恩来提出了批评。他认为,与日本人交往是知道日本国情的方法。"知己知彼,百战百胜",若要是先把这条路拦住,留学日本可以说是无用了。[2]要真正具有科学理性精神,就必须改造自我,抛弃非科学、非理性的东西。在《学生根本的觉悟》一文中,周恩来认为,创造学生的新生命,应改造心理、态度、行为上的弱点,即"排除心理上——求学目的的错误,悲观,思想上的错误,感情上的错误,意志上的薄弱,惰性太深,眼光太浅,猜疑,没有同情心,迷信,自私,阶级观念,虚荣的,嫉妒的,孤僻的——态度上——没有真正研究同批评的态度,没有受人研究同批评的度量,观望的,浮嚣的,武断的,骄傲的,盲从的,不诚恳的,消极的,不反省的,不公开的——行为上——破坏、敷衍、矜夸、

---

[1] 中共中央文献研究室、南开大学编:《周恩来早期文集》下卷,中央文献出版社、南开大学出版社,1998年,第448页。

[2] 中共中央文献研究室、南开大学编:《周恩来早期文集》上卷,中央文献出版社、南开大学出版社,1998年,第327页。

无意识"等弱点。[1]这些弱点，实际也是国民性中的弱点，创造国民的新生命，做具有现代化意识的国民，也必须改造、克服这些弱点。

以上所涉及的开放性、创新性、进取性及既独立又贯穿其中的科学理性等，属于人的现代化中的文化素质现代化（现代知识素质和现代心理素质）。此外，人的现代化还应包括身体素质的现代化，这与医疗卫生条件有很大关系。青年周恩来对这一点也十分注意，他很注意个人卫生，而且把人的身体素质与国运联系在一起。周恩来曾翻译过《医学与中国之关系》的文章，认为人的身体素质的现代化与国家的强盛密切相关，国家强盛反过来又促进人民的身体健康，身体素质的现代化又为文化素质的现代化提供前提与基础。他说："盖世界各国无有轻视人民之健康而能强国者，亦无有处已强之境，对于其人民之健康作藐视举者。""中国人民于身体健康上获强壮坚实之效果，其道德智识自亦随之增长矣。"[2]

以上所涉及的周恩来关于人的现代化意识，归结到一点，即上面所说的"革心"或"思想改造"。有人指出，"思想改造"是《觉悟》首先提出的一个在中国革命历史上有重大意义的命题。[3]李大钊、毛泽东都曾提到过这一问题。这几位历史伟人当时提出的"思想改造"，同后来所说的中国共产党用无产阶级世界观改造人

---

[1]中共中央文献研究室、南开大学编：《周恩来早期文集》上卷，中央文献出版社、南开大学出版社，1998年，第463页。

[2]中共中央文献研究室、南开大学编：《周恩来早期文集》下卷，中央文献出版社、南开大学出版社，1998年，第595—598页。

[3]力平：《开国总理周恩来》，中共中央党校出版社，1994年，第45—46页。

们的思想，还有所不同。它更多地表现了当时中国的先进青年反帝反封建的要求和改造自己的主观世界，以便更好地改造客观世界的决心。在他们成为中国共产党的领导人之后，发展这一精神用来改造党内的非无产阶级思想意识，也就顺理成章了。

实现现代化，首要的是实现人的现代化。这一命题得到越来越多人的认同。有人认为，现代化要能普遍而又深入地有效推进，除了有一个富于弹性的社会系统外，必须满足的另一个重要条件是："有一群接受革新观念的创导人物。这些人物之从事革新，不是为了时髦，不是为了应急，而是内心真有渴望创造更新的人生理想。""只有这种人生理想，才是推动时代进步的真正动力。"[1]青年周恩来可以说是当时具有革新观念的创导人物中的一位，他的关于培养人的现代化意识的"革心"事业及其自我的实践，与同时代许多先进人物的主张相呼应，为促进国民现代化意识的增长，做出了贡献。

二、关于社会现代化的意识

社会是一个复杂的系统。在现代社会中，报纸作为一种重要的舆论工具，不可或缺。它是现代社会的产物，反过来又作用于社会。它对科学文化的传播、民智的开启、社会的褒贬，有巨大的作用。周恩来对此非常重视。他认为，报纸"一字之褒贬，胜于斧钺。数版之文字，敢比春秋"。"诚吾人终日不可缺之物，亦

---

[1] 罗荣渠、牛大勇编：《中国现代化历程的探索》，北京大学出版社，1996年，第365页。

开通民智必要之事也。"他十分重视报纸的舆论导向作用,力求报纸客观公正,"甚望置身舆论界者,秉董狐之笔,为春秋之言。"[1]他认为:"守正不阿,严于褒贬,秉董狐之笔,执春秋之义,上报也。"[2]报纸应密切关注社会的重大事件,在重大问题上起到监督政府的作用。周恩来对五四运动中舆论界辨不清时势的轻重缓急提出了批评,他质问天津《益世报》说:"国民能团结起来监督政府,也是因为报纸的力量,假如报纸不天天说,国民便不十分注意,不能十分团结,外交后援也没了,政府监督也没了。"[3]在天津学生联合会成立时,周恩来把报纸和演讲看作是求得社会同情的两个利器,是表现学生思潮的结晶。报纸求得社会同情是其存在的前提,"革新"社会则是其目标之所在。

在周恩来看来,个人"革心"的目的最终是为了改造社会,谋社会之进化。关于改造社会的方法,起初周恩来受当时思潮的影响,主张教育与实业救国,实现社会现代化。他认为,实业振兴,教育普及,"然后国运可以隆盛。"[4]救中国之根本计划,"一则崇尚教育,涤除恶习,使国民之德性日益张,而达于尧天舜日之境;一则振兴实业,厚培民生,使国民无不恒之产,国家有仓廪之余,而比隆于欧美。"[5]直至他赴法勤工俭学初,他仍认为"吾国今日最大之患,为产业不兴,教育不振",只要这两者

---

[1] 中共中央文献研究室、南开大学编:《周恩来早期文集》上卷,中央文献出版社、南开大学出版社,1998年,第82—83页。
[2] 同上书,第59页。
[3] 同上书,第423页。
[4] 同上书,第56页。
[5] 同上书,第68页。

振兴，就可慢慢动摇军阀政客的统治。"产业与教育之振兴兼程并进，根本方面只要多着一分力，表面上的军阀资本家政客便动摇一块。"[1]但随着形势的发展，特别是他成为一个革命者后，他认识到：改造中国，"实业暂时可以不开发""教育暂时可以不扩充"，根本的是革命，"在革命未成功前，我们只是个破坏，无所谓建设"。革命成功后，"重用世界上有作用的科学家来帮助无产者开发实业，振兴学术。"[2]只有这样，教育和实业才会有发展的广阔天地。

在社会现代化中，首要的一点是政治现代化，而民主又是政治现代化的核心与体现。周恩来写过一篇题为《共和政体者，人人皆治人，人人皆治于人论》的论述共和政体的文章，教师的评语是："非明共和真理者，不能道只字。"[3]这也可隐约透露出他在政治主张上的现代化意识。五四运动中，周恩来在《新旧战争》的演说中，把平民政治、平等、自由、解放等列为应该注意的新事业。刚入南开求学时，周恩来还提出了"阶级不除，无平等之望"[4]之语，这一"阶级"虽与他接受共产主义后认识的阶级有区别，但毕竟也反映了他追求社会民主、平等的要求。追求意味着理想和现实之间存在着差距，这也是改造社会的缘由。周恩来认为改造社会需要依靠青年，等待时机，积极行动起来。他说：当

---

[1] 中共中央文献研究室、南开大学编：《周恩来早期文集》下卷，中央文献出版社、南开大学出版社，1998年，第21页。
[2] 同上书，第462页。
[3] 中共中央文献研究室、南开大学编：《周恩来早期文集》上卷，中央文献出版社、南开大学出版社，1998年，第86页。
[4] 同上书，第17页。

国家存亡之秋,"顾及青年,辄喜后继有人,不至陆底胡沉。"[1]五四时期,周恩来敬告男女学生,社会渐渐入于消沉,"我们现在不是憩着的时候,我们应当每天实行警醒社会的事业。"[2]

正是有革新、改造社会的强烈动机,周恩来逐渐认识到实现中国社会的现代化,就必须首先扫清通往现代化道路上的两大障碍,即帝国主义和军阀。1923年,当帝国主义国家借临城劫车案,叫嚷对中国实行"铁路共管"时,周恩来提出要誓死力争,推翻"扰乱中国的国际资本帝国主义",打倒"妨害中国和平统一的万恶军阀"![3]他认为:"国事败坏至今,纯由受二重之压迫,即内有冥顽不灵之军阀,外有资本主义之列强。"他说:"吾人欲图自救,必须推翻国内之军阀,打倒国际资本帝国主义。"[4]"我们所认定的唯一目标便是:反军阀政府的国民联合。反帝国主义的国际联合。"[5]这一目标与中国共产党二大通过的最低纲领的目标是完全一致的。在这种情况下,革命便成为唯一正确的选择。周恩来认为,面对帝国主义列强与军阀相勾结的中国政治,"怕死也要死,死里逃生我们只有出于革命一图。"[6]怕死的中国人必须要另寻的唯一活路便是:"打倒国际帝国主义和国内军阀。"[7]为此,

---

[1] 中共中央文献研究室、南开大学编:《周恩来早期文集》上卷,中央文献出版社、南开大学出版社,1998年,第257页。
[2] 同上书,第429页。
[3] 中共中央文献研究室、南开大学编:《周恩来早期文集》下卷,中央文献出版社、南开大学出版社,1998年,第512页。
[4] 同上书,第515页。
[5] 同上书,第525页。
[6] 同上书,第550页。
[7] 同上书,第575页。

周恩来专门写了一篇《革命救国论》进行呼吁，同时彻底抛弃了他曾设想的实业救国的路子。他认为，中国"非革命不足以图存了""若不从国民运动企图国民革命入手，而仅右倾于振兴实业图谋救国，或竟左倾于毁坏一切自由行动"，只不过最终成为列强"延长其遁在尾闾的生命而已"。[1]

青年周恩来虽有"革新"社会、实现社会现代化的志向，但他没有提出关于社会政治、经济、文化等方面的系统性的现代化思想意识。他的社会现代化意识更多是与实现现代化的手段结合在一起。这些主要都是由当时中国社会变化极度剧烈所致。社会形势的激烈变化，使青年周恩来很快成为一个职业革命家。他不可能像陈独秀、李大钊等人一样，在参加革命前，有社会实践的空间和时间，对社会现代化有过一些构想。周恩来一参加社会实践，就基本上与中国革命紧密联系在一起。正如罗荣渠先生所说，在当时，"革命化的过程也与现代化的过程亦步亦趋，但革命化并不等同于现代化"，而革命化又是"抗议内部衰败和阻止半边缘化的关键性因素，它为现代化扫清障碍"。[2]革命胜利之后，社会现代化才充分展开，才真正有周恩来的现代化思想。

"革新"是周恩来希冀实现社会现代化的手段与方式，但在这一过程中，周恩来逐步通过革命来达到实现社会现代化的目标。革新为现代化之必需，这正如有的学者指出的那样："从圣化的社会走向现代化，革新是一种必经的过程。在这一过程中，

---

[1] 中共中央文献研究室、南开大学编：《周恩来早期文集》下卷，中央文献出版社、南开大学出版社，1998年，第535页。

[2] 罗荣渠：《跨世纪的沉思——对中国近代社会巨变的再思考》，《天津社会科学》1994年第1期。

革新比革命稳当,实惠,少不必要的浪费,而且少不必要的牺牲。"但是,"革新如果受到太大的阻抑,就难免引起革命。"[1]这是很有道理的。正是由于青年周恩来希冀的"革新"这座桥梁受到了太大的阻抑,才使他走上了通过革命来实现社会现代化的道路。

三、青年周恩来现代化意识的特点

通过以上两方面的论述,我们可以看出青年周恩来现代化意识具有的鲜明特点:

第一,重视自我主体的现代化诉求。青年周恩来乃至周恩来一生思维与实践的一个显著特征就是律己甚严、率先垂范,真正做到了古人所说的"己所不欲,勿施于人"。这一点体现在其人的现代化意识中,就是上文中所说的他首先要求自我"革心",由己推人,再要求国人"革心",在此基础上去实现社会的"革新"。这种严于克己、反省自身的勇气,在同时代有影响的人物当中是少见的。与那种动辄要求别人如何去做,如何去实现现代化的人相比,更凸显出周恩来的人格魅力。这种人格魅力,恰恰正是他的自我主体现代化诉求的产物。

青年周恩来形成的这种律己垂范风范一直延存于周恩来的一生。成为党和国家领导人后,周恩来依然强调先进阶级和领导者首先要进行自我改造,只有这两者改造好了,才能影响别的群体和个人,从而达到改造整个社会的目的。周恩来指出:"无产阶

---

[1] 力平:《开国总理周恩来》,中共中央党校出版社,1994年,第365页。

级首先要进行自我改造。""天下没有完人,觉悟程度是逐步提高的,认识也是不断发展的,因此要经常进行自我改造。无产阶级有自己的阶级本性,反抗剥削压迫,思想先进,但要发展成为有高度自觉性、战斗性、组织性的阶级,也要进行自我改造。"[1]他指出,没有人是专门改造别人的。自居于领导,自居于改造别人的人,其实自己首先需要改造,要对这种人大声疾呼:"请你自己改造。"针对一些领导干部缺乏自我改造的自觉性,甚至误以为领导者是专门改造别人的,周恩来尖锐地指出:"只有能自我改造的人,才能改造别人。"[2]

第二,重视人的现代化与社会现代化的全面协调发展。当时,无论是鲁迅先生对改造国民劣根性的呼吁与呐喊,还是社会上有广泛影响的"实业救国"及"教育救国"等思潮,所关注的或是人的现代化或是社会现代化,没有能够将两者较好地结合起来。而青年周恩来由"革心"到"革新"的现代化意识兼顾了两者,对两者都有较多的论述。尽管后来他认为实现社会现代化这一目标必须先经过革命,但历史已经证明,在后来的革命过程中,周恩来对人的现代化的追求也从来没有间断过。正因为如此,当周恩来将自我改造与鞠躬尽瘁于国务结合在一起时,建立的是"三不朽"的丰碑。这对我们具有很大的启示作用:当我们将自我改造与脚踏实地地做好本职工作结合在一起时,平凡的人生同样也会放出异彩。

第三,能够自觉地做到与时俱进。青年周恩来的现代化意识

---

[1]《周恩来选集》上卷,人民出版社,1980年,第359页。
[2]《周恩来选集》下卷,人民出版社,1984年,第368页。

不是稳定不变的,而是随着当时中国社会的激烈动荡局势而不断探索前进。大浪淘沙,许多名噪一时的人物的一些与现代化沾边的言论,或是昙花一现,或是隔靴搔痒。最后,他们要么"泥古",开历史倒车;要么"西化",脱离本国国情;不能从根本上解决中国实现现代化所面临的问题。而青年周恩来却认识到用"communism"代替"革心"的必要性,认识到中国社会"非革命不足以图存"。这是其现代化意识与时俱进的结果。

周恩来的知识分子情结

周恩来是我们党内最了解知识分子、最善于做知识分子工作又最为知识分子所爱戴的一位卓越领导人。他在知识分子工作中的知心、贴心和交心的言行，是其人格魅力的一个重要组成部分，在知识分子中间形成了巨大的感召力。周恩来为什么如此关心、重视知识分子？许多学者从不同的角度做了分析。笔者认为，周恩来之所以能够最了解知识分子并制定正确的知识分子政策，其中非常重要的一点在于周恩来对于知识分子有一种一贯的、特殊的、难以割舍的情感，即"知识分子情结"。这种情结在周恩来的言谈举止中不自觉地表现出来，是他能够制定正确的知识分子政策，并与知识分子达成共鸣的初始源泉。

"情结"是心理学和精神学的一个术语，就是由一些被意识压抑的意念（即无意的思想、感情、知觉、记忆等）所组成的具有类似核心作用的复杂的心理现象。它能吸附许多经验，使当事者的思想行为及情绪易受这种情绪的影响而遵循一定的方式进行，形成固定的行为模式。心理上的情结是行为人在幼年及青少年时期形成的。周恩来的知识分子情结，亦形成于这一时期。周恩来曾说过："一个人幼年所受的影响，往往在他的思想上、生活作风上长期存在。"[1] 周恩来因受幼年、青少年时期所接受的知识分子教育及其氛围的影响而形成的情结，奠定了他以后对待知识分子的行为方式。这种情结的形成，是周恩来亲身体验的结果。

首先，诗书传家的家世及居住地浓厚的文化氛围，是周恩来形成知识分子情结的第一直接影响。

周恩来的祖上一直是诗书传家，从其高祖开始形成师爷世家。周恩来的祖父、外祖父都是师爷出身，他的亲叔伯四人也都是做文书工作的师爷。师爷虽不是官职，却也算得上中等的封建知识分子。周恩来成长的家庭中不仅男性亲属都是知识分子，而且就女性来说，也有很好的文化修养。周恩来的生母读过五六年私塾，嗣母陈氏出身于书香门第，周恩来就这样受到两个有文化教养的母亲的教育。家庭教育是潜移默化的，母爱的影响是最深沉的。出生在一个有如此背景的知识分子家庭里，周恩来与知识分子有一种天然的联系。

周恩来的童年在淮安度过。这里人才荟萃，文化昌明，出了不少知识分子。如汉赋大家枚乘，"建安七子"之一的陈琳，《西游记》的作者吴承恩，《老残游记》的作者刘鹗，唐代诗人吉中孚、赵嘏，明代文学家瞿佑，清代朴学大师阎若璩，等等。这种浓厚的文化氛围，给周恩来以很大影响。他在作文中称自己"少游江淮，纵览名胜"，并在作文中多次将幼时记在头脑中的一些史实事迹写出来。人文气息的浸染熏陶，刺激了他的求知欲，使他对博学之士格外注目。周恩来说自己小时候就读章太炎发表在《国

---

[1]《周恩来选集》下卷，人民出版社，1984年，第62页。

粹学报》上的文章,当时读不太懂,却启发了他的爱国的民族思想。读不太懂却硬要读,并能在头脑中留下终生的印象,一方面说明周恩来好学,另一方面大知识分子章太炎艰深的文章能吸引他,恐怕还在于周恩来崇慕章的名气,在于周恩来与知识分子惺惺惜惜的天然默契。

周恩来从来没有否认过家庭对他的影响,他在关于知识分子问题的三次著名讲话中,除了第二次代表中央所作的《关于知识分子问题的报告》外,其他两次——1951年9月的《关于知识分子的改造问题》和1962年3月的《论知识分子问题》——皆以自己为例,提到了家庭对个人的影响。他坦言自己出身于封建官僚家庭,"这样的家庭不能不影响我的思想。"[1]他又说:"我们都受过资产阶级教育,甚至一部分人还受过封建教育,如上塾馆,拜过'天地君亲师',……封建教育嘛!"[2]但是他没有完全否定这一切,主张辩证地看待这一问题,批判地继承和吸收其中一些有用的东西。周恩来的确也做到了这一点。就"天地君亲师"来说,作为无神论者,他抛弃了其中的"天地"观,而对"君亲师"却批判地吸取了其中合理的东西。这使他后来对党和领袖大忠,对父母大孝,对老师(知识分子)大敬。这不能不说是一个源头,用周恩来的话说,这是"从旧社会来的'根'"。对于这种"根",不能否认。

其次,求学道路的每个阶段上都幸遇良师,得益于他们的教导,师恩难忘,由己推人,使周恩来对知识分子一直抱有尊敬、

---

[1]《周恩来选集》下卷,人民出版社,1984年,第62页。
[2]同上书,第356页。

关怀之情。

周恩来在接受教育、形成世界观和人生观的重要阶段中，得到了众多慧眼识才的知识分子的教诲。对于教过他的老师，他一刻也没有忘记，并在不同的场合对给予自己影响的老师表达了感激之情。

周恩来在生母、嗣母过世后，接受教育的机会没有中断，他得到了表舅龚荫孙及其家塾周（一说邹）老师的教导。他们对周恩来影响很大。周恩来后来曾把表舅称作自己政治上的启蒙老师，周（邹）老师则是他文化上的老师。

在奉天东关模范学校学习期间，周恩来也遇到了几位好老师，高亦吾就是其中的一位。高先生无论是在做学问还是在做人方面，都赢得了周恩来的敬重，对他革命思想的形成有很大影响。当他们临别时，高先生赠给周恩来一张照片，周恩来一直带在身边，保存了整整50年，师生之谊由此可见一斑。1950年冬，周恩来接见高先生的儿子高肇甫时说："没有高老师的教导，我不会有今天。"

在南开中学时，周恩来与许多有正义感的老师也结下了深厚的感情。校长张伯苓很喜欢周恩来，对家人说他是南开最好的学生。周恩来与张伯苓后来虽政见不同，但这没有影响他们的师生情。周恩来评价张伯苓是爱国的、进步的，办教育是有成绩的。校董严修慧眼识才，说周恩来有"宰相之才"，对他关怀有加。在周恩来被捕出狱后，严修向张伯苓提出，推荐两个南开学生出洋留学，其中一个是周恩来。他还亲自给中国驻英公使顾维钧写信介绍周恩来等。为了在经济上资助他们，严修在南开学校特设"范孙奖学金"，给了他们很大帮助。周恩来对严修不拘一格的提拔奖掖之心，没有忘记。周恩来后来说："我在欧洲时，有人对严老先生说，不要再帮助周恩来，因为他参加了共产党。严老先生说：'人各有志。'他是清朝的官，能说出这种话，我对他很感激。"[1]

南开的国文教师张皞如、化学教师伉乃如与周恩来也结下了深厚的友谊。周恩来与张老师有诗的应和传世。他们在思想上、学业上和生活上给予周恩来的帮助，周恩来也始终没有忘记。1957年4月，周恩来陪同波兰政府代表团访问天津。他在全市高等学校欢迎会上讲话时说："我每次来至天津，总是告诉我过去的师友说：我还是感谢南开中学给我那些启蒙的基本知识，使我便可能寻求新的知识，接触新的知识。"感谢学校实际就是感谢当时的教师。可以说这是周恩来真实情感的自然流露，只是由于长期的革命活动，使他没有倾诉的机会，而只能将这种感情压在内心。情感长期积累沉淀的结果，就是情结的滥觞。

从在私塾读书起，到从南开中学毕业，正是周恩来思想性格定型，世界观、人生观形成的关键时期。在这一时期，很少有人像周恩来一样遇到了这么多的良师，得到了他们如此多的帮助和积极影响。这使周恩来在内心深处怀有一种深深的报恩之情。他在1918年1月1日的日记中写道："我今年已经十九岁了，想起从小儿到今，真是一无所成，光阴白过。既无脸见死去的父母于地下，又对不起现在爱我、教我、照顾我的几位伯父、师长、朋友。……佛说上报恩为上，……俗语说得好：'人要有志气'。我如今按着这句话，立个报恩的志气，做一番事业，以安他们的

---

[1] 李静、廖心文编：《周恩来交友录》，中共中央党校出版社，1995年，第238页。

心。"可见他对老师之恩是铭记在心的。实际上他对一切有正义感的知识分子都怀有尊敬信赖之情，这在以后的工作中也表现出来。如抗战时期在重庆工作时，周恩来提出了"中学教员是党在青年运动中的骨干"的观点。他认为："青年在中学时代能受到科学的正派的进步的教育，就是将来接近马列主义的基础。"他说："我们不要求中学教员是最进步的，我们只要求教员重正义，讲气节，讲廉耻；有本事，有学术。""我们要尊师重道。"他又说："根据经验，即使是中学教员（也）能起很大的作用，因为他可以影响很多学生。尽管是启蒙工作，将来的作用非常之大。"[1] 从周恩来的这些论述可以看出，这些认识与他在青少年时期亲身体验的中学教员对教育的作用与影响，是多么密切相关。这里的"根据经验"，就包含着周恩来个人的亲身体验，认为有正气的知识分子是可信赖的，是值得尊重的。这种情结一直到他身为大国总理时，仍不能释怀。推而广之，这种情结已成为他的一种行为模式，自发地发挥着作用，这也是我们研究周恩来之所以成为党内少有的能够正确制定知识分子政策的领导人的一个不能不考虑的因素。

最后，早年周恩来关心教育、刻苦求学，曾有"教育救国"的理想，虽然在探索中他主动放弃了这种救国方式，但这种探索的心理路程却深深地埋在心底，条件一成熟，这种情结就会自然而然地体现在言行中。

周恩来是个知识分子。他曾为自己没有很好地完成学业而感

---

[1] 金冲及主编：《周恩来传：1898—1949（修订本）》下，中央文献出版社，1998年，第623页。

到遗憾。他说:"我中学毕业后,名义上进了大学一年级,但是正赶上'五四'运动,没有好好读书。我也到过日本、法国、德国,所谓留过学,但是从来没有进过这些国家的大学之门。所以,我是一个中等知识分子。……不过,我总算是知识分子出身。"[1]

周恩来曾抱有"教育救国""实业救国"的幻想,把发展教育和实业看作是拯救国家、壮大国家的根本方法。在奉天东关模范学校学习时,他对非洲小国克兰斯法尔办学救国很感兴趣,认为:"中国图强,就得想救国的办法,就得把教育办好。"[2]他在《奉天东关学校第二周年纪念感言》一文中,亦认为中国要图强,应该从根本上做起,把教育办好。在南开中学时,他也一度抱有这一思想,以至于在初离学校时,他曾想选择学校教育工作作为他的事业。在日本留学时,周恩来曾为成为一个高级知识分子努力过,并为没能考取官费留学生而苦恼过。他在投考东京第一高等学校失败后,在日记中写道:"不考官立学校,此羞终不可洗!"但是时势造英雄,历史造就了周恩来以革命改造中国的身份。他逐渐认识到,在当时条件下,"教育救国""实业救国"都不是改造社会的根本方法,从而自觉地否定这种认识。在当时,"教育救国""实业救国"并不是一点积极意义也没有,只是发展教育、发展实业都不是周恩来所追求的改造社会的根本方法。只有革命才可从根本上改造社会,一俟革命成功,发展教育和实业才有广阔的空间,才可真正发挥壮大国家的作用。

新中国成立后,应该说知识分子的春天到来了。因此,看到

---

[1]《周恩来选集》下卷,人民出版社,1984年,第59页。
[2] 怀恩:《周总理的青少年时代》,四川人民出版社,1979年,第17页。

知识分子价值和教育价值的周恩来第一个指出：今天最大的不足是知识分子不足。中国的知识分子不是太多，而是太少了。是他第一个极为珍视知识分子的劳动，把那种不重视知识分子、不发挥知识分子作用的情形，看作是对"国家最宝贵的财产"[1]的浪费；是他第一个提出"对教育事业的投资要超过任何一个工业部门"[2]。周恩来认识到社会改造的根本问题解决后，发展教育就会成为图强的要事，知识分子才真正体现出他们的价值。这些思想观点无不与他青少年时代的探索、认识密切相关。

每一条河流都有其源头，每一种思想都有其生长点。周恩来对知识分子问题的重视，既有时代的召唤与要求，亦有其个人的体验与认识，他的知识分子情结就是一个不可忽视的方面。

---

[1] 中国教育科学研究所编：《周恩来教育文选》，教育科学出版社，1984年，第114页。

[2] 中共中央文献研究室编：《周恩来经济文选》，中央文献出版社，1993年，第116页。

周恩来的自我改造观

无论在党内外还是在国内外，周恩来都堪称自我改造的典范。他倡导并践行的"活到老，学到老，改造到老"的自我改造观，是中国共产党人宝贵的精神财富。重温他的自我改造观，具有重要的理论和现实意义。

一、周恩来的自我改造观是对儒家思想"修身"说的扬弃

中国儒家思想主张"修身齐家治国平天下"，讲究"内圣外王"，把个人的道德修养列为成其大事的第一步。传统文化中的"修身"说，对周恩来自我改造观的形成有重大影响。周恩来自己对此也不讳言。在1951年9月《关于知识分子的改造问题》和1962年3月《论知识分子问题》的讲话中，他坦言自己出身于封建官僚家庭，这样的家庭不能不影响他的思想："我们都受过资产阶级教育，甚至一部分人还受过封建教育，如上塾馆，拜过'天地君亲师'，……封建教育嘛！"[1]作为封建教育基石的"修身"教育，对周恩来的影响是客观存在的，但周恩来对此不是全

---

[1]《周恩来选集》下卷，人民出版社，1984年，第356页。

盘接受，在其后的革命生涯中，他批判地继承和吸收儒家的"修身"说，对其进行革命的扬弃，形成了自己独特的自我改造观。

青少年时代的周恩来思维和行动的一个显著特点，是事事重视从自己做起，进行改造。他在为觉悟社起草的纲领性文件《〈觉悟〉的宣言》中提出了"革心"和"革新"任务。"革心"者，革人之心也，是"思想改造"的事业。[1]"革新"者，革新社会之谓也。周恩来认为自我"革心"是实现社会"革新"的道路，社会"革新"是自我"革心"的目的。必须从自我做起，去实现革新社会的目标。

在实现革新社会目标的过程中，需要作为行动主体的人具有科学理性精神和创新、求新意识。这是"五四"时期广大先进分子普遍倡导和追求的精神和意识。要真正具有科学理性精神，就必须改造自我，抛弃非科学、非理性的东西。在《学生根本的觉悟》一文中，周恩来认为，创造学生的新生命，应改造心理、态度、行为上的弱点，即排除"心理上——求学目的的错误，悲观，思想上的错误，感情上的错误，意志上的薄弱，惰性太深，眼光太浅，猜疑，没有同情心，迷信，自私，阶级观念，虚荣的，嫉妒的，孤僻的——态度上——没有真正研究同批评的态度，没有受人研究同批评的度量，观望的，浮嚣的，武断的，骄傲的，盲从的，不诚恳的，消极的，不反省的，不公开的——行为上——破坏、敷衍、矜夸、无意识"等弱点。[2] 只有排除了这些弱点，

---

[1] 中共中央文献研究室、南开大学编：《周恩来早期文集》上卷，中央文献出版社、南开大学出版社，1998年，第472页。

[2] 同上书，第463页。

才谈得上创造国民新生,求得社会的新生。

青年时期的周恩来有一种非常强烈的创新、求新意识。他东渡日本学习时,在日记中写到对他有如三宝的东西:"第一,想要想比现在还新的思想;第二,做要做现在最新的事情;第三,学要学离现在最近的学问。"[1]当他接触到《新青年》杂志后,求新意识更加迫切,他把辟"新思想"、求"新学问"、做"新事情",看成是如同"重生""更生"一样。周恩来认为,只有"人人心中存着这个'新'字,中国才有希望呢"[2]。他认为个人要求新,在给同学的信中他说对"新思潮尤所切望"。同时,他认为团体也要求新,"团体要做的事情,是为'新'。"1919年7月,周恩来在为《天津学生联合会报》撰写的发刊词中指出,本报的一项主旨就是"介绍现在最新思潮于社会"。他认为,新的东西是最有生命力的,"新者永远战胜,旧者常常失败。"[3]要求新,必须自我改造。正是这种不甘落后的求新意识,才使周恩来站在时代前列,才使他感同身受并最有资格提出"活到老,学习到老,改造到老"。

在科学理性和追求创新意识的引导下,作为主体的人才能不断进行自我思想改造,与时俱进,切合时代进步要求。正如有人指出的那样,"思想改造"是周恩来主办的《觉悟》首先提出的一个在中国革命历史上有重大意义的命题。李大钊、毛泽东都曾提到过这一问题。这几位伟人当时提出的"思想改造",同后来

---

[1] 中共中央文献研究室、南开大学编:《周恩来早期文集》上卷,中央文献出版社、南开大学出版社,1998年,第331—332页。
[2] 同上书,第367页。
[3] 同上书,第437页。

所说的中国共产党用无产阶级世界观改造人们的思想，还有所不同。它更多地表现了当时中国的先进青年反帝反封建的要求和改造自己的主观世界，以便更好地改造客观世界的决心。这在后来他们成为中国共产党的领导人之后，发展这一精神用来改造党内的非无产阶级思想意识，也就顺理成章了。[1]

历史事实正是这样，随着时间的推移和革命实践经验的丰富，在进取中超越觉悟社"革心"的信条，用一种更科学的信条代替它，便在情理之中。这一信条就是共产主义。1922年，周恩来说："觉悟社的信条自然是不够用、欠明了，但老实说来，用一个Communism也就够用了。"[2]从此之后，周恩来的自我改造观就超越了儒家思想的"修身"说，而与无产阶级、共产主义的世界观紧密联系在一起。

二、周恩来的自我改造观

周恩来的自我改造观包含丰富的内容，涉及自我改造的时限、主体、内容以及方法等诸多方面。

（一）自我改造的时限

自我改造是一个庞大的系统工程。要用新思想把头脑里的旧思想"挤掉"，需要经过长期的教育和斗争，这是一辈子的事，是一项无止境的工作。周恩来常说："改造没个完，一直到死，

---

[1] 力平：《开国总理周恩来》，中共中央党校出版社，1994年，第45—46页。
[2] 中共中央文献研究室、南开大学编：《周恩来早期文集》下卷，中央文献出版社、南开大学出版社，1998年，第448页。

那时也不能说改造够了。"[1]这是因为"事物的发展是没有止境的""时代是不断前进的，思想改造就是要求我们的思想不落伍，跟得上时代，时时前进。"[2]基于此，周恩来指出："每个党员从加入共产党起，就应该有这么一个认识：准备改造思想，一直改造到老。"[3]"活到老，学到老，改造到老"是他的至理名言。他一生中不仅极力倡导，而且坚持不懈。

（二）自我改造的主体

人人都是自我改造的主体，但周恩来特别强调先进阶级和领导者首先要进行自我改造，只有这两者改造好了，才能影响别的群体和个人，从而达到改造整个社会的目的。周恩来指出："无产阶级首先要进行自我改造。""天下没有完人，觉悟程度是逐步提高的，认识也是不断发展的，因此要经常进行自我改造。无产阶级有自己的阶级本性，反抗剥削压迫，思想先进，但要发展成为有高度自觉性、战斗性、组织性的阶级，也要进行自我改造。"[4]他指出，没有人是专门改造别人的。自居于领导，自居于改造别人的人，其实自己首先需要改造，要对这种人大声疾呼："请你自己改造。"针对一些领导干部缺乏自我改造的自觉性，甚至误以为领导者是专门改造别人的，周恩来尖锐地指出："只有能自我改造的人，才能改造别人。"[5]

---

[1]《周恩来选集》下卷，人民出版社，1984年，第335页。
[2]同上书，第423页。
[3]同上书，第425页。
[4]《周恩来选集》下卷，人民出版社，1984年，第359页。
[5]同上。

（三）自我改造的内容

首先是解决世界观和人生观的问题。这是最根本的。周恩来认为，无产阶级的世界观是最科学的世界观。他在《怎样做一个好的领导者》一文中明确指出，作为一个领导者，首要的一条是"要有确定的马列主义的世界观和革命的人生观"。新中国成立后，他提出领导干部过思想关，就是树立马列主义或者说树立辩证唯物主义和历史唯物主义的世界观和人生观。应当注意的是，不要以为树立人生观只是青年人的事，领导干部仍然有人生观的问题，而且，成为领导后人生观出现的新问题，有时还很尖锐。是当官还是革命？是以权谋私还是为人民服务？是贪图安逸还是艰苦奋斗？这些归根到底是人生观问题。"以为到了新社会，人们的思想就自然都是新的了，这是不可能的。"[1]

其次是解决立场问题。立场是人的世界观、人生观的政治表现。周恩来指出："不要以为我们是干革命，立场就一定是稳的。"[2]这需要不断改造自我，才能确保立场坚定。立场包括民族的立场、人民的立场、工人阶级的立场，"由人民的立场再进一步站到工人阶级立场那是更难的一件事"[3]。这也需要在革命和建设的实践中不断探求、改造自我。正如人的认识不是从天上掉下来的一样，人的立场也不是凭空而来的，不是自封的，"决定的关键是实践，只有时间才能证明是否合乎这样一个立场"[4]。这就

---

[1] 中共中央统一战线工作部、中共中央文献研究室编：《周恩来统一战线文选》，人民出版社，1984年，第356页。
[2]《周恩来选集》下卷，人民出版社，1984年，第425页。
[3] 同上书，第65页。
[4] 同上书，第67页。

需要在实践中长期地摸索、学习、锻炼。

再次是塑造人格品质问题。周恩来在青年时代写的《我的人格观》《论名誉》等作文中，十分强调对自身人格品质的修养、锻造和实践。他认为，"一生之人格"关系人的生死存亡，名誉乃"人生第二生命"。投身革命后，他的认识更进一步，认为品质有三类："一是为人的品质；二是革命者的品质，如勇敢、不怕牺牲、联系群众等；三是布尔什维克的品质，如要开展思想斗争，既要联系群众又不做群众的尾巴，要有高度的纪律性。"他号召人们学习毛泽东的那种"中华民族的谦逊实际；中国农民的朴素勤勉；知识分子的好学深思；革命军人的机智沉着；布尔什维克的坚韧顽强"品格。周恩来身体力行，不断自我改造，其人格品质，古今中外罕有人与其比肩，是世人学习的楷模。

（四）自我改造方法

第一，自觉、慎独。"改造靠自觉。自我改造的程度如何主要决定于自觉性。"[1]古人讲究"慎独"，周恩来经常讲"戒慎恐惧"，即《中庸》中所说的"戒慎于其所不睹，恐惧于其所不闻"，意指君子在他人看不见自己所行、听不到自己所言的时候，也要特别注意检点自己。为什么特别强调自觉？一般来说，只有"自觉地认识以后才最可靠"。就领导者来说，他们在自我改造上有优势，自我改造好了，可以影响一大片；但如果他们处理不好自我改造与地位、权力、威信、功劳等之间的关系，被名、权、利所累，就会走弯路。周恩来曾告诫说："骄傲的起因，多由于在工作中有了一些成绩就沾沾自喜，忘记了共产党员所必须具有的

---

[1]《周恩来选集》下卷，人民出版社，1984年，第368页。

谦虚态度和自我批评精神，……成绩既冲昏了头脑，利欲就必定熏心，蒙蔽了共产主义的良知，这是最危险不过的事了。"[1]

第二，批评与自我批评。批评与自我批评，是党的优良作风之一。要保持经常性的批评与自我批评是不容易的。周恩来制订的修养原则，其中一条就是"要与自己的他人的一切不正确的思想意识作原则上的坚决斗争"。他勇于、勤于、善于并严于自我批评，这在党内外是出了名的。检索周恩来的言论，无论对青年、知识分子讲话，还是对民主人士、党内高级干部讲话，他总是坦然地解剖自己，自我批评。周恩来常说，一个领导者应该经常地反省自己的缺点，努力克服，"缺点和错误的改正要从领导做起，首先领导上要自我批评，要多负一些责任，问题总是同上面有关系的。"[2]

第三，自我改造要见之于社会改造。这是周恩来一生思维与实践的一个显著特征。他年轻时追求在自我"革心"的基础上去"革新"社会。新中国建立后，他仍旧强调要从自我做起，改革社会中仍存在的各种落后思想及其表现形式。他强调领导者要过"五关"（思想关、政治关、社会关、亲属关和生活关），这"五关"是相互联系、互相影响、不能割裂的。周恩来对过社会关做了详细论述，因为它在中国基础特别深厚。首先，中国社会极其复杂，即使新中国成立，封建的、资本主义的习惯势力仍然存在，几乎各个角落、机关团体都有，很容易影响你、传染你、侵蚀你。其次，改造社会和改造自己是互相影响的，你改造了它，它又影

---

[1]《周恩来选集》下卷，人民出版社，1984年，第123页。
[2] 同上书，第345页。

响了你，互相改造。改造中国社会的艰巨性和长期性，决定了领导者自我改造的艰巨性和长期性，其中包括曲折和反复。有的领导干部革命一辈子，仍然腐化变质，就是明证。最后，领导者的亲属问题也是社会问题。其一，亲属之间有个谁影响谁的问题。天天生活在一起到底是你影响他还是他影响你？一个领导干部首先要回答和解决这个问题。如果解决得不好，你不能影响他，他倒可能影响你。其二，解决这个问题，主要依靠社会，要相信社会的力量，由社会去锻炼他、改造他。因此，不要搞特殊化，脱离社会。其三，党员特别是领导干部对自己的亲属，应该要求高、责备严，不要造就一批少爷，成为国家和社会的包袱。

三、周恩来自我改造观的现实意义

周恩来的自我改造观，是我们党宝贵的精神财富，是教育广大领导干部和人民群众的生动教材。学习并实践周恩来的自我改造观具有重要的现实指导意义，也是对周恩来总理的最好怀念。

第一，自我改造重在改造"自我"。周恩来一生律己甚严、率先垂范，真正做到了"己所不欲，勿施于人"。他首先要求自我"革心"，由己推人，在此基础上去实现社会的"革新"。这种严于克己、反省自身的勇气，在同时代有影响的人物当中是少见的。与那种动辄要求别人如何去做，而自己的做法与对别人的要求背道而驰的人相比，更凸显出周恩来的人格魅力。"其身正，不令而行；其身不正，虽令不从"，周恩来这种注重自我改造的人格魅力历久弥新，永不褪色。

第二，将自我改造与社会改革有机地结合起来。把自我改造成思想道德高尚的人、党性修养纯粹的人固然是好事，但如果将这种改造与全体党员的改造、与社会风气的改造结合起来，则价值更大。当周恩来将自我改造与鞠躬尽瘁于国务结合在一起时，建立的是"三不朽"的丰碑；当我们将自我改造与脚踏实地地做好本职工作结合在一起时，平凡的人生同样也会放出异彩。

第三，自我改造要与时俱进。共产党员的自我改造不是一种纯精神的"修炼"工作，它是一种主观见之于客观，客观又反作用于主观的双向互动过程。周恩来的自我改造观中有稳定的长期起作用的东西，如世界观，但更多的东西是在发展变化中的，他的自我改造观随着中国革命和建设的新的发展而不断注入新的内涵，如人生观、价值观、名利观等。中国近现代许多名噪一时的人物不乏鼓吹再造国民新精神的言论，但他们的言论要么"泥古"，开历史倒车；要么"西化"，脱离本国国情。真正从自身做起、躬行自己言论的，更是寥寥无几，而周恩来就是其中的杰出代表。大浪淘沙，只有"活到老，学到老，改造到老"的人，才不会落伍，才不会被时代抛弃。

周恩来与新中国城市建设

新中国的城市建设,是社会主义建设事业的一个重要组成部分。作为共和国总理的周恩来对此非常重视并做了大量工作,为新中国城市建设事业的健康发展做出了巨大贡献。

一、改造旧城市,建设新城市

在新中国成立前夕的党的七届二中全会上,毛泽东明确指出,今后"党和军队的工作重心必须放在城市,必须用极大的努力去学会管理城市和建设城市"[1]。对于长期战斗和生活在农村的中国共产党来说,如何管理和建设好城市确实是一个崭新的课题。根据这一指示精神,新中国成立伊始,周恩来就向全体干部发出号召:"一个革命者不仅要把旧社会破坏,而且要热情地建设新的社会。"他要求全体进城干部要虚心学习科学文化知识,不要当城市建设的盲目"热心家"。他说,"热心家"往往是"志向很大,热心可嘉,但是得的结果是浪费了国家的人力、财

---

[1]《毛泽东选集》第4卷,人民出版社,1991年,第1427页。

力"[1]。所以，只有好心肠不行，还要处处为人民造福，有利于发展生产，有利于国家建设，这样才能把城市管理好、建设好。

全国解放时，中国共产党接收的城市，由于过去长期在帝国主义殖民者和国内反动阶级统治和控制之下，又历经战乱，大都残破不堪，市政设施十分落后。正如周恩来所说："我们接收的旧中国满目疮痍，是一个破烂摊子。"他指出："我们决不能随随便便地在破烂摊子上建设高楼大厦，那是不稳固的，必须先打好基础才行。"[2]针对当时城市中普遍存在的工人无住房，交通设备严重不足，供水、排水的管道以及道路、河道年久失修，环境卫生状况十分恶劣等严重问题，周恩来及时提出了改造旧城市同建设新城市同步进行的方针，并把这项工作列为国民经济恢复时期的重要任务来抓。1950年5月，周恩来在北京接见上海的市政专家时，要求他们认真研究和解决好上海的供水、排水和市民住房等问题。1951年2月，在中共中央政治局扩大会议上，周恩来提出在城市建设中，"应贯彻为生产、为工人服务的观点"，要求各地党政领导尽快给广大劳动人民修建住宅。当时国家财政经济比较困难，但周恩来表示，政府部门无论如何都要拨专项资金修建工人住宅。他指示政务院有关部门制定和公布《关于进一步整理城市地方财政的决定》，规定城市地方财政收入的范围，允许用于市政公用设施的修建，从而解决了城市建设经费的来源问题。

根据中共中央和周恩来的指示精神，各城市立即行动起来，

---

[1] 中共中央文献研究室编：《周恩来经济文选》，中央文献出版社，1993年，第57—58页。

[2] 《周恩来选集》下卷，人民出版社，1984年，第23—24页。

治理和整顿环境，建设"工人新村"，改善人民生活居住条件。

在治理城市环境方面，各城市普遍行动起来，发动群众，解决了一些旧社会长期未能解决的问题，极大地改善了市容市貌。如南京市先后动员近2万名群众，疏浚了秦淮河、玄武湖等，把昔日的臭水沟变成了清洁美丽的"城市花园"。成都市也用近27万个工日，疏通河道、沟渠50余公里，整理排水暗沟80余公里，清除了垃圾20多万吨，极大地改善了城市面貌。在城市环境治理中，最突出的是北京的龙须沟工程。龙须沟过去污水淤积，垃圾成堆，周围密集排列着低矮、潮湿的简易房和棚户，卫生条件十分恶劣。新中国成立后，北京市政府用不长时间就完成了对龙须沟的治理，成为解放初期新中国城市环境治理的一个榜样。周恩来对龙须沟的治理是关注的。作家老舍的优秀剧本《龙须沟》，就是在周恩来的鼓励下写出的。

与此同时，各地的"工人新村"建设也取得很大成就。在北京，到1952年为止共新建住宅156.9万平方米，使职工住房困难的问题得到了很大改善。在天津，到1952年年底，中山门、吴家窑、王串场等工人新村陆续建成，17万职工分得住房，极大地提高了职工的生产热情。[1]在上海，人民政府动员组织施工队伍，突击修缮近100万平方米的棚户，并新建了全市第一个工人住宅区——曹杨新村。[2]所有新建的工人住宅区内，都有供水、排水、照明、卫生等设施，这使广大劳动人民深切体会到共产党是为人

---

[1]《当代天津城市房地产经济》，天津房地产管理局1985年，第61—62页。
[2]《当代中国》丛书编辑部编：《当代中国的城市建设》，中国社会科学出版社，1990年，第29—30页。

民办事的，工人阶级真正当家作主了。

在改造旧城市的同时，中央人民政府还着手加强新的工业城市的建设工作。1952年9月，中央召开第一次全国城市建设座谈会，周恩来委托中央财经委员会主持。会议根据即将到来的大规模经济建设的需要，同时考虑到国家财力情况，决定集中财力、物力首先建好首都北京和8个新的工业城市（即西安、兰州、包头、齐齐哈尔、大冶、洛阳、成都、大同）[1]。当时规定这些城市的建设项目有：道路、自来水管道、下水道、公园绿地、电车、公共汽车、防洪排水、桥梁、轮渡、煤气管道、调查研究11项。大规模经济建设开始后，这些城市的建设发展很快，为建设社会主义新工业城市奠定了基础。

在国民经济恢复时期，国家经济基础薄弱，没有条件全面铺开摊子进行大规模的城市建设。但周恩来从国家经济发展的长远利益出发，着手进行符合实际的城市建设项目。他的出发点是一切为了人民群众，以解决发展生产和人民日常生活的迫切问题为突破口，启动城市建设工作。这体现了他的求实精神和务实态度。实践证明，这是符合当时中国国情的最佳选择。

二、"实用、经济、美观"的城市建设原则

1953年，新中国开始实施第一个五年计划，这时国家主要集中力量进行苏联援助的156个项目的工业建设。工业建设的开

---

[1]《当代中国》丛书编辑部编：《当代中国的城市建设》，中国社会科学出版社，1990年，第37页。

展，要求城市建设配套发展。但在城市建设中却出现了不顾国家经济条件而乱建超标准住宅楼、办公楼的不良现象，而且重复建设现象很严重。如"北京仅礼堂一项，1953年到1954年两年中，就建筑了86个，重复建筑，利用率很低"[1]。这引起了周恩来的警觉。他在一次讲话中严厉批评了第一汽车制造厂新建超标准住宅楼的现象。他说："那个设计有些条件是过高的，不合乎今天中国的水准。……不能这样说：'你建出来不要使后代子孙骂你，说你建得太坏了。'这样说是不科学的。你有什么办法把我们今天建筑的宿舍都能保持几百年呢？"他指出条件过高就是浪费，浪费是绝不容许的。他还点名批评说："国家计划委员会的大楼，那是城堡式的；北京饭店礼堂，那是宫殿式的；还有军事机关的大楼现在也是宫殿式的。盖那么一个帽子要增加三分之一、四分之一的建筑经费，完全顾外表，不顾内容。把钱花在这些形式上，又不实用，又不经济。……住的房子没有，可是搞了很多礼堂，这些要检讨起来很多。"周恩来提出，在今后城市建设中要遵循三个原则："第一是实用，第二是经济，第三是在可能的条件下照顾美观。"[2]在当时的经济条件下，应首先重视实用和经济，美观也要，但不要去刻意追求，浪费财力。

周恩来提出的"三原则"，中心思想是反对浪费，反对脱离实际、脱离群众的倾向。他教育广大干部说："现在，最大的问题是没有房子住。对我国的人民来说，首先要有个住处，然后才谈得上住得舒服的问题。……因此，建筑要实用，其次才是美

---

[1] 中共中央文献编辑委员会编：《薄一波文选》，人民出版社，1991年，第232页。
[2] 《周恩来经济文选》，中央文献出版社，1993年，第213—214页。

观。"[1]1955年2月,周恩来在一次干部会议上进一步指出:虽然说同五年前相比,新中国经济发展了,广大干部和人民的生活得到很大改善,但"在机关里面也要看到下级干部生活还是很苦的。虽然房子盖了这样多,富丽堂皇,但干部住的地方还是不够的,还是困难。因此,任何一件事必着眼于普及的方面,不可能要求我们的水准提得太高"[2]。

根据周恩来的指示精神,1955年7月,中共中央发出了《关于厉行节约的决定》,同时国务院也下达了《关于一九五五年下半年在基本建设中如何贯彻节约方针的指示》。中央的决定和指示下达后,对各地城市建设部门的广大干部和工程技术人员震动很大,他们对建筑形式展开了热烈的讨论,批评了城市建设中的浪费现象,保证了城市建设的健康发展。

在城市建设中,周恩来一贯强调要抓重点,节约资金、人力、物力,反对铺张浪费。他说:"我们要有计划地进行建设,要节约我们的人力、物力、财力,把它们用在主要方面,不可能事事都搞,百废俱兴。……不要以为现在经济恢复了,就懈怠了这方面。"[3]与此同时,节约并不等于该花的钱不花,而是要把钱用在刀刃上。针对城市建设中存在的新建居民区有忽视福利设施建设的倾向,周恩来指出:这是不行的,"投资也不合理"。他要求今后在新建的工厂、机关办公楼等建筑时,"附近必须要有宿舍、商场、学校、托儿所一套设施,否则交通、生活都会发生问题"[4]。

---

[1]《周恩来年谱(1949—1976)》上卷,中央文献出版社,1997年,第425页。
[2]《周恩来经济文选》,中央文献出版社,1993年,第220页。
[3] 同上书,第206页。
[4]《周恩来年谱(1949—1976)》上卷,中央文献出版社,1997年,第585页。

周恩来关于城市建设的"三原则",三者虽三位一体,但美观居于从属地位,实用、经济居于中心地位,而经济原则又是核心。这个三原则的提出是与我国当时的国情紧密联系在一起的。其主旨就是要集中国家有限的资金、人力和物力,确保国家重点城市建设工程项目的完成,从而使城市建设走上有计划、有步骤进行的道路。

三、加强城市总体规划

随着我国城市建设的发展及城市数量的不断增加,为避免城市建设的盲目性,周恩来强调要加强城市的总体规划。他认为城市建设是百年大计,是一项复杂的系统工程,涉及城市的规模,城市中工厂区、住宅区、文教区以及商业网、公共服务设施等合理配套分布的问题,要全面规划,统筹安排,不仅要满足现实需要,还要考虑到未来的发展。他要求各重点城市要尽快拟出本城市的总体规划草案,并呈报中央审批。[1]

搞好城市规划,首先要进行调查研究。旧中国没有给我们留下城市总体规划资料,这要依靠我们自己动手来积累。周恩来指出,调查研究很重要,否则工厂、住宅都盖起来了,又发现地址选择不合适,还得拆了重建,这是很大的浪费。他告诫大家"建设是一件大事,不能盲目去干"。他说,过去"东北造纸厂要修一个大的烟筒,烟筒修起来,一勘察地基需要七尺深,但那个地方只能打三尺深,底下不稳,房子也不能修,结果烟筒也废了。

---

[1]《当代中国的城市建设》,中国社会科学出版社,1990年,第48页。

再一个例子，就是天津修仓库，房子盖起来了，一下雨，整个塌下去了，因为地基底下尽是水"[1]。搞城市建设也是一样，离开了勘察和统计资料，就会出乱子。

为了加强城市规划工作，在周恩来的倡议下，1952年8月，中央设置了建筑工程部；9月又成立了城市建设局，各重点城市（1952年9月，国家确定北京、西安、兰州、太原、武汉、成都、沈阳、上海等39座城市为重点城市）相应成立建设委员会，统一领导城市规划设计和建设工作。1953年9月，中共中央指示："重要的工业城市规划工作必须加紧进行，对于工业建设比重较大的城市更应迅速组织力量，加强城市规划工作。"[2] 1954年9月，西安、兰州、太原等城市完成总体规划草案后，上报中央审批。周恩来亲自听取上述城市总体规划的汇报，详细了解新建的工厂区、住宅区、文教区、公共服务设施等区块的分布情况，并对供水、排水、环境保护、市内交通等问题的规划设计做了重要指示。他对西安的总体规划感到满意。这个规划，根据西安是历史文化古城的特点，把东郊、西郊建成两个新区（包括新建工厂、职工住宅、商业服务网点、医院、中小学等在内），同时又突出保护原有的汉城遗址、阿房宫遗址、大明宫遗址、兴庆宫遗址、明代城墙、大小雁塔、钟楼、鼓楼等文物古迹，保存了西安古城的风貌。至1957年，太原、西安、兰州、成都、沈阳等城市的总体规划，先后被中央批准。1956年9月，周恩来在《关于发展国民经济的第二个五年计划的建议的报告》中指出："随着工业

---

[1]《周恩来经济文选》，中央文献出版社，1993年，第58页。
[2]《当代中国的城市建设》，中国社会科学出版社，1990年，第42页。

生产力的合理分布，我们将要建设许多新的城市和扩建许多原有的城市，为此，应该加强城市的规划工作和建设工作，求得同工业建设相配合。"[1]

周恩来十分关心首都北京的城市总体规划工作。他对北京的长远发展和整体布局，进行过周密的思考。解放初期，有人主张把国家行政中心迁出旧城区，在西郊建设一个"新北京"。周恩来不同意这种意见。他主张要充分利用和改造旧城市，反对铺张的"新城"建设。他明确指出，不搞新城建设规划，"后代子孙不会骂我们。世界上有很多大城市都是在旧的基础上建设起来的，这样对后代子孙还有教育作用，他们可以比较一下，不要平地起家。"[2]多数专家，包括苏联专家在内，都赞同他的意见。1954年，民航局提出要新建首都机场，周恩来表示赞同，认为无论从都市建设、民用航空上来讲，还是从国防事业上来讲，都应该建，但要注意工程是否与整个城市规划有抵触。他要求："在建设地点和规模上，……以及与都市建设配合上，都需要聘请两三位苏联专家进行总体设计，然后方能确定并施工。"[3]

周恩来就北京城市总体规划问题，多次听取北京市有关领导的汇报。1956年6月，他亲自到北京市政府参观北京规划模型展览，并听取城市总体规划的汇报。最后，他对北京的供水、交通、职工住房、天安门广场建设、园林建设等问题做重要指示，要北京尽快把规划搞出来。随后，北京市市长彭真根据周恩来的

---

[1]《建国以来重要文献选编》第9册，中央文献出版社，1994年，第191页。
[2]《周恩来年谱（1949—1976）》中卷，中央文献出版社，1997年，第48页。
[3]《周恩来年谱（1949—1976）》上卷，中央文献出版社，1997年，第345页。

意见，提出一份《关于北京的城市规划问题》的详细报告。在报告中，彭真主张北京人口规模近期发展为500万人，将来为1000万人左右。道路问题上，他主张不能太窄，主要马路宽度都要达到90米左右，并主张建设地铁，以解决北京交通拥挤的问题；在供水方面，他提出先设计60个流量（立方米/秒），达到莫斯科的供水标准，将来发展到120个流量；在工业区分布上，他主张在东郊通惠河一带建立工业区，重工业区放在西部石景山至长辛店一带；为了降低城市人口密度和生活方便，他主张在城市周围建立卫星镇，等等。[1]彭真的报告，中央和周恩来基本上赞同，促进了北京城市总体规划设计的完成。1958年4月，周恩来致信中央，提出了"彻底改变北京的都市面貌"的几项措施。他指出："今后每年由国家经济委员会增加一定数量的市政基本建设投资，首先把东西长安街建设起来。今年先拨款在西长安街建筑一二幢机关办公用的楼房，即请北京市进行安排和列入规划。……东单通往建国门的马路，要在今年拆通，请北京市列入今年的计划和着手进行。"他还指出："在进行建设的时候，要注意布局的合理集中，不要过于分散。同时，要注意和长远建设规划相结合。应当建筑什么，哪些应当先建筑，哪些应当后建筑，建成以后又如何使用，都要有明确的目的性。"[2]时至今日，我们仍能感受到周恩来对北京城市总体规划蓝图产生的影响。

---

[1] 中共中央文献编辑委员会编：《彭真文选》，人民出版社，1991年，第307—310页。

[2] 《周恩来书信选集》，中央文献出版社，1988年，第544—545页。

四、保护历史文化名城的文物古迹

中国是一个古老文明的国度，历史悠久，文化灿烂，很多城市都有着大量珍贵的文物。尤其是北京，自元代建大都起，经明清两代的改建和修葺，留下了众多的宫殿式古建筑和古园林等文物古迹。这不仅是中国人民的宝贵财富，也是世界建筑艺术的一笔珍贵遗产。新中国成立后，周恩来在城市建设中对保护古城的文物古迹十分重视，并为此操劳，付出了很大的心血。早在国民经济恢复时期，他就督促中央文化部和北京有关部门，尽快制定和公布文物保护条例，用法律保护好历史文化遗产。首先把国家一级文物保护单位定下来，保护好，以免损坏。他多次对人说：中国古代建筑事业有很大成就，"我是喜欢古建筑的""我对北京的古建筑感兴趣。"[1]他要求人们从国家长远利益和对子孙后代负责出发，来认识保护文物古迹的重要性。

大规模经济建设开始后，城市要扩建，旧城要改造，很多旧房要拆除，在这种形势下，如何保护好有价值的历史文物古迹，是城建部门遇到的一个重大难题。周恩来认为两者并不矛盾，应该很好地协调起来，问题的关键是要确定哪些是有历史价值的文物古迹。对珍贵的文物，一定要设法保护，并纳入城市规划中。1954年，北京扩建北海大桥时，将著名的团城保留还是拆除，引起一番争议。周恩来实地考察后，决定保留团城，让团城南面的中南海国务院的红墙后移，将桥和马路向南拓宽扩建。[2]有一次，

---

[1]《周恩来年谱（1949—1976）》上卷，中央文献出版社，1997年，第340页。
[2] 马永顺：《人民公仆周恩来》，解放军出版社，1991年，第18—19页。

北京地铁局请示修建地铁需要通过建国门地段，地面上的元代建筑古天文台能否搬迁。周恩来批示：这个天文台不能拆，要求尽力绕过。对于故宫保护工作，周恩来做了多次指示，他说："故宫建筑不像古希腊石头建筑，是木制的，容易坏。""故宫内要住人专门管理、维修，保存好文物、房屋。"[1]1956年北京在扩建道路时，有人主张拆掉前门，周恩来反对。他说："前门怎么拆？它又不挡路。有一条原则，凡是不忙的事，就不要办。"他批评拆掉朝阳门、阜成门是主观主义。他说："城楼两边有了车行道，不影响交通，也不必一定要拆。"[2]他提出的这条原则，对保护珍贵文物古迹，避免在城市建设中造成不必要的破坏，起了重要作用。

周恩来总是辩证地看待文物保护和城市扩建之间的关系。1953年12月，他在政务院一次会议上指出："保持历史文物总是有条件的，对此要有一个正确的、全局的、长远的看法。""保存古物和民族遗产，一定要跟国家建设的发展相结合，要从长远的和人民的利益出发，应该想一想如何保存、如何永远保存下去的问题。"他指出："保存古代文物一定要为人民服务，不仅为今天的人民服务，而且要对后代子孙有利。"[3]他认为，讲继承和保存离不开发展，离不开发扬光大；讲发展和创新，同样离不开继承。他对当时城市规划和建设中存在的两种错误倾向——民族虚无主义和保守的复古主义——都提出了批评，主张新中国在建筑

---

[1]《周恩来年谱（1949—1976）》下卷，中央文献出版社，1997年，第585页。
[2]曹应旺：《中国的总管家周恩来》，中共党史出版社，1996年，第384页。
[3]《周恩来年谱（1949—1976）》上卷，中央文献出版社，1997年，第340页。

艺术上要有自己的创新，要坚持古为今用、洋为中用、推陈出新的原则，正确认识继承和发展的辩证关系。这就为城市建设指明了方向，促进了城市建设的健康发展。

总之，周恩来的城市建设思想中有一条主线，就是要实事求是地从中国的国情出发，调动一切积极因素，搞适合中国国情的城市建设工作。他的城市建设思想，可以说代表了当时国家城市建设的总的政策原则与指导思想，不仅在过去起了重要作用，对于我国当前的城市建设仍然具有指导意义，值得认真学习和研究。

周恩来的人格风范

周恩来，这是一个光荣的名字、不朽的名字。每当我们提起这个名字就感到很温暖、很自豪。他是中国共产党的楷模，是中国共产党的一面旗帜，是中国共产党优良作风和传统的化身；他永远是中国人民的好总理，是中国人民的骄傲，是中国人民心中的一座丰碑。作为"人民公仆，全党楷模"，周恩来的历史功绩丰碑永树，他的伟大人格和崇高风范，更成为后人永远效法的榜样。

一、周恩来树立了人格风范的丰碑

"人格"原本属于心理学术语。在《现代汉语词典》中，"人格"一词的解释为："人的性格、气质、能力等特征的总和；个人的道德品质；人作为权利、义务主体的资格。"人格风范，是构成一个人的思想、情感及行为的特有统合模式。这一模式，包含了一个人所具有的区别于他人的稳定而统一的心理品质，以及由此而外化出的一种风度和气派。

青年时代，周恩来对人格问题就有独到的见解。1916年10月在南开读书时，周恩来写过一篇《我的人格观》的论文，文章开宗明义点出了人格的重要性："有大物焉，其生也不知其几千万年，其至也不知其几千万里。渴吸太空之气，饥饱四海之光。皎若明星，清如流水。张而广之，天地莫能容；范而羁之，方寸无不备。现则世界承平，家国齐治，社会安良，亿兆之幸也；隐则奸宄立朝，盗贼蜂起，强凌弱，众暴寡，兵革不息，水旱频仍，群黎之祸也。"这一"大物"如此重要，到底是什么呢？"曰：是常道也。张而广之，孔之忠恕，耶之性灵，释之博爱，回之十诫，宗教之所谓上帝也，圣贤之所谓仁、义、礼、信、忠、孝、廉、耻也。范而羁之，亦即一生之人格耳。"文章指出："夫人格之造就，端赖良心。人同此心，心同此理。大道所在，正理趋之，处世接物，苟不背乎正理，则良心斯安，良心安，人格立矣。"[1]

自此，周恩来对人格的追求与完善持续六十载而不辍，历经时代淬炼。20世纪初的中国，风云际会又大浪淘沙，对历史人物的检验极为严苛。正如鲁迅先生所说："夫激荡之会，利于乘时，劲风盘空。轻蓬振翻，故以豪杰称一时者多矣，而品节卓异之士，盖难得一。"[2]周恩来品节卓异，光彩照人，事业与道德皆流芳千古，他就是"盖难得一"的伟人。

众所周知，周恩来出生在一个破产的封建官僚家庭。同所有的孩子一样，他享受过母亲的爱抚，也有过童年的欢乐。只是因为国家的危难、家庭的败落把他过早地推上了人生的艰难旅程。青少年时代，周恩来就立志"为中华之崛起"而发愤读书。经历了五四运动的洗礼、在欧洲勤工俭学的磨炼，通过反复比较，他

---

[1] 中共中央文献研究室、南开大学编：《周恩来早期文集》上卷，中央文献出版社、南开大学出版社，1998年，第222—223页。

[2] 鲁迅：《鲁迅全集》第六卷，人民文学出版社，2005年，第203页。

确立了共产主义信仰,一生矢志不渝,奋斗不息。他在巴黎参与旅欧共产党组织的创建,成为中国共产党最早的党员之一。1924年回国后,他投身中国革命的洪流,从此一直奋斗在中国政治舞台上。周恩来50多年的革命生涯,同中国共产党的建立、发展、壮大,同中国新民主主义革命的胜利,同中国社会主义革命和建设的历史进程紧密联系在一起。他毫无保留地把全部精力奉献给了党和人民,直到生命的最后一息。

总之,周恩来之所以赢得人民特殊的爱戴和持久的怀念,不仅因为他功勋卓著、学识渊博、才智过人,还在于他道德品质纯美、人格风范高尚。他在长达半个多世纪的奋斗中,谱写了一部共产党人的德典,登上了中华民族道德人格的峰顶,获得党内党外、国内国际各界人士的高度认可。

胡耀邦为淮安周恩来故居的题词是:"全党楷模"。李先念说:"中国共产党确实因为有周恩来同志而增添了光荣,中国人民确实因为有周恩来同志而增添了自豪感。"宋庆龄说:周总理在个人生活和作风上,和他在政治上一样,是一个真正的共产主义者。郭沫若称周恩来:"盛德在民永不没,丰功垂世久弥恢。忠诚与日同辉耀,天不能死地难埋。"作家冰心说:"周恩来总理是十亿中国人民心目中的第一位完人。他是中国亘古以来付予的'爱'最多而且接受的'爱'也最多的一位人物。"医学家林巧稚说:我以前是信仰上帝的,现在我的上帝就是周恩来。

抗战时期,冯玉祥在与周恩来会谈后,折服于周恩来的渊博学识和坦诚人格,说:"极精明细密,殊可敬可佩也!"张学良在晚年口述历史中,批评的人很多,受其恭维的很少,在这少数人里面,周恩来得到最多的赞美。张学良说:"他这个人呀,有国家的思想，不是个人利益，是个人利益的话，他可以个人利益第一位。他不，他治国又能谦虚，这一个人能把自己谦虚下来，不容易呀！所谓谦虚，能把自己往后退一下。现在的年轻人，你看，总是抢呀。"

联合国前秘书长哈马舍尔德感叹："与周恩来相比，我们简直就是野蛮人！"美国前总统尼克松说：周恩来无与伦比的品格是我得到的最深刻的印象之一；他待人很谦虚，但沉着坚定；他优雅的举止，直率而从容的姿态，都显示出巨大的魅力和泰然自若的风度。这是中国独有的、特殊的品德，周恩来是多少世纪以来的历史发展和中国文明的精华的结晶。美国前国务卿基辛格说：周恩来是世界杰出的人物，他精通哲学、熟谙往事，长于历史分析，足智多谋，谈吐机智而有风度，样样都卓越超群；我所见过的世界各国领导人中，没有一个像周恩来给我留下如此深刻的印象。柬埔寨西哈努克亲王的夫人莫尼克公主说："周恩来是我唯一的偶像！"

类似评价，俯拾皆是，不一而足。正如习近平总书记指出的那样："周恩来同志在为中国人民谋幸福、为中华民族谋复兴、为人类进步事业而奋斗的光辉一生中建立的卓著功勋、展现的崇高风范，深深铭刻在中国各族人民心中，也深深铭刻在全世界追求和平与正义的人们心中。"[1] 周恩来树立的人格风范丰碑，始终熠熠生辉，启迪后人智慧，照亮来者心扉。

---

[1] 习近平：《在纪念周恩来同志诞辰120周年座谈会上的讲话》，《人民日报》2018年3月2日。

二、周恩来人格风范的主要内容

周恩来的人格风范,内涵丰富,充分展现出中国共产党人和中华民族优秀的理想、信念、道德和价值观,是马克思主义世界观同中华民族传统美德相结合的光辉典范。统而言之,可概括为以下几方面:

(一)信仰坚定,理想崇高

这是周恩来毕生奋斗的力量源泉。他说:"人是应该有理想的,没有理想的生活会变成盲目。"青年时代在谈到理想志向时,周恩来写道:"彼志在金钱者,其终身恒乐为富家翁;志在得官者,百计钻营不以为耻,此志卑之害也。故立志者,当计其大舍其细,则所成之事业,当不至限于一隅,私于个人矣。"他在确立共产主义信仰之时说:"我认的主义一定是不变了,并且很坚决地要为他宣传奔走。"[1]从这时起,周恩来没有任何的游移和反复,几十年如一日地为党工作,为共产主义事业奋斗,真正把这种"不私于个人"的品格完全融入"全心全意为人民服务"的宗旨,完全遵循马克思、恩格斯的"过去的一切运动都是少数人的或者为少数人谋利益的运动。无产阶级的运动是绝大多数人的、为绝大多数人谋利益的独立的运动"的教导。

周恩来对党的事业、对社会主义中国的光明前途、对中华民族复兴的伟大召唤,始终充满必胜的信心,无论遇到什么样的艰难困苦,从不动摇。他说:"共产党人就是为不断克服困难,继

---

[1]《周恩来书信选集》,中央文献出版社,1988年,第40—41、46页。

续前进而存在的。畏难苟安,不是共产党人的品质。"[1]他在确立革命理想信念的过程中,既有追求真理的强烈愿望,又有深思熟虑的理性思考;既重视对科学理论的学习和研究,又注重在实践中运用和发展科学理论;既注意学习马克思主义的先进理论,又注意吸取中华民族的文化精华。他的革命理想信念是建立在理性自觉的基础之上的,因此是坚如磐石的。他以自己的实际行动践行了"在任何艰难困苦的情况下,都要以誓死不变的精神为共产主义奋斗到底"[2]的誓言。

1963年全国开展学雷锋活动,周恩来题词:"爱憎分明的阶级立场,言行一致的革命精神,公而忘私的共产主义风格,奋不顾身的无产阶级斗志。"这是对雷锋精神的科学概括,更是他自己精神世界的写照。

(二)廉洁奉公,鞠躬尽瘁

周恩来始终坚持人民利益高于一切,把自己看成是人民的"总服务员",反复强调"我们的一切工作都是为了人民的","我们国家的干部是人民的公仆,应该和群众同甘苦,共命运",要"永远做人民忠实的勤务员"。周恩来是忠实、高效、廉洁的人民公仆,他从未利用手中的权力为个人谋过私利,一生都在实践着党的"全心全意为人民服务"的宗旨。

他心系人民,急群众之所急,忧群众之所忧。只要是关系群众安危冷暖之事,他总是关怀备至、体贴入微。逢年过节,他总

---

[1] 金冲及主编:《周恩来传(1949—1976)》下,中央文献出版社,1998年,第628页。
[2]《周恩来年谱(1898—1949)》(修订本),中央文献出版社,1998年,第573页。

是关心在生产一线的工人能不能吃上一顿饺子。他多次奔赴抗洪前线、地震现场，哪里有灾情，哪里群众有困难，他就及时出现在哪里。1973年他重返延安时，目睹群众生活仍然贫困的情景，禁不住潸然泪下，痛心地自责对不起老区人民。

1972年被确诊患膀胱癌之后，周恩来依然担负着连健康的人都难以承受的极为繁重的工作。他这时常说的一句话就是："我只有八个字：'鞠躬尽瘁，死而后已。'"据统计，周恩来在1974年1月到5月的共计139天的工作日里，实际工作量为：每日工作12—14小时的有9天，工作14—18小时的有74天，工作19—23小时的有38天，连续工作24小时的有5天，只有13天的工作量在12小时以内。此外，他还参加了多次会议和外事活动。1975年做完大手术之后，他依然牵挂着远在千里之外的云南锡矿工人的健康。他一生勤勤恳恳、呕心沥血、任劳任怨，把自己的休息时间、身体健康乃至生命都奉献给了社会主义和共产主义事业。邓小平说："周总理是一生勤勤恳恳、任劳任怨工作的人。他一天的工作时间总超过十二小时，有时在十六小时以上，一生如此。"[1]他被外国人称为"全天候总理"。在病重住院的生命最后时期，周恩来还抱病操劳国事。他说："死我并不怕。古人说，人活七十古来稀，我已是七十七岁多的人了，也算得上是高寿了。可是这二十几年的时间，总应该把国家建设得好点，人民的生活多改善一些，去马克思那里报到，才感到安心。现在这种状况去报到，总感到内疚、羞愧。"临终前，他交代说："把我

---

[1] 中共中央文献编辑委员会编：《邓小平文选》第2卷，人民出版社，1994年，第348页。

的骨灰撒到江河大地去做肥料，这也是为人民服务。活着为人民服务，死后也要为人民服务。"周恩来真正做到了他所说的"应该像条牛一样努力奋斗"，"为人民服务而死"，为人民的事业"鞠躬尽瘁，死而后已"。陈毅说："廉洁奉公，以正治国者，周恩来也。"李先念评价："我们常讲要全心全意为人民服务，什么是全心全意？我看恩来同志就是我们的榜样。""人民总理爱人民，人民总理人民爱"，人民群众用朴素的语言表达了对周恩来最真挚的感情。

（三）光明磊落，重义守信

周恩来在50多年的革命生涯中，始终脚踏实地地为党工作，从不在党内争权。周恩来深知党的团结是党的生命，始终顾全大局、维护党的团结统一。他把增强党的团结、反对个人主义提到"对党、对人民、对共产主义的事业都具有决定意义"的高度，特别告诫：因为我们党是胜利的党、执政的党，尤其要警惕种种破坏和危害党的团结的行为。他坚持民主集中制，强调"特别是要在高级领导同志中间加强集体生活，开展批评和自我批评，来保证我们党的团结"。他坚持任人唯贤，反对任何派别思想、小团体习气、地方主义、山头主义和本位主义，从不搞小圈子、小集团，始终把党和人民的利益放在高于一切的位置，在维护党的团结统一方面堪称楷模。周恩来是把理性与情感、原则性与灵活性结合得恰到好处的政治家。他光明磊落，立场坚定，原则性强。在关系党和国家及人民的利益等大是大非问题上，他决不退让；在该坚持的原则问题上，他决不动摇。美国前总统尼克松说："周（恩来）既是一个信仰共产主义的革命者，又是一个儒家君子；既是始终不渝的思想家，又是会权衡利害的现实主义者……能力略逊一筹的人，如果担任这种错综复杂的角色，思想和行动上都会不知所措。而周对任何一个角色都能胜任愉快，或融会贯通好几个角色，而丝毫不会显得优柔寡断或前后矛盾。""这是一个性格复杂、思想深邃的人多方面的表现，也足以很好地说明他的政治生涯能如此长久和丰富多彩的原因"，他"像几种金属熔在一起的合金，熔化物比之个别成分要强得多"。[1]

周恩来又是非常重感情、讲信义的君子。他尊重孝敬师长，关心爱护晚辈。他一生践行"诚信"二字，仁人志士乐于与他共事合作，人民群众愿意团结在他周围。凡是与他交往的人，无论是党员还是党外人士，无论是中国人还是外国人，无论是友是敌，他都推诚相见，赢得友谊，成为一个"富有人情味的共产主义者"。他以诚信为新中国在国际上打开新局面。

1960年5月，周恩来访问柬埔寨前夕，柬埔寨国王苏拉玛里特突然去世，全国陷入一片悲哀之中，西哈努克亲王担心由于国丧而在礼节上怠慢了中国访问团，一些陪同人员也主张推迟访问。对此，总理坚持按期出访，下令代表团全体人员每人做一件白色西服、一条黑领带，以示吊唁哀悼之意。当周恩来一身白色素服出现在金边时，前来迎接的西哈努克亲王感动得热泪盈眶，说："阁下前来吊唁先王，给柬埔寨人民带来了最真诚、最难忘、兄弟般的友情。"1963年12月至1964年2月，周恩来在陈毅的陪同下访问了10个非洲国家。在访问加纳的前9天，加纳发生了刺杀总统恩克鲁玛未遂的事件，这位总统取消了所有的对外活

---

[1] 方钜成、姜桂侬编译：《西方人看周恩来》，中国和平出版社，1989年，第50、58页。

动,住到一座城堡里。这也使周恩来出访的危险因素增加,有人建议取消访问。周恩来说:中国与加纳是友好国家,因为这个国家暂时遇到困难而取消访问,这是对人家的不尊重。人家越是有难,我们越是要去,患难见真情嘛!周恩来坚持访问加纳,不仅让加纳迅速成为我们的朋友,也为我们在其他国家赢得了掌声。中日建交时,周恩来即以"言必信,行必果"书赠田中首相,田中首相亦以"信为万事之本"题赠周恩来,以示信守诺言的决心。

(四)实事求是,严谨细致

周恩来坚持解放思想、实事求是,坚持理论联系实际,坚持用科学的世界观和方法论指导实际工作。他一贯倡导实际工作中要学会运用辩证唯物主义的思想方法,认为"辩证唯物主义思想能够帮助我们更好地认识客观规律,更好地发挥主观能动性",强调"单靠多读几本马列主义的书是不行的,问题在于实践"。他坚持一切从实际出发,反复倡导要"讲真话,鼓真劲,做实事,收实效";要把主观能动性和客观可能性结合起来,干劲要大,步子要稳;既要有雄心壮志,尽快赶上先进水平,又要循序渐进,不能一步登天。他高度重视对实际情况的调查研究,注重总结实践经验;考虑问题时总是力求在分析、综合、比较上多下功夫,主张"一切当从多方考虑,经过集体商决而后行"。

他善于把革命胆略与求实精神结合起来,既有超人的大智大勇,处变不惊,善于化解错综复杂的矛盾,善于应对险象环生的局面,又能够极为周密、细致地考虑和处理问题。郭沫若这样赞叹:"我对于周公向来是心悦诚服的。他思考事物的周密有如水银泻地,处理问题的敏捷有如电火行空,而他一切都以献身的精神应付,就好像永不疲劳。他可以几天几夜不眠不休,你看他似乎疲劳了，然而一和工作接触，他的全部身心便和上了发条的一样，有条有理地又发挥着规律性的紧张，发出和谐而有力的律吕。"[1]正因为如此，在组织领导党和国家各项事业的过程中，周恩来既是国家建设总体蓝图的重要设计者，又是将党和国家各项重大决策创造性地付诸实施的卓越组织者，深得党中央的倚重。

（五）谦虚谨慎，平等待人

1943年，45岁的周恩来在担任中国共产党驻重庆代表团团长期间，为自己制定了7条"修养要则"：1.加紧学习，抓住中心，宁精勿杂，宁专勿多；2.努力工作，要有计划，有重点，有条理；3.习作合一，要注意时间、空间和条件，使之配合适当，要注意检讨和整理，要有发现和创造；4.要与自己的他人的一切不正确的思想意识作原则上坚决的斗争；5.适当的发扬自己的长处，具体的纠正自己的短处；6.永远不与群众隔离，向群众学习，并帮助他们。过集体生活，注意调研，遵守纪律；7.健全自己的身体，保持合理的规律生活，这是自我修养的物质基础。[2]在以后30多年的政治生涯中，他始终按照这些高标准要求自己，只有最后一条例外。"修养要则"的其他几条他都做得很好。这几条集中表现了周恩来的谦虚谨慎态度。

周恩来为党和人民做出了卓越贡献，但功劳越大，他越是虚怀若谷。他常说："我们每一个人，不管过去做了多少工作，现在担任什么职务，没有党和人民，就既不会有过去的成绩，也不会有今天的职务。党和人民是伟大的，我们个人是渺小的。"他

---

[1] 郭沫若：《洪波曲》，人民文学出版社，1979年，第206—207页。
[2]《周恩来选集》上卷，人民出版社，1980年，第125页。

为自己立下的座右铭是"活到老,学到老,改造到老"。他对党和人民事业高度负责,认为做工作"应该有临事而惧的精神。这不是后退,不是泄气,而是戒慎恐惧"。他认为"不仅要教育群众,还要向群众学习。因为领导者本身知识还不完全,经验还不够,领导地位并不能使你得到知识和经验"。他善于启发和倾听不同意见,即使是普通干部或群众讲的意见都认真考虑。他说:"一个人的认识总是有限的,要多听不同的意见,这样才利于综合。"他主持讨论会,从不唱独角戏,总是鼓励、启发大家提意见,特别是提不同意见,他经常说:"不怕提不同意见,真理越辩越明嘛!"如果听不到不同意见,他就说:"要你们来就是提意见,不提意见来干什么?""都让我一人拿意见,还讨论什么?"如果有人提出了好意见,他就采纳,事后还讲这个意见是谁提的,他说这叫"不能掠人之美"。这并没有降低周恩来的威望,反而使得更多的人围绕在他周围,很好地实现了对他们的领导。这正是周恩来所追求的"领导群众的方式和态度要使他们不感觉我们是在领导"[1]。

周恩来就是这样平易近人、平等待人,真诚同各界人士广泛交往,不以领导者自居却达到了领导的目的。他经常说:"一个人站在领导地位,不虚心,不平易近人,自以为了不起、什么都懂,只要有这种思想并且在作风中表现出来,就危险了。"[2]周恩来以其谦虚谨慎、广纳善策、平易近人、平等待人的风范,赢得了党内外各界人士由衷的信赖和爱戴。

---

[1]《周恩来选集》上卷,人民出版社,1980年,第131页。
[2]《周恩来选集》下卷,人民出版社,1984年,第419页。

（六）艰苦朴素，严以律己

周恩来一生只求奉献、不思回报。他说："对自己应该自勉自励，应该严一点，对人家应该宽一点，'严以律己，宽以待人'。"他对自己的工作，总是经常进行反思，自觉开展自我批评、自我总结、自我考察、自我完善，从不文过饰非。他身居高位，但从不搞特殊化，凡要求党员和群众做到的，他自己首先做到。他说："精神生活方面，我们应该把整个身心放在共产主义事业上，以人民的疾苦为忧，以世界的前途为念。这样，我们的政治责任感就会加强，精神境界就会高尚。""物质生活方面，我们领导干部应该知足常乐，要觉得自己的物质待遇够了，甚至于过了，觉得少一点好，人家分给我们的多了就应该居之不安。要使艰苦朴素成为我们的美德。"他睡的是普通木板床，他的衣服补了又补。他反对各地建楼堂馆所，要求国务院要带头艰苦奋斗，勤俭建国，树一代共产党人的新风。困难时期，国务院开会不上茶，在一个大盘子中放上一小包一小包的茶叶和烟，上面都标着价，谁用谁付钱。

周恩来经常告诫领导干部要过好思想关、政治关、社会关、亲属关和生活关，始终保持共产党人的政治操守和优良作风。他特别强调党的干部要过好亲属关。他说："过亲属关，说起来容易，做起来就不那么容易了。天天和你生活在一起的总有这么几口子。特别是干部子弟，到底是你影响他，还是他影响你？这个问题十分重要。""不要造出一批少爷。老爷固然要反对，少爷也要反对，不然我们对后代不好交代。"他没有子女，但对自己的亲属、晚辈，不仅不用职权为他们谋取任何私利，而且提出比一般人更严格的要求。周恩来生前对亲属制定了10条家规：晚辈不准丢下工作专程看望他,只能在出差顺路时看看;来者一律住国务院招待所;一律到食堂排队买饭菜,有工作的自己买饭菜票,没工作的由总理代付伙食费;看戏以家属身份买票入场,不得用招待券;不许请客送礼;不许动用公家的汽车;凡生活上个人能做的事,不要让别人代办;生活要艰苦朴素;在任何场合都不要说出与他的关系,不要炫耀自己;不谋私利,不搞特殊化。他从没有利用自己的权力为亲朋好友谋过半点私利,他身后没有留下任何个人财产。他说:"我们这一辈子和这一个时代的人多付出一点代价,是为后代更好地享受社会主义幸福。"对此,邓小平指出,周恩来"以身作则,严于律己,艰苦奋斗,几十年如一日,成为我党我军优良传统和作风的化身",号召党员、干部特别是高级干部,"努力学习周恩来等同志的榜样,在艰苦创业方面起模范作用"。[1]

（七）夫妻情深,家庭和谐

周恩来品德纯美,不仅表现在战斗、工作、社会生活、人际交往方面,而且也表现在婚姻和家庭生活方面。黑格尔说:"爱情是男女青年共同培育的一朵鲜花,倘若它囿于个人私生活的狭小天地,就要枯萎凋零,只有使它植根于为人类幸福而努力奋斗的无垠沃壤中,才会盛开不衰。"周恩来与邓颖超把互爱、互敬、互助、互勉、互商、互谅、互信、互让("八互")作为相伴终身的准则,在共同的革命斗争中,他们的爱情不断升华,成为人们心目中最成功、最忠诚、最美满、最幸福的革命伴侣和生活伴侣。

---

[1] 中共中央文献编辑委员会编:《邓小平文选》第2卷,人民出版社,1994年,第125、260页。

在面对艰难困苦、生死关头，他们互相关爱、互相支持；在事业上，他们互相理解、互相鼓励，配合默契；在生活上，他们互相关心、相濡以沫。周恩来与邓颖超的爱情热烈而经久不衰。1969年胡志明逝世，周恩来率代表团前往吊唁。当时越南战争仍在继续，美国飞机经常在城市上空轰炸，大家都为周恩来的安全担心。周恩来安全返京，一进门，邓颖超就快步迎上去，说："老头子，你可回来了！"周恩来把邓颖超揽到怀里，两人温柔而又有风度地拥抱在一起，周恩来深深地在邓颖超脸上吻了一下，那么自然，那么亲热，那么令人羡慕，那么令人感动。

以上总结，难免挂一漏万，但仅以此也可看出周恩来的人格风范所具有的鲜明特征。一是崇高。他完全超越了自我，心中只有人民，达到无我的境界；他敢于藐视一切困难，不惧怕任何邪恶势力，达到无畏的境界；他顾全大局，相忍为党，承受一切误解甚至错误的批评，达到无怨无悔的境界。二是和谐。周恩来非常重视人格的和谐、均衡，他说："每个人要在德、智、体、美等方面均衡发展。不均衡地发展，一定会有缺陷，不仅影响个人能力的发挥，对国家也不利。"[1] 周恩来的人格特质既是优秀的、杰出的，又是和谐的、均衡的。三是稳定。人格的形成及其发展要经历不断升华的过程。周恩来的人格同样经过了从"思想颤动"到"主义认定"的过程，并且不断升华。同时，人格又是可塑性和稳定性的统一，而稳定性是周恩来人格的主要特征。他的人格形成后，无论在顺利时还是在逆境中或是危险时刻，他在人格上都是不动摇的。

---

[1]《周恩来选集》下卷，人民出版社，1984年，第129页。

周恩来的人格风范，无论是其内容还是其表现出来的特征，无一不凸显出中国优秀传统文化的深刻烙印。中国儒家的入世、忧患、追求道德自律与完善，道家对功名利益的相对超脱和达观，墨家的勤苦和为群体事业不惜一切的献身精神，纵横家审时度势的机敏才智以及法家的严谨与务实，似乎都可以在周恩来身上找到一些影子。

当然，金无足赤，人无完人。周恩来同样如此。上面所列举的理想人格，既造就了他的伟大，也形成了他的局限。周恩来深深地明白自己的局限，他多次说："我只能做毛主席的助手，在毛主席领导下做具体工作。"

1943年在延安参加整风时，周恩来认为自己应该从专和精入手，不要包揽过多，要"宁务其大，不务其小"。这类局限固然属于工作方法上的，但却来自他难以改变的性格。此外，他遇事不走极端或在两种势力斗争中采取调和的中庸态度，固然有民主、宽容和求实这样一些积极意义，但是也应看到，在某些情况下也有不积极的效应。比如，1956年他提出"反冒进"，1958年1月南宁会议受到毛泽东的批评以后，在一些重大决策上较少旗帜鲜明地提出和坚持他原来提出过的正确观点，在"文革"中更是如此，这不能不说是一种缺憾。但对于他的一些做法，特别是在"文革"中的做法，如果进行换位思考，人民群众会持理解态度。正如邓小平所说："他所处的地位十分困难，也说了好多违心的话，做了好多违心的事。但人民原谅他。因为他不做这些事，不说这些话，他自己也保不住，也不能在其中起中和作用，起减少损失的作用。"

三、周恩来人格风范的成因与影响

周恩来伟大人格和崇高风范的形成,是各种社会关系相互作用的产物,是社会教化和长期实践锻炼的结果,同时也是他严格修身自省的结果。

首先是家庭的熏陶。周恩来说:"一个人幼年所受的影响,往往在他的思想上、生活作风上长期存在。"家庭因素对周恩来人格的熏陶是深刻而持久的:第一,母教仁慈、笃学。周恩来的生母性格爽朗、精明果断,嗣母则性格温和、待人诚恳,专心教他读书识字,使周恩来养成好学、好静、开朗、礼让的性格。第二,家境困苦、艰难,使周恩来养成勤勉、节俭的良好习惯。第三,少小当家,使他学到许多协调关系、排解纠纷的办事方法。

其次是社会的教化。周恩来12岁离家去东北,这是他生活和思想转变的关键。他曾说:"没有这一次的离家,我的一生一定也是无所成就,和留在家里的弟兄辈一样,走向悲剧的下场。"[1]只有投身到社会中,认识、改造社会,接受社会的教化,才有助于形成健康的进而优秀的人格。同时,开放式、自主式的社会教化模式,使周恩来中学毕业时得到"君性温和诚实,最富于感情,挚于友谊,凡朋友及公益事,无不尽力"的人格评价。这些优良的人格特质,周恩来走上革命道路后在革命实践中进一步锤炼,使其日臻完善和提高。

再次是实践的锻造。实践锻造人格,实践是人格内化的基本途径。周恩来投身革命斗争后,经历了波澜壮阔、丰富多彩的长

---

[1]金冲及主编:《周恩来传(1898—1949)》上,中央文献出版社,1998年,第7页。

期实践锻炼。在实践中,他不但增长了政治斗争经验,增强解决复杂矛盾的能力,同时又身体力行践行共产主义道德规范,纯化和升华了道德人格。

最后是修身和自省。如果说家庭熏陶、社会教化、实践锻造是周恩来人格内化的社会基础或客观途径的话,那么修身自省就是周恩来人格内化的主观条件和根本途径。他多次说:"中国古代的曾子尚且'吾日三省吾身',常常想想自己,何况我们。"周恩来深谙修身自省的真谛,明确提出"要与自己的他人的一切不正确的思想意识作原则上的斗争","具体地纠正自己的短处";明确提出要"活到老,学到老,改造到老"。无论在周恩来的实践中还是著作中,可以时时、处处看到他用共产主义思想道德对照检查自己言行的记录,他严格进行自我解剖、自我批评,自觉进行思想斗争,牢固树立无产阶级世界观、人生观和价值观,实现道德净化、人格升华。

经过家庭的熏陶、社会的教化、实践的锻炼等途径,通过长期严格的修身自省和思想改造,周恩来把人民的要求、社会发展的要求内化成了自己的人格,攀登上人格境界的峰顶,成为中国共产党和中国人民的高德伟人、人格楷模。江泽民同志在周恩来诞辰100周年纪念大会上的讲话中指出:"在他的身上,凝铸着中华民族的传统美德和工人阶级的优秀品格。他的崇高精神和人格,感召和哺育着一代一代共产党人,已经成为推进我们党和国家事业的一种巨大力量。"胡锦涛同志在纪念周恩来诞辰110周年座谈会上的讲话中指出:"他身上集中体现了中国共产党人的高风亮节,在中国人民心中矗立起一座不朽的丰碑。"2018年3月,习近平总书记在纪念周恩来同志诞辰120周年座谈会上的讲话中指出:"周恩来同志一生心底无私、天下为公的高尚人格,是中华民族传统美德和中国共产党人优秀品德的集中写照,永远为后世景仰。"

高山仰止,景行行止。周恩来的伟大人格和崇高风范,是中国共产党和中国人民宝贵的精神遗产,将永远激励着中华儿女为实现中华民族伟大复兴的中国梦而努力奋斗!

刘少奇

刘少奇的调研与《论十大关系》

《论十大关系》是毛泽东和毛泽东思想中的经典著作之一，也是以毛泽东为核心的党的第一代中央领导集体探索社会主义建设道路取得的独创性理论成果之一，为新时期开创中国特色社会主义提供了理论准备。这一经典著作的诞生，绝非毛泽东的一时兴起之作，刘少奇的调查研究工作，为毛泽东提出《论十大关系》提供了直接借鉴。

在1956年社会主义三大改造基本完成之后，社会主义制度在我国建立起来，探索社会主义建设道路的任务客观地摆上了党中央的议事日程。经过新中国成立后7年时间的摸索，特别是通过学习苏联经验、在苏联指导帮助下实施第一个五年计划的实践，党中央对于搞建设有了一些自己的体会和认识。正如毛泽东后来总结的那样："解放后，三年恢复时期，对搞建设，我们是懵懵懂懂的。接着搞第一个五年计划，对建设还是懵懵懂懂的，只能基本上照抄苏联的办法，但总觉得不满意，心情不舒畅。"这番话道出了党的第一代领导人的共同心情。因此，在1956年我国社会主义制度即将建立的时候，党中央希望在苏联模式之外，另辟蹊径，探索出一条适合中国特点的社会主义建设道路来。为解决这一问题，同时也为即将召开的党的八大做准备，按照党开展工作的惯例和做法，中央领导同志开始进行相关的调查研究工作。

调查研究首先从刘少奇听取汇报开始。按照中央分工，党的八大政治报告的起草工作由刘少奇负责。为起草好报告，1955年12月7日至1956年3月9日，在3个多月时间里，刘少奇先后约请中央和国务院30多个部门的主要负责人汇报座谈，内容涉及工业、农业、商业、交通、财政、金融、文化、卫生和国民经济计划等各个方面。在座谈中，刘少奇记下了几万字的笔记，并对各部门的工作提出一些指导性意见。刘少奇的这一做法以及所提意见，对随后毛泽东提出《论十大关系》具有直接的启示借鉴作用。

在同地方工业部负责人谈话时，刘少奇指出，新产品的花样要创新，要学习、借鉴别国的经验。他说："听说有一种铁壳热水瓶，上面画着梁山伯祝英台的图样，农民因其画的是一个悲剧，不吉利，所以销路颇受影响。对这件事不要去批评。它比不动脑筋好，它帮助我们取得了经验。""苏联过去吃了亏，以前《苏联妇女》杂志不登服装设计，时装式样总是跟巴黎走，我们不搞服装设计也就跟香港走。所以想花样很重要，想错了也不要紧，不要以为搞时装就是资本主义。"在同纺织工业部负责人谈话时，刘少奇也指出："要想办法生产一些好的高级消费品，换取农民的东西。新花色的毛衣裤要多织一些。用棉纱织百褶裙可以试验。商店只供应蓝布、白布是保守的、落后的。"刘少奇还强调，要提高产品质量，关键是把产品质量标准定下来，"为此要多搜集技术资料，有些技术资料中国现在没有，可以到苏联及其他国家去搞，也可以到资本主义国家去搞，花钱买，用各种办法去搞，……现有的好东西，技术标准要定下来，比如北京烤鸭、四川榨菜很不错,就应给它们定个标准"。在听取轻工业部负责人汇报时,刘少奇指出:"凡是自己没有的技术,可以向别的国家去要资料,可以派学习小组赴国外去学习,可以请外国专家、技师来指导。""对资本主义国家的技术也要尽量吸收,花钱买他们的技术,向他们学。"这种勇于向外国学习的开放的思想认识也生动地体现在毛泽东《论十大关系》关于"中国和外国的关系"的论述中。

另外,对于工业如何布局,刘少奇专门谈到沿海工厂迁往内地的问题。他说:要"考虑上海搬厂去内地的问题,也要估计到这个前途。恐怕还要建些新厂","还有一个分散与集中的问题,什么宜于分散,什么宜于集中,怎样才有利,这也是工业上的一个根本问题"。

在同粮食部负责人谈话时,刘少奇明确指出要以苏为鉴。他说:"目前苏联粮食来源有四个渠道:义务交售;拖拉机站的实物报酬;国营农场收入;国家采购。我国情况和苏联不一样,不要单纯学苏联的经验。"刘少奇还指出:"国营农场将来我们不一定有苏联那么多。"刘少奇认为,"我们的公粮制度好,群众有缴公粮的习惯,国家不出钱,群众无意见,如果和征购合并成一个制度,征购粮就必须降价,农民就会有意见",所以"改变粮食征购制度不要单纯学苏联经验,这个问题要进一步研究"。

在听取邮电部负责人汇报时,刘少奇再次提到要学习外国先进科学技术,他说:"把人家最新的科学技术学到手,自己再搞就有基础了。向人家学习,不只是向苏联和新民主主义国家学习,也向其他国家学习。"对于发展邮电事业,他指出:"我国人口多而且相对集中,这是我们的特点,与苏联不同,苏联地方大，人口不密。应该找与我国有相似特点的国家去学习经验，看他们的电话、邮路是怎么搞的，而不是找苏联这方面的经验。向哪些国家学习哪些经验，这是最基本的一条。"

刘少奇的这些意见和观点，贯穿着"以苏为鉴"的精神，较早地注意到中国与外国、沿海工业与内地工业、国家与生产者个人等社会主义建设中应当正确处理的重要关系。这些意见和观点，随后都在《论十大关系》中得到了体现。

1956年1月中旬毛泽东从外地调研回到北京后，受刘少奇做法的启发，也让人安排组织听取了35个部门的汇报。其间，1956年2月召开的苏共二十大，揭露了斯大林制造个人崇拜及因此造成的严重后果，也促使各国共产党人认真反思苏联模式，重新思考本国的建设道路问题。在此基础上，1956年4月25日毛泽东在中央政治局扩大会议上发表了著名的《论十大关系》讲话。《论十大关系》一开始就开宗明义地指出：苏联方面暴露了他们在建设社会主义过程中的一些缺点和错误，他们走过的弯路，你还想走？这一反问，明确地表明我们党要走出一条自己的建设道路的立场和态度。此后不久，刘少奇在多次谈话中也指出：要强调我们自己的经验，用我们自己的经验解决我们自己的问题，不能照抄人家的。任何外国经验只能作参考，决定问题必须从本国的具体情况出发。任何外国的经验，包括苏联的经验，可以加以改变而不能死搬。

可见，1956年党在开启社会主义建设道路探索任务之时，刘少奇和毛泽东对探索的方向与原则等问题的认识是基本一致、互相启发促进的。基于此，有研究者指出："《论十大关系》中阐述的思想原则，特别是关于经济建设中几个方面关系的处理原则，是由刘少奇首先提起，由毛泽东发挥和完成的。他们在这些问题上的思路是一致的。"[1]这一判断，有其历史依据，也体现了毛泽东思想是"中国共产党集体智慧的结晶"的丰富内涵。

---

[1] 黄峥：《毛泽东刘少奇对新中国经济建设思路的比较》，《中共党史研究》1994年第3期。

正确处理人民内部矛盾探索中的制度创新
——论刘少奇两种教育制度、两种劳动制度思想的形成

1956年，随着社会主义制度在中国的确立，社会主义教育制度也基本建立起来。1957年2月，毛泽东在《关于正确处理人民内部矛盾的问题》的讲话中，提出了社会主义的教育方针。社会主义建设事业的发展，急需各级各类教育培养大批合格的有文化的劳动者，但当时国家的经济财力无法支持教育规模的不断扩张，这就导致大量中小学毕业生无法升学而走向社会参加劳动就业。教育供给和需求之间悬殊巨大，成为人民内部矛盾在教育领域的一个突出体现。为解决这一矛盾，刘少奇在深入实际调查研究的基础上，逐渐形成了两种教育制度、两种劳动制度思想并加以倡导。这是在正确处理人民内部矛盾探索中提出的重大制度创新，具有重要的理论和实际指导意义。

一、新中国成立初期教育领域的升学难问题

新中国成立后，党和政府高度重视教育事业的发展，广大人民群众也渴望文化翻身，但教育发展程度受制于社会经济的发

展。正如马克思所说:"教育一般说来取决于生活条件。"[1]列宁也指出:"没有国家政权机关,没有物质和财政上的帮助,就不可能把教育工作开展起来。"[2]1950年6月,在第一次全国高等教育会议上,周恩来指出:"目前,大学还不能大量地扩充与发展,高等教育只能根据我们经济的发展而发展。"[3]不但高等教育如此,其他各级各类教育也都只能根据经济的发展而发展。

新中国成立之初,百废待兴,需要大批建设人才,而经济发展落后的国情却制约着教育事业的发展。薄一波指出,包括科学研究、教育工程技术、卫生、文学艺术等各条战线上的高级知识分子,1949年仅有6万多人,1955年增加到10万多人。1952年年底,全国总人口近5.75亿人,全民所有制单位职工1580万人,其中科技人员约42.6万人,全国平均每万人口中不到7.5个科技人员,每万名职工中也只有269个科技人员。这42.6万科技人员按门类分,工程技术人员16.4万人,卫生技术人员12.6万人,教学人员12.1万人,农林业技术人员1.5万人,科学研究人员仅8000人。这与党中央和毛泽东提出的"要有数量足够的、优秀的科学技术专家"的要求差得很远。当时,中国高等学校每年只有几万名毕业生;高校在校学生数量与人口总数对比,平均每1万居民中中国只有5个,苏联是86个,波兰是50个,美国等西方

---

[1] 中共中央马克思恩格斯列宁斯大林著作编译局编译:《马克思恩格斯全集》第6卷,人民出版社,1961年,第648页。

[2] 中共中央马克思恩格斯列宁斯大林著作编译局编译:《列宁全集》第38卷,人民出版社,1986年,第75页。

[3]《周恩来选集》下卷,人民出版社,1984年,第19页。

发达国家就更多了。[1] 1952年7月，周恩来深有感触地说："一谈到建设，就感到知识不够用，需要很大的提高。我们的大学毕业生也少得很，今年七凑八凑，才凑到两三万人，而我们每年平均却需要10万人。"[2] 由此，造成了这样一个困境：一方面，经济社会的发展需要教育培养大批合格的建设人才；另一方面，教育通过质和量的扩张来培养大量合格的建设人才，需要有雄厚的经济基础作为基垫。这在当时是一个无法圆满解决的矛盾。

当然，由于中国人口基数大，学生入学人数和比例在新中国成立后迅速提高。1956年，全国小学生达6346.6万人，相当于1949年的2.6倍；初中生438.1万人，是1949年的5.3倍；高中生78.4万人，相当于1949年的3.8倍；中等技术学校学生53.9万人，是1949年的7倍；中等师范学校学生27.3万人，是1949年的1.8倍；大学生40.3万人，是1949年的3.5倍。[3] 小学学校数量也有很大增长。新中国成立前全国小学数最高值是28.93万所，1949年为34.68万所，1950年是38.36万所，1951年则发展到50.11万所。但这是教育补偿性增长的表现，当补偿达到一定水平后，教育的扩张就明显受经济发展水平的制约。1951年至1957年，全国小学数量保持在50万至55万所之间。[4] 而同一时

---

[1] 薄一波：《若干重大决策与事件的回顾》（上），中共党史出版社，2008年，第351—353页。

[2] 中共中央文献研究室编：《周恩来文化文选》，中央文献出版社，1998年，第53页。

[3] 顾明远总主编：《中国教育大系·马克思主义与中国教育》（下），湖北教育出版社，1994年，第1638—1639页。

[4] 《中国教育年鉴》编辑部编：《中国教育年鉴（1949—1981）》，中国大百科全书出版社，1984年，第1021页。

期，全国高等学校、中等学校数量总体增长不明显，有的甚至下降。解放前全国高等学校数最高值是 207 所，1953 年院系调整开始后变为 181 所，直到 1956 年才发展为 227 所。解放前中等专业学校数最高值是 1626 所，解放后直至 1957 年，除了 1952 年是 1710 所外，其他年份都低于解放前的数字，1957 年仅为 1320 所。普通中学学校方面，解放前最高年份初高中学校总数为 4266 所，高中及完全中学是 1654 所；解放后直至 1956 年，高中及完全中学数才第一次超过解放前，发展为 2029 所，初高中学校总数为 6715 所。[1] 当时的高等学校、中等学校数对偌大一个中国来说显然是太少了，但它却与当时的国力相匹配。有限的教育资源特别是中等教育资源，加上不合理的中等教育结构，成为制约学生升学的两大瓶颈，使得中等学校的选拔效果特别突出。与此同时，社会经济发展的体量有限，一时难以消化吸收大批无法升学的中小学毕业生。1953—1954 年出现了一次全国性的升学难。1953 年，小学毕业生数是 293.5 万，初中招生数是 81.8 万，小学毕业生不能升学的比例是 72.12%；初中毕业生数是 39.8 万，高中招生数是 16.1 万，初中毕业生不能升学的比例是 59.54%。1954 年小学毕业生不能升学的比例是 62.82%；初中毕业生不能升学的比例是 66.14%。[2]

1955 年下半年，农业合作化运动加速发展，带动了教育规模的扩张。毛泽东指出："中国的工业化的规模和速度，科学、文

---

[1]《中国教育年鉴》编辑部编：《中国教育年鉴（1949—1981）》，中国大百科全书出版社，1984 年，第 965、981、1000 页。

[2] 金一鸣主编：《中国社会主义教育的轨迹》，华东师范大学出版社，2000 年，第 155 页。

化、教育、卫生等项事业的发展的规模和速度,已经不能完全按照原来所想的那个样子去做了,这些都应当适当地扩大和加快。"[1] 据统计,1956 年与 1955 年相比,高等学校数由 194 所增至 227 所,学生数由 28.8 万人增至 40.3 万人;中等技术学校数由 1027 所增至 1353 所,学生数由 53.7 万人增至 81.2 万人;普通中学学校数由 5120 所增至 6715 所,学生数由 390.0 万人增至 516.5 万人;小学数由 50.41 万所增至 52.9 万所,学生数由 5312.6 人增至 6346.6 万人。[2]

但教育的扩展,特别是中等教育的扩展,仍满足不了广大中小学毕业生升学的愿望。1955 年 9 月,广东省委给中央的报告提出,广东现留在社会上的初中毕业生约有 11.6 万人,既无法升学,也很难找到工作。两年来地方政府虽然做了不少工作,主要是动员其参加农业生产,但不能从根本上解决问题。为此,必须改变现在所办初中仅是为了考高中深造的教学方针。如果能把初中当作初级农业技术学校来办,减少为考高中而设的课程,增加一些农业技术课,这样学生在初中毕业后,一方面思想明确毕业后就是回乡参加农业生产,另一方面有了一些农业生产知识和技术可以弥补体力劳动差这一缺陷,并为合作社所欢迎。刘少奇对此做出批示,指出:"这个建议值得考虑。"同时又指出:"问题是要确定我国目前农村和城市义务教育的目的,同时又要不妨害

---

[1] 毛泽东:《建国以来毛泽东文稿》第 5 册,中央文献出版社,1991 年,第 485 页。
[2] 转引自金一鸣主编:《中国社会主义教育的轨迹》,华东师范大学出版社,2000 年,第 171 页。引文中"中等技术学校数由 1027 所增至 1353 所",似应为中等专业学校数。参见《中国教育年鉴》编辑部编:《中国教育年鉴(1949—1981)》,中国大百科全书出版社,1984 年,第 981 页。

升学。课程的安排是要保证实现这个目的。"[1]可以看出，刘少奇开始关注升学难问题，但该问题还没有引起他足够的重视，没有花大气力来解决。1955年10月，中央在给广东等地发出的批示中指出："不应当把初中改变为任何形式的技术学校……目前我国中小学教育存在着教育与生产脱节的毛病，学生不仅缺乏劳动观点，并且还缺少基本的生产知识、技能。这显然是和中小学教育目的不相符合的。因此当前的问题不是去考虑改变中小学的性质，而应是研究如何克服教学脱离生产的偏向的问题。"

此事尚未圆满解决，1957年又出现了一次升学难。据粗略统计，1957年春高小毕业生有五分之四不能升初中，初中毕业生有三分之二不能升高中和中等专业学校，高中毕业生有三分之一不能升大学；1958年春，高小毕业生三分之二不能升学，初中毕业生有一半不能升学，高中毕业生有将近一半不能升学。据上海第六女子中学当时统计，该校毕业生，共有20%升学，10%就业，而不能升学、就业的占70%。[2]升学难、供需矛盾在教育领域中的再三突出表现，不能不引起毛泽东、刘少奇等党和国家领导人的高度重视。

二、刘少奇探索解决教育供需矛盾的思路

1957年2月，毛泽东在《关于正确处理人民内部矛盾的问题》

---

[1] 中共中央文献研究室、中央档案馆编：《建国以来刘少奇文稿》第7册，中央文献出版社，2008年，第324页。
[2] 陈桂生：《现代中国的教育魂》，辽宁教育出版社，1993年，第320页。

的讲话中提出了新形势下处理人民内部矛盾应坚持的基本原则和方法。对于教育问题，他指出："我们的教育方针，应该使受教育者在德育、智育、体育几方面都得到发展，成为有社会主义觉悟的有文化的劳动者。"这一教育方针，强调教育与生产劳动相结合，坚持和发展了马克思主义的教育理论。1957年上半年，刘少奇先后到河南、河北、湖北、湖南、广东等省，深入实际调查研究，宣传毛泽东关于正确处理人民内部矛盾的思想，并针对广大中小学生升学难问题进行了专门的分析研究。这时，刘少奇提出的办法，主要是提倡多种形式办学，解决学校不足的问题，尽量满足学生读书或升学愿望。而在无法全部满足学生愿望的情况下，毕业生也要做好从事农业生产劳动的思想准备。

1957年3月20日，刘少奇在听取湖南省委汇报文教工作时指出，学校历来都是民办的，清朝只有部分书院是国办，其余都是民办的。而我们采取全部由国家包下来的政策，这样国家负担不起。办学校可以采用多种形式，不仅国家办学，工厂、机关、农村合作社等社会团体也可以办学，私人也可以办学。另外，小学戴帽班（即在小学里附设初中班）、民办业余补习学校等也要搞。总之，要多种形式一起上，才能解决学校不足的问题。[1] 3月21日，刘少奇又强调指出："现在除了国家办学校以外，还可以集体办学、互助办学，也可以由一些自由职业者办私塾。""总之，就是走群众路线，由群众去办。"[2] 3月22日，在长沙市中

---

[1] 金冲及主编：《刘少奇传》下卷，中央文献出版社，2008年，第750页。
[2] 中共中央文献研究室编：《刘少奇论新中国经济建设》，中央文献出版社，1993年，第330页。

学生代表座谈会上，刘少奇没有回避教育领域存在的突出矛盾，就学生关心的"今年有许多高小毕业生和中学毕业生不能升学，是正常现象还是不正常现象？是长期现象还是暂时现象？是好事情还是坏事情？"等问题，有针对性地做了回应和解答。他认为，中小学毕业生不能全部升学，而转入生产第一线是正常和长期的现象，各地党政机关和青年组织对于不能升学的中小学毕业生，必须采取负责的态度，区分情况，做好统筹安排。一种安排是："采取城乡人民集体办学等办法，再办一些小学、中学，或者采用自学小组和补习班等办法，组织学生自学，为日后参加生产劳动或升学准备条件。"但这也面临将来如何就业的问题。所以，"最主要的办法还是帮助不能升学的学生就业"。国家机关、企事业单位以及城市里的服务行业，可以招收一些职工，但就全国来说，"最能够容纳人的地方是农村，容纳人最多的方面是农业。所以，从事农业是今后安排中小学毕业生的主要方向，也是他们今后就业的主要途径"。[1]刘少奇对那种认为毕业后从事生产劳动"丢人""没出息""没有前途""吃了亏"的思想进行了分析。他指出，从事农业生产劳动，是光荣的事情，是大有出息、大有前途的。青年人在参加农业生产劳动后也要继续学习，将来有机会还可以上大学。同时，学校和教育行政部门必须重视和加强对学生的思想教育，培养正确的劳动观念。

根据以上讲话精神，1957年4月8日，《人民日报》发表了刘少奇亲自修改定稿的《关于中小学毕业生参加农业生产问题》社论，发出党和政府的声音，认真回应群众的关切。刘少奇

---

[1]《刘少奇选集》下卷，人民出版社，1985年，第279—280页。

就此在给时任中央办公厅主任杨尚昆的信中指出:"各地学生和教员以及家长,为了升学问题,情绪都十分紧张。在没有听到认真的解释以前,不少学生准备在不能升学时闹起来,在听到这种解释以后,不少的人也觉得下乡种地是有前途的,不丢人的。因此,现在十分需要有这样一篇文章。"[1]这一社论文章,"它所提出的主题,是当时全国人民普遍关心的大问题","全国各大报都刊登了,各级党组织统一了思想,以此作为进行工作的依据和武器"。[2]这对解决教育领域的矛盾问题和缓解群众的不安情绪发挥了积极作用,取得了良好社会反响。

随着调查的深入,刘少奇意识到:如何让不能升学的毕业生参加劳动是一个问题,而另一个同样重要的问题是留在学校继续求学的学生也面临着困难,很多家庭无力负担子女上学。他注意到,一些学校利用课余时间让学生勤工俭学,获得报酬以减轻国家和家庭的经济负担。这是一个好办法。于是,他又将对这一问题的思考整理成题为《提倡勤工俭学,开展课余劳动》的文章,并在1957年5月5日的《中国青年报》上发表。他指出,中国自古以来就有勤工俭学的传统,"《三字经》上不是记着'如负薪,如挂角,身虽劳,犹苦卓'的话吗"?而在党和国家领导人中,周恩来、邓小平等都有留法勤工俭学的经历。"那时不是约有两千个青年去到法国,在那里用半工半读的方法寻求知识,求学问吗?"[3]他认为:"开展课余劳动,提倡勤工俭学,有可能成为解

---

[1] 金冲及主编:《刘少奇传》下卷,中央文献出版社,2008年,第752页。
[2] 张黎群:《一份重要报告的来历,永远留在群众的记忆里》,《人民日报》1980年5月15日。
[3] 《刘少奇选集》下卷,人民出版社,1985年,第310—311页。

决学生学习费用困难和普及教育的一个重要途径。"[1]这里，刘少奇所说的勤工俭学、半工半读的问题，是针对形势从学生开展课余劳动的角度说的，是一种可操作的具体方法，学生还是以读书学习为主，课余劳动为辅。提倡学生勤工俭学、参加课余劳动，一方面解决了经济困难，另一方面又对学生进行劳动教育，一旦日后升不了学，毕业后即可投入生产劳动，能较快地适应社会。应该说，刘少奇5月5日发表的这篇文章与4月8日他为《人民日报》改定的社论是"姊妹篇"，其中所论述的主题和提出的解决问题的思路，互相贯通，互为补充。

作为政治家，刘少奇考虑问题既着眼于当前，又放眼于未来。鉴于全面展开的社会主义建设事业需要大批有文化的合格人才，刘少奇认为勤工俭学的措施和方法，虽然对于促进教育发展和解决学生升学、就业有一定的促进作用，但要从根本上解决问题，还需要在教育体制上打开一个实验和改革的口子。

1957年11月，刘少奇看到一份资料上刊载的《美国大学生有三分之二半工半读》的报道以后，觉得很有借鉴作用，立即批示："此件送团中央一阅。中国是否可以个别试办？请你们研究。"[2]团中央对此非常重视。刘少奇的这一思想，也得到毛泽东的赞同。1958年1月，毛泽东在《工作方法六十条（草案）》中明确指出："一切中等技术学校和技工学校，凡是可能的，一律试办工厂或者农场，进行生产，做到自给或者半自给。学生实行

---

[1]《刘少奇选集》下卷，人民出版社，1985年，第314页。
[2] 转引自黄峥：《刘少奇同志提出两种教育制度、两种劳动制度的历史过程》，《教育研究》1985年第9期。

半工半读。"[1]同月,共青团中央发出《关于在学生中提倡勤工俭学的决定》,认为:"这种一面读书,一面劳动,勤工俭学的活动,对于培养学生成为具有社会主义觉悟的、有文化的劳动者,有着极其重大的意义。"

在毛泽东、刘少奇提倡和支持下,1958年2月,国务院副总理兼国家经济委员会主任的薄一波在一届人大第五次会议上所做的《关于1958年度国民经济计划草案的报告》中指出:在教育方面,今后要有步骤地实行半工半读的教育制度。1958年4月,天津市委起草了《天津市半工半读学校(班)组织章程草案》,并选定天津国棉一厂为试点,筹建半工半读学校。新中国教育制度自此开始迈出试点改革的步伐。

三、刘少奇两种教育制度思想的形成

作为理论与实践紧密结合的统一论者,刘少奇注重总结实践经验,发展自己的思想理论。经过一年多的集中思考,刘少奇在教育体制改革问题上的思路越来越明晰。

1958年5月党的八大二次会议期间,刘少奇专门听取了天津市代表关于试办半工半读学校准备情况的汇报,并同河北省、天津市的领导林铁、黄火青等交换了意见,阐明了试行半工半读的意义。他认为,工厂附设半工半读学校,可以加快培养大批的工人阶级知识分子。半工半读,既不影响生产,又不影响工人生活;工人既能在生产实践中学到生产技术,又能在学校中学到科

---

[1] 中共中央文献研究室编:《毛泽东文集》第7卷,人民出版社,1999年,第360页。

学文化知识。会议进行期间,林铁、黄火青等利用余暇时间商讨如何贯彻刘少奇的指示,决定先派人回天津传达贯彻,将国棉一厂的半工半读学校建立起来。[1]

在天津筹办半工半读学校时,刘少奇也将自己考虑的关于教育制度改革的思想系统化。5月25日,刘少奇给毛泽东写信汇报了自己的想法。他说,他曾同周恩来、陆定一等人谈过,"在实行现在的学校教育制度和工矿机关的劳动制度外,是否可以同时实行一种半工半读的学校制度和半工半读的劳动制度"?"同我谈过的同志都赞成我的意见,并愿意在个别单位中先进行实验"。毛泽东批示:"同意你的意见。"[2]

5月27日,天津国棉一厂的半工半读学校举行开学典礼,全国第一所半工半读学校诞生。《人民日报》于29日做了报道,报道指出:"实行半工半读,不但可以解决目前提高工人文化技术知识的问题,而且还可能为将来全面发展准备了条件",应该"逐步使这种形式成为我们国家办教育事业的一种新的形式"。[3]

5月30日,在《人民日报》的报道发表的次日,刘少奇在政治局扩大会议上做了《我国应有两种教育制度、两种劳动制度》的讲话,涉及了深层次的体制问题。刘少奇明确谈了自己思想认识的发展轨迹。他指出,1957年他认为解决学生读书升学问题的方法是:"搞勤工俭学,就是说要学生和青年不依靠国家和家庭,而依靠自己,设法读书和升学。还有民办学校,即组织群众集体

---

[1] 辛华彬:《第一所半工半读学校的诞生》,《天津日报》1980年5月17日。
[2] 金冲及主编:《刘少奇传》,中央文献出版社,2008年,第909页。
[3]《举办半工半读的工人学校》,《人民日报》1958年5月29日。

办学，也是那个时候提出来的。不只是民办小学，而且民办中学。"而现在，他说："这个问题，我最近又想了一下，又有所发展，就是搞半工半读。"他指出："我们国家应该有两种主要的学校教育制度和工厂农村的劳动制度。一种是现在的全日制的学校教育制度和现在工厂里面、机关里面八小时工作的劳动制度。这是主要的。此外，是不是还可以采用一种制度，跟这种制度相并行，也成为主要制度之一，就是半工半读的学校教育制度和半工半读的劳动制度。就是说，不论在学校中、工厂中、机关中、农村中，都比较广泛地采用半工半读的办法。"[1]

可以看出，刘少奇提出"两种教育制度、两种劳动制度"思想与天津市开办全国第一所半工半读学校，在时间上是同步的。天津市的半工半读学校无疑是按照刘少奇的构想试办的，刘少奇思想认识的深化又受到现实实践的推动。刘少奇所说的"最近又想了一下，又有所发展"的话，肯定受了天津市开办半工半读学校的影响。需要指出的是，天津第一所半工半读学校是企业职工或成人的半工半读学校，不是解决青年学生升学问题的半工半读学校，但它的出现和实践，为创办青年学生的半工半读学校提供了经验。刘少奇根据自己年轻时在保定育德中学半工半读的经历和中央做出的指示精神，也提出了在学校里面搞半工半读的设想。他说："现在是不是可以办这样的学校呢？比如新设的中学，可以盖几个作坊，配几件机器和一些工具，使那些家庭无法供给上学的青年搞半工半读。"他指出："中等技术学校更可以半工半读，某些大学也可以半工半读。可以有全部半工半读的大学，也

---

[1]《刘少奇选集》下卷，人民出版社，1985年，第324页。

可以在现有的大学里面办几个半工半读的班。要把这也当成一种正规的学校制度。"对于当时在江苏等地出现的群众自办的农业中学,刘少奇认为,"农业中学就是半工半读学校",他说:"现在是办农业初中,那末初中毕业之后势必要办农业高中,高中毕业之后势必办半工半读的农业大学。"[1]把"半工半读""当成一种正规的学校制度"的表述,表明刘少奇从制度的层面对构建全国性的半工半读教育体系有了明确的考虑。这一讲话,可以说是我国社会主义教育史上涉及教育体制改革的开篇之作。

半工半读试点工作顺利开展,增加了刘少奇的信心,他投入更大的精力推进这项工作。1958年6月21日,刘少奇给时任劳动部部长马文瑞写信,希望在新建的工厂中试办半工半读。他说:"实行这种劳动制度和学校制度的工厂,就使工厂和学校完全合而为一了。工厂管理机关不只是要管理工厂生产,而且要管理学校教育。国家只在工厂附近加建一些教室和集体宿舍,增加一些专业教员,所费不多,却可以多办中等技术学校和大学,大大发展我国的教育事业,多快好省地培养工人阶级的知识分子,促进体力劳动和脑力劳动之间的界限更快地消灭。"[2]

1958年7月,刘少奇到天津视察时专门召开半工半读教育座谈会,明确提出,除在职工中办半工半读外,也要在青年学生中试办半工半读,工厂、企业要开办招收初中毕业生的青年学生半工半读学校,落实他在当年5月份提出的设想。他说:"老厂

---

[1]《刘少奇选集》下卷,人民出版社,1985年,第324—325页。
[2] 黄峥:《刘少奇同志提出两种劳动制度、两种教育制度的历史过程》,《教育研究》1985年第9期。

子困难大一些,新厂子还没招工,准备招工实行半工半读。新开工厂除老师傅外,都招初中毕业生,四小时做工,四小时上课。""学校工厂合一,工厂就是学校,学校就是工厂。"[1]根据这一指示,天津市委成立了半工半读领导小组,专门负责这项工作。1958年9月,天津市选择感光胶片厂、电子仪器厂等10个工厂、企业办起了青年学生半工半读学校。此时,正是"大跃进"处于高潮之际,受其影响,天津市各类半工半读学校猛增到125所,学生达25000人,[2]出现了一些偏差。但从总体上看,通过半工半读,刘少奇找到了既满足学生升学要求和工人提高文化水平的愿望,又可以将教育制度和劳动制度紧密结合、为国家建设培养人才的一条好路子。

四、思考与评价

刘少奇"两种教育制度、两种劳动制度"思想的形成,体现出强烈的问题导向和意识。"问题就是事物的矛盾。哪里有没有解决的矛盾,哪里就有问题。"[3]新中国成立后一段时期内,施行的教育制度主要是全日制学校,靠这种单一的教育制度既满足不了学生的升学意愿,也使得毕业生无法融入社会劳动。这一问题和矛盾在1957年时表现得再次尖锐起来。这也使得刘少奇"两种教育制度、两种劳动制度"思想的指向目标非常明确,就是要

---

[1] 张子光等:《刘少奇同志关怀天津半工半读教育》,《天津日报》1980年5月17日。
[2] 同上。
[3] 《毛泽东选集》第3卷,人民出版社,1991年,第839页。

改革这一不合理的教育制度（结构）。

有学者指出，当社会上的青年尤其是受过教育的青年失业问题日趋严重时，人们（以政治家、决策者和雇主们为主）常把失业问题归罪于现行的教育结构，主要归罪于中等教育的学校类型和课程内容不当，认为"教育的多样化"未能与"职业的分化"之间保持联系。最好的解决办法是实施中等职业技术教育，"多样化的中等教育可以在学校和工作之间建立一种更密切的关系"；受过职业技术教育的青年具有一定的专门知识和熟练技能，他们可以十分方便地参加工作而不沦入失业大军。这是世界职业技术教育发展所基于的假设之一。[1] 这个假设，基本契合当时中国教育实际，刘少奇为解决学生不能继续升学读书而苦心孤诣地寻求解决办法，他提出的"两种教育制度、两种劳动制度"，就是为了改革不合理的教育结构，他主张并推崇的半工半读，实际类似职业技术教育。

问题的解决需要思想和制度的创新，思想上升为理论、制度并加以固化才能更好地指导实践。刘少奇的"两种教育制度、两种劳动制度"思想，一方面打破了过去只靠国家投资、教育部门包揽办学的局面，扩大了招生规模，提高了学生的入学率，为更多的青少年创造学习机会；另一方面，在不增加教育经费的前提下，减轻了家庭的教育负担，让年轻人有机会接触社会实践，增长阅历，为踏入社会做好铺垫。可以说，这是探索符合中国实际情况的社会主义教育（包括劳动）制度和教育结构的一次改革尝试，为改革开放后建立职业教育和成人教育体系提供了直接的经

---

[1] 赵中建：《战后印度教育研究》，江西教育出版社，1992年，第124页。

验借鉴。

当然，也要看到，受"大跃进"等形势的影响，刘少奇"两种教育制度、两种劳动制度"思想在内容表述上还带有一点超前的理想主义色彩。比如，在论述关于开展半工半读重要性的时候，引用恩格斯的话，指出实行这种制度有利于摆脱现代分工造成的片面性，创造出"一种全新的人"，"根据社会的需要或他们自己的爱好，轮流地从一个生产部门转到另一个生产部门"。这样可以为人的全面发展准备条件。[1]另外，把半工半读看作是"多快好省地培养工人阶级的知识分子，促进体力劳动和脑力劳动之间的界限更快地消灭"的一条途径，这也超出了当时中国社会的现实。

人人都受制于自己所处的历史环境，我们不应过分苛责前人。正如龚育之指出的那样，刘少奇的一些具体设想，"今天当然不能拿来照样实施，而要根据今天的情况重新设计，关于改革设想的一些理论说明，难免受到那时思潮的影响。而表现出某些局限和缺憾，今天需要重新认识。但是，诸如教育制度改革要同劳动制度改革相联系和配合这样的深刻思想，无疑对今天我们进行的改革，仍然有重要的指导意义"[2]。

---

[1] 辛华彬：《第一所半工半读学校的诞生》，《天津日报》1980年5月17日。
[2] 龚育之：《龚育之党史论集》上卷，湖南人民出版社，2009年，第77页。

邓小平

邓小平理论形成与新时期中国教育改革的嬗变

新时期中国教育改革同邓小平理论的指导有着密不可分的关系。邓小平理论每深化前进一步,中国教育改革的大潮就会向前涌动一次,发生一次嬗变。两者之间的关系表现出的是理论对实践所具有的巨大推动力。认识这一过程,具有方法论的指导意义。

一、从1975年的全面整顿到十一届三中全会,是邓小平理论的酝酿时期,而新时期中国教育改革在这一时期也蓄势待发

一般认为,邓小平理论的直接酝酿,始于1975年。1975年1月至1976年4月,邓小平主持中央日常工作,大刀阔斧地进行"全面整顿"。全面整顿虽不可能明确指出"文革"是根本的错误,但实际上做的与"文革"中的那一套是针锋相对的。后来邓小平说:改革,其实在1975年已经实验过一段,那时用的名称是整顿。改革与墨守成规、自我封闭是不同的发展方向,它预示着邓小平理论已在酝酿之中。

由于教育领域是"文革"的重灾区,对教育的整顿和改革成了邓小平在这一时期集中关注的一个重点。其间虽有"批邓、反

击右倾翻案风"的打击和"两个凡是"的束缚，但真理的声音总是锁不住的，邓小平最终吹响了新时期中国教育改革的号角。《邓小平文选》第二卷收入他这一时期的文稿计有26篇，其中直接或间接论述教育的有12篇。思想导引着行动，理论指导着实践，处于萌生期的邓小平理论指引着历尽劫难的中国教育走上了改革之路。

首先是恢复。恢复，即恢复新中国成立后教育领域正确的做法，正本清源，拨乱反正，彻底推翻"文革"时期对教育战线的"两个估计"。1977年8月8日，在召开的科学和教育工作座谈会上，邓小平做了有名的"八八"讲话。他指出："对全国教育战线十七年的工作怎样估计？我看，主导方面是红线。""现在差不多各条战线的骨干力量，大都是建国以后我们自己培养的，特别是前十几年培养出来的。如果对十七年不作这样估计，就无法解释我们所取得的一切成就了。"[1]1979年3月，中央做出撤销"四人帮"炮制的《全国教育工作会议纪要》的决定，推翻了"两个估计"。这就打碎了教育界的精神枷锁，使广大知识分子在政治上得到了解放，为新时期教育改革和发展奠定了思想基础和政策环境。同时，针对"文革"期间高考被废除、国家出现严重的人才断档情况，邓小平首倡恢复高考制度。1977年，他明确提出："今年就要下决心恢复从高中毕业生中直接招考学生，不要再搞群众推荐。从高中直接招生，我看可能是早出人才、早出成果的

---

[1] 中共中央文献编辑委员会编：《邓小平文选》第2卷，人民出版社，1994年，第49页。

一个好办法。"[1]高考制度的恢复，使知识"饥渴"的一代中国青年重新获得了滋润。

其次是酝酿教育领导体制改革。邓小平首先认识到教育领域存在危机。1975年9月，邓小平在听取中国科学院负责同志关于科技工作汇报时指出："我们有个危机，可能发生在教育部门，把整个现代化水平拖住了。"[2]为摆脱这种危机，必须进行改革。邓小平提出："我们国家要赶上世界先进水平，从何着手呢？我想，要从科学和教育着手。"[3]在"八八"讲话中，邓小平专门提到了教育和科学的体制、机构问题。他指出，目前教育的状况不行，"需要有一个机构，统一规划，统一调度，统一安排，统一指导协作"[4]。不久，他又指出："要健全教育部的机构"，"重点大学教育部要管起来"，实行"双重领导，以教育部为主"。对教育"要狠很地抓一下，一直抓它十年八年"[5]。据此精神，1978年6月，教育部召开国务院各部委所属高等学校改变领导体制的交接工作会议，一部分重点高等学校和非重点高等学校改为实行国务院有关部委及省、市、自治区双重领导，以部委为主。7月，国务院发出通告："高等学校招生一律纳入国家计划。"1979年9月，中共中央转批教育部党组的《关于建议重新颁发〈关于加强高等学校统一领导、分级管理决定〉的报告》，

---

[1] 中共中央文献编辑委员会编：《邓小平文选》第2卷，人民出版社，1994年，第55页。
[2] 同上书，第34页。
[3] 同上书，第48页。
[4] 同上书，第52页。
[5] 同上书，第70页。

重新恢复了1963年确定的"中央统一领导,中央和省、市、自治区两级管理"的体制,改变了因"文革"造成的教育领导管理体制的混乱状况。

最后是明确教育的先导战略地位。在1978年3月的全国科学大会上,邓小平从战略的高度强调大力发展教育和科技的重要意义。他指出:"科学技术人才的培养,基础在教育。我们要全面地正确地执行党的教育方针,端正方向,真正搞好教育改革,使教育事业有一个大的发展,大的提高。"[1]在4月召开的全国教育工作会议上,邓小平从提高教育质量,造就具有社会主义觉悟的一代新人,教育必须同国民经济发展的要求相适应及尊重教师劳动、提高教师的质量等四个方面提出了明确要求。如果说,全国科学大会的召开意味着科学春天的到来,那么全国教育工作会议的召开,也意味着教育春天的到来,初步明确了教育在现代化建设中的战略地位。

二、从党的十一届三中全会到十二大,是邓小平理论开始产生,形成主题的时期;而中国教育发展也在这一时期确定了改革的基调

党的十一届三中全会的召开,是一个伟大转折。它打破了"两个凡是"的束缚,纠正了长期占主导地位的"左"的思想错误,把党的工作重点转移到社会主义现代化建设上来。现代化建设既

---

[1] 中共中央文献编辑委员会编:《邓小平文选》第2卷,人民出版社,1994年,第95页。

包括经济建设，也包括发展教育和在经济发展的基础上进行教育改革。邓小平指出："为了建设现代化的社会主义强国，任务很多，需要做的事情很多，各种任务之间又有相互依存的关系，如像经济与教育、科学，经济与政治、法律，等等，都有相互依存的关系，不能顾此失彼。"[1]正是由于经济和教育这种相互依存的关系，1980年2月，党的十一届五中全会提出要"确立适合国民经济发展需要的教育计划和体制"。1981年6月召开的十一届六中全会，通过了邓小平亲自主持和指导起草的《关于建国以来党的若干历史问题的决议》，其中科学地评价了"教育科学文化在现代化建设中的地位和作用"，指出"没有文化和知识分子是不可能建设社会主义的"，将教育在经济和社会发展中的地位提到了前所未有的高度。邓小平指出，决议标志着中国从以阶级斗争为纲转到以发展生产力为中心，从封闭转到开放，从固守成规转到实行各方面的改革。而教育改革毫无疑问地包括在内。

1980年，经五届全国人大常委会第十三次会议通过，《中华人民共和国学位条例》（草案）颁布实施。这是我国第一个经全国人大常委会批准的教育法律。根据该条例成立的国务院学位委员会，于1981年和1983年两次召开学科评议组会议，审定了博士和硕士学位的授予单位和专业点。我国对高级专门人才的培养，逐步走上立足于国内的道路。

在1982年9月党的十二大上，邓小平在开幕词中指出：我们的现代化建设，必须从中国的实际出发，"把马克思列宁主义

---

[1] 中共中央文献编辑委员会编：《邓小平文选》第2卷，人民出版社，1994年，第249—250页。

的普遍原理同我国的具体实际结合起来，走自己的路，建设有中国特色的社会主义"[1]。"走自己的路，建设有中国特色的社会主义"成为邓小平理论的主题，获得了全党和全国人民的认可，标志着邓小平理论的诞生。而中国的教育改革随着邓小平理论的诞生也开始奠定改革的基调。十二大的报告《全面开创社会主义现代化建设的新局面》中指出："在今后二十年内，一定要牢牢抓住农业、能源和交通、教育和科学中几个根本环节，把它们作为经济发展的战略重点。"同时提出："必须大力普及初等教育，加强中等职业教育和高等教育，发展包括干部教育、职工教育、农民教育、扫除文盲在内的城乡各级各类教育事业，培养各种专业人才，提高全民族的科学文化水平。"[2]把教育提到如此重要的地位，在我党历史上还是第一次，是十二大的重大创见。

1982年9月，邓小平在陪同金日成去四川访问途中说："战略重点，一是农业，二是能源和交通，三是教育和科学。搞好教育和科学的工作，我看这是关键。没有人才不行，没有知识不行，'文化大革命'的一个大错误是耽误了十年人才的培养。现在要抓紧发展教育事业。"[3]所有这一切，都意味着全面的教育改革已提上了议事日程。

---

[1] 中共中央文献编辑委员会编：《邓小平文选》第3卷，人民出版社，1993年，第3页。

[2] 中共中央文献研究室编：《十二大以来重要文献选编》（上），人民出版社，1988年，第11页。

[3] 中共中央文献编辑委员会编：《邓小平文选》第3卷，人民出版社，1993年，第9页。

三、从十二大到十三大，邓小平理论逐步展开，形成轮廓；教育改革也全方位展开

1982年，党的十二大明确把教育和科学作为经济发展的战略重点之一。十二大以后，改革不断深入，思想认识不断深化。围绕什么是社会主义、如何建设社会主义这个中心，这一时期我们党在理论上取得了几个重大突破，主要是形成了社会主义商品经济理论和社会主义初级阶段理论，这也是邓小平理论的有机组成部分。其中，社会主义商品经济的理论是在1984年10月十二届三中全会通过的《中共中央关于经济体制改革的决定》中得到确认的。

经济体制的改革，引发了包括政治、科技和教育在内的多方面的改革。1985年4月，邓小平在会见坦桑尼亚客人时指出："改革是全面的改革，不仅经济、政治，还包括科技、教育等各行各业。"[1] 1985年3月，中共中央通过了关于科技体制改革的决定；5月，又通过了《中共中央关于教育体制改革的决定》（以下简称《决定》）。《决定》就教育管理权限、教育结构、教育思想、教育内容和方法、九年制义务教育、中等教育结构等问题的改革做了指示。《决定》指出，社会主义现代化建设的宏伟任务，要求我们必须极大地提高对教育工作的认识，面向现代化、面向世界、面向未来，为20世纪90年代以至21世纪初叶我国经济和社会的发展，大规模地准备新的、能够坚持社会主义方向的各

---

[1] 中共中央文献编辑委员会编：《邓小平文选》第3卷，人民出版社，1993年，第117页。

级各类合格人才。《决定》是20世纪80年代中后期整个教育工作的纲领性文件。它与有关经济体制和科技体制改革的决定相配套，对于促进教育体制改革，使我国教育事业主动适应经济社会发展的需要，产生了积极影响。在确立教育体制改革决定的过程中，邓小平给予了理论的指导。他指出："教育体制改革的决定草案，我看是个好文件。现在，纲领有了，蓝图有了，关键是要真正重视，扎扎实实地抓，组织好施工。"[1]邓小平对做出经济、科技以及教育体制改革的决定感到高兴。他说："这些改革的总目标是一致的，都是为了使我国消灭贫穷，走向富强，消灭落后，走向现代化，建设有中国特色的社会主义。"[2]把教育改革看成是进一步解放和发展生产力、达到国家强盛的重要一环。与此同时，邓小平还提出了培养"有理想、有道德、有文化、有纪律"的"四有"新人的要求。这一要求与1983年10月邓小平为景山学校题写的"三个面向"，确立了中国教育改革的目标并成为衡量教育质量的重要标准。

　　教育改革及教育战略地位的落实，关键在领导。邓小平是关怀和重视教育的典范。1985年5月，邓小平指出："几年前，我曾说过，愿意给教育、科技部门的同志当后勤部长。今天，我还是这个态度。领导者必须多干实事。"他指出："忽视教育的领导者，是缺乏远见的、不成熟的领导者，就领导不了现代化建设。各级领导要像抓经济工作那样抓好教育工作。"[3]在关于教育体制

---

[1] 中共中央文献编辑委员会编：《邓小平文选》第3卷，人民出版社，1993年，第120页。
[2] 同上书，第122页。
[3] 同上书，第121页。

改革的决定颁布后不久，国务院在1986年批准成立了国家教育发展研究中心，该中心在国家宏观教育决策过程中，发挥着重要的决策咨询作用。

教育改革还需要有法律的保驾护航。1986年4月，全国人大六届四次会议通过了《中华人民共和国义务教育法》，这是新中国成立以来的第一部完整的、成熟的义务教育法，标志着我国教育改革开始步入法制化轨道。

总之，《中共中央关于教育体制改革的决定》颁布后，教育改革全面展开，并在各方面都取得实质性的进展。按照"教育必须为社会主义建设服务，社会主义建设必须依靠教育"的方针，基本确立了与社会主义商品经济体制相适应的教育体系。

在1987年党的十三大报告中，提出并阐明了社会主义初级阶段的理论，第一次明确提出了"建设有中国特色社会主义理论"的概念，并列举了这一理论的12个重要观点，这些观点构成了建设有中国特色社会主义理论的轮廓。报告决定把发展科学技术和教育事业放在首要位置，使经济建设转移到依靠科技进步和提高劳动者素质的轨道上来。大会的政治报告指出："从根本上，科技的发展，经济的振兴，乃至整个社会的进步，都取决于劳动者素质的提高和大量合格人才的培养，百年大计，教育为本。必须坚持把发展教育事业放在突出的战略位置。"[1]这就把教育改革与社会主义初级阶段的理论联系起来，充分体现了邓小平理论对教育改革具有的根本性的指导意义。

---

[1] 中共中央文献研究室编：《十二大以来重要文献选编》（上），人民出版社，1988年，第19页。

四、从十三大到十四大,是邓小平理论走向成熟、形成体系的阶段;而这一时期,也是中国教育改革由整体转向深化的阶段

这一阶段中邓小平理论走向成熟,首先在于它经受住了20世纪80年代末至90年代初国内风波和国际局势的严峻考验;其次是邓小平发表了著名的"南方谈话",提出了一系列新思想、新观点,把这一理论提到了新的高度;最后是根据邓小平南方谈话精神,党的十四大明确提出了"邓小平同志建设有中国特色社会主义理论"这一概念,并将这一理论的主要内容概括为9个方面,强调它第一次比较系统地回答了中国这样一个经济文化落后的国家如何建设社会主义、如何巩固和发展社会主义等一系列基本问题,形成了比较完备的理论体系。

在这一阶段,中国教育改革以十三大对教育战略地位的定位为导向,逐渐由面上的整体推进向各领域内部深化。从与推动科技发展、促进经济振兴和社会进步关系最为直接的高等教育来看,表现更为突出。1988年2月,国家教委召开了新中国成立以来第三次全国高等教育工作会议。李鹏在会上提出:"高等教育改革的目标,是逐步建立使学校具有主动适应国民经济和社会发展需要的有效机制。"会议提出今后一段时期内的改革任务和目标:1.要把培养符合社会主义建设需要的人才作为高等学校的主要任务,高等学校要努力向社会输送大批素质优良的人才;2.要把竞争机制引入高等学校;3.高等学校要根据社会的需要,在不同层次上办出特色和水平;4.要进一步发挥高等学校的潜力,提高办学效益;5.积极开展各种形式的社会服务;等等。1989年,国家

教委在有关文件中强调:"高等教育体制改革的核心,是建立与社会主义现代化建设,特别是与有计划的商品经济相适应的运行机制。"据此,我国高等教育进入了积极探索改革的阶段,在加强宏观管理、扩大办学自主权、改革招生和毕业生分配等许多方面迈出了步子。应该说,这种改革比以前的改革要深化了许多。

1988年9月,邓小平提出了划时代的"科学技术是第一生产力"的论断,揭示了实施科教兴国的必然性。他急迫地呼吁:"我们要千方百计,在别的方面忍耐一些,甚至于牺牲一点速度,把教育问题解决好。"[1]邓小平的这一思想深刻地影响了当代中国教育的走向,各级政府在决策和规划中,无不把教育发展放在一个非常显著的位置。

当中国的整体改革发展到一定程度时,邓小平再一次以政治家、战略家的气魄将中国改革开放的进程推进到一个新的发展阶段。1992年春,邓小平发表的南方谈话,明确回答了困扰和束缚人们思想的许多重大理论和认识问题,把握和确定了教育改革的方向和动向,从而使我国新时期的教育改革又登上了一个新的台阶。他指出:"改革开放以来,我们立的章程并不少,而且是全方位的。经济、政治、科技、教育、文化、军事、外交等各方面都有明确的方针和政策,而且有准确的表述语言。"他说:"经济发展得快一点,必须依靠科技和教育。"[2]他号召全党要通力合作,为加快发展我国科技和教育事业多做实事。

---

[1] 中共中央文献编辑委员会编:《邓小平文选》第3卷,人民出版社,1993年,第275页。

[2] 同上书,第371页。

根据南方谈话精神，1992年10月，江泽民在党的第十四大上指出："科学技术是第一生产力。振兴经济首先要振兴科技。只有坚定地推进科技进步，才能在激烈的竞争中取得主动。""科学技术进步，经济繁荣和社会发展，从根本上说取决于提高劳动者素质，培养大批人才。我们必须把教育摆在优先发展的战略地位，努力提高全民族的思想道德和科学文化水平。这是实现我国现代化的根本大计。"[1] 这预示着中国教育改革进入一个新阶段。

五、从十四大到十五大再到"三个代表"重要思想的提出，是邓小平理论进一步发展的阶段；中国教育改革进入深化和完善阶段

邓小平南方谈话和党的十四大，确立了我国经济体制改革的目标是建立社会主义市场经济体制。这样，20世纪80年代末教育改革建立"与有计划的商品经济相适应的运行机制"的目标，自1992年后就变为建立"与社会主义市场经济体制相适应的运行机制"。教育改革进入深化和完善阶段，此前十几年的教育改革主要是打破与计划经济不相适应的传统的教育模式，是"拆旧房子"；在这一阶段，随着经济改革的重心转向建立与社会主义市场经济相适应、面向21世纪的教育体制，教育改革的目标是"建新大厦"。

为了构建21世纪中国教育体制新的大厦，党和政府采取了

---

[1] 中共中央文献研究室编：《十四大以来重要文献选编》（上），人民出版社，1996年，第25页。

许多重大举措。1992年11月，全国第四次高等教育工作会议召开。特殊的历史背景赋予了这次高等教育工作会议特殊的使命和意义。1993年年初，党中央、国务院颁发了《中国教育改革和发展纲要》，这一纲要以邓小平建设有中国特色的社会主义理论为指导，提出了新时期乃至21世纪教育改革与发展的奋斗目标。1993年10月，《中华人民共和国教师法》颁布实施；1994年，中共中央、国务院召开全国教育工作会议，进一步落实教育优先发展的战略；1995年，在全国科学技术大会上，江泽民代表党中央正式提出科教兴国的战略，同年3月通过了《中华人民共和国教育法》这一重要的教育基本法律；1997年，党的第十五大重申要加快实施科教兴国战略和可持续发展战略。1998年，九届全国人大一次会议刚闭幕，新任国务院总理朱镕基就向中外记者宣布：科教兴国是本届政府的最大任务。1999年1月，《中华人民共和国高等教育法》正式实施，同时，国务院转发《面向二十一世纪教育振兴行动计划》；6月，《中共中央国务院关于深化教育改革全面推进素质教育的决定》发表。总之，1992年以来几乎每一年都有一项重大的教育政策出台，教育的改革和发展被提到了前所未有的高度。这一系列文件，完整、科学地勾画出了我国教育改革进一步深化和发展的宏伟蓝图。这一蓝图的绘制，呈现出一年上一个新台阶的跨越式发展，与邓小平理论的指导是分不开的。

党的十四大确立了邓小平建设有中国特色社会主义理论的指导地位后，江泽民在众多场合多次强调坚持和发展这一理论的重大意义。1997年2月，邓小平逝世，江泽民在悼词中提出十个"我们一定要"，充分显示了党中央高举邓小平理论旗帜不动摇的决心和意志。1997年，在党的十五大上，江泽民又指出：旗帜问题至关重要。十五大不仅明确提出了"邓小平理论"的概念，而且在党章中将其确定为党的指导思想，指出我们要高举邓小平理论伟大旗帜，把建设有中国特色社会主义事业全面推向21世纪。1998年2月，在纪念邓小平逝世一周年大会上，江泽民指出，邓小平逝世一年来，沿着他开辟的建设有中国特色社会主义道路，我们"在经济、政治、科技、教育、文化、军事、外交等方面取得了一系列新成就"。这就充分肯定了邓小平理论对我国各项工作的指导作用。

但是，坚持以邓小平理论为指导，并不是说按邓小平说的去干就行了。实践是不断发展的，理论也要与时俱进、不断创新。面对21世纪，基于对国内外形势、党肩负的历史任务、党自身建设实际的清醒认识和准确把握，2000年2月，江泽民首次提出"三个代表"的重要思想；也是在2月，江泽民发表《关于教育问题的谈话》，提出"教育是一个系统工程"，"正确引导和帮助青少年学生健康成长，使他们能够德、智、体、美全面发展，是一个关系我国教育发展方向的重大问题"。这充分体现了党的指导思想和以指导思想为指针进行的教育改革所具有的与时俱进的品质。进入21世纪，随着"三个代表"重要思想的提出，全党全社会更加深刻地认识到教育在发展先进生产力和先进文化、满足人民教育需求等方面的重要使命，中国的教育改革和发展进入一个崭新的阶段。

六、结语

伟大的实践需要伟大理论的指导，中国教育改革汹涌澎湃的大潮仍在继续向前，未有穷期。回顾这一改革大潮的每一次转折与嬗变，都与邓小平理论的指导分不开。邓小平理论每前进一步，都对中国教育改革产生了深远影响。从1978年《在全国科学大会开幕式上的讲话》、1985年《中共中央关于教育体制改革的决定》到1993年《中国教育改革和发展纲要》，甚至到1999年《面向二十一世纪教育振兴行动计划》和《中共中央国务院关于深化教育改革全面推进素质教育的决定》，都体现出邓小平理论对教育改革的决策与规划所起的极其重要的指导作用。在21世纪，必须进一步以邓小平理论和"三个代表"重要思想为指导，才能保证中国教育改革发展的正确方向。

关于维护中央权威的思想

党的十八大报告指出:"要坚决维护中央权威,在思想上政治上行动上同党中央保持高度一致。"党的十八届三中全会通过的《中共中央关于全面深化改革若干重大问题的决定》强调:"坚决维护中央权威,保证政令畅通。"对于维护中央权威,邓小平有一系列重要论述,它系统回答了为什么要维护中央权威、如何维护中央权威等重大问题,是中国特色社会主义理论体系的有机组成部分。在为全面建成小康社会、实现中华民族伟大复兴的中国梦而奋斗的新的历史条件下,重温邓小平关于维护中央权威的思想,对于坚持和发展中国特色社会主义仍然具有重要的现实指导意义。

一、维护中央权威,是党和国家形势发展的必然要求

恩格斯在《论权威》一文中指出:党需要有权威,否则就不可能有任何的一致。邓小平关于维护中央权威的思想,与马列主义的观点一脉相承,反映了国家经济社会发展和党的建设的必然要求。

第一,从经济发展的形势来看,加强宏观调控,需要加强和维护中央权威。在改革开放之初,邓小平就强调指出,要有统一领导,要有权威。没有党的统一领导,就没有效率。不统一,一

事无成。[1]当时，为解决计划经济体制下中央统得过多、过死的问题，党和国家曾有下放权力的做法，但在这一过程中也出现了权力下放过度，以致中央调控能力受到制约的问题。对此，邓小平指出："中央如果不掌握一定数额的资金，好多应该办的地方无力办的大事情，就办不了，一些关键性的只能由中央投资的项目会受到影响。""中央必须保证某些集中"。[2]邓小平的担忧不无道理。20世纪80年代后期，受诸多因素影响，中央财力呈现弱化趋势，在很大程度上削弱了中央的宏观调控能力，干扰了深化改革的总体部署。针对这种状况，邓小平强调："我们讲中央权威，宏观控制，深化综合改革"，"宏观管理要体现在中央说话能够算数。"而且明确要求"中央定了措施，各地各部门就要坚决执行，不但要迅速，而且要很有力，否则就治理不下来"。他指出："我们要定一个方针，就是要在中央统一领导下深化改革。"[3]

1992年，党的十四大确立了我国建立社会主义市场经济体制的目标。要确保社会主义市场经济运行良好，就需要把市场机制与国家的宏观调控有机结合起来。此前，邓小平就指出："过去我们是穷管，现在不同了，是走向小康社会的宏观管理。""现在中央说话，中央行使权力，是在大的问题上，在方向问题上。"[4]维护中央权威不是事事都要中央亲自过问。中央权威是一种政治

---

[1] 中共中央文献研究室编：《邓小平年谱：1975—1997》上，中央文献出版社，2004年，第499页。

[2] 中共中央文献编辑委员会编：《邓小平文选》第2卷，人民出版社，1994年，第200—201页。

[3] 中共中央文献编辑委员会编：《邓小平文选》第3卷，人民出版社，1993年，第278页。

[4] 同上书，第278页。

权威，政治权威是建立在经济权威基础之上的，没有经济上的主动权和宏观调控权，任何政治权威都难以树立起来。政治上的权威性，反过来又是保证中央对经济进行宏观调控的权威性、有效性的有力保障。改革开放以来我国几次面临经济失调的困境，然而通过党中央、国务院积极有效的宏观调控，最终都化险为夷。

当前在全面深化改革的新形势下，更需要维护中央权威。为此，党的十八届三中全会指出："全党同志要把思想和行动统一到中央关于全面深化改革重大决策部署上来，正确处理中央和地方、全局和局部、当前和长远的关系，正确对待利益格局调整，充分发扬党内民主，坚决维护中央权威，保证政令畅通，坚定不移实现中央改革决策部署。"这一规定，既反映了经济形势发展的客观要求，又维护了中央宏观调控的权威性。

第二，从社会发展的形势来看，全面建成小康社会，加快推进社会主义现代化，实现中华民族伟大复兴的中国梦，必然要求加强和维护中央权威。党的十八大提出的全面建成小康社会、加快推进社会主义现代化的"两个一百年"奋斗目标，是与邓小平的"三步走"发展战略密切联系在一起的。统而率之的，是坚持中国共产党的领导，有中央的权威做指引。这是社会主义中国所具有的特色和优越性。邓小平指出："社会主义国家有个最大的优越性，就是干一件事情，一下决心，一做出决议，就立即执行，不受牵扯。"[1]

中国共产党肩负着全面建成小康社会，加快推进社会主义现

---

[1] 中共中央文献编辑委员会编：《邓小平文选》第3卷，人民出版社，1993年，第240页。

代化，实现中华民族伟大复兴的中国梦的崇高使命。在当今世界、当代中国发生广泛而深刻的变化的情况下，如果没有中央权威统率，各行其是，改革开放和现代化建设的大业将难以继续推进。因此，邓小平强调："中央要有权威。改革要成功，就必须有领导有秩序地进行。没有这一条，就是乱哄哄，各行其是，怎么行呢？"[1]正是有了中央权威，统筹兼顾，西部大开发、振兴东北老工业基地、设立上海自贸区、推进城镇化等重大发展战略和三峡大坝、南水北调、西气东输、载人航天等重要工程建设才得以实施；正是有了中央权威，运筹帷幄，"非典"、四川汶川和雅安地震、青海玉树地震、甘肃舟曲特大泥石流等重大突发事件的应急处理和利比亚撤侨、湄公河联合执法、维护钓鱼岛和南海主权、打击"三股势力"等维护国家核心利益的举措能够取得胜利；正是有了中央权威，高瞻远瞩，全面建成小康社会，加快推进社会主义现代化，实现中华民族伟大复兴的中国梦的崇高目标才能够让人可信可亲，社会主义制度的优越性才能够更好地体现出来。邓小平指出："社会主义同资本主义比较，它的优越性就在于能做到全国一盘棋，集中力量，保证重点。"[2]这一论断至今仍有其重要的现实借鉴意义，也使我们更加清醒地认识到党的十八大和十八届三中全会重申"中央权威"的主旨所在。

第三，从党的建设来看，巩固党在中国特色社会主义事业中的领导核心作用，必须维护中央权威。中国共产党是一个有

---

[1] 中共中央文献编辑委员会编：《邓小平文选》第3卷，人民出版社，1993年，第277页。
[2] 同上书，第16—17页。

着9000多万党员的执政大党，领导的是一个拥有14亿人口的世界上最大的发展中国家，从事的是前无古人的改革发展事业。如果没有坚强的团结和铁的纪律，没有统一的意志，没有必要的权威和服从，就没有战斗力和凝聚力。早在1965年邓小平就指出："一个党不集中不行，如果没有中央的和各级党委的集中领导，这个党就没有战斗力。"[1]改革开放之初，邓小平再次指出："人人自行其是，不在行动上执行中央的方针、政策和决定，党就要涣散，就不可能统一，不可能有战斗力。"他说："只有全党严格服从中央，党才能够领导全体党员和全国人民为实现现代化的伟大任务而战斗。……这是党的最高利益所在，也是全国人民的最高利益所在。"[2]1989年9月，邓小平在同江泽民等领导同志谈话时说："我们是一个大国，只要我们的领导很稳定又很坚定，那末谁也拿中国没有办法。"他明确指出："党中央的权威必须加强。""中央的话不听，国务院的话不听，这不行。特别是有困难的时候，没有中央、国务院这个权威，不可能解决问题。有了这个权威，困难时也能做大事。"[3]改革开放40年的实践已经充分证明：办好中国的事情，关键在党。

在当前错综复杂的环境中，要保持中国社会主义旗帜不倒，坚持中国特色社会主义的道路自信、理论自信和制度自信，作为

---

[1] 中共中央文献编辑委员会编：《邓小平文选》第1卷，人民出版社，1994年，第347页。

[2] 中共中央文献编辑委员会编：《邓小平文选》第2卷，人民出版社，1994年，第271—272页。

[3] 中共中央文献编辑委员会编：《邓小平文选》第3卷，人民出版社，1994年，第318—319页。

领导核心的中国共产党必须经受得住执政考验。鉴于苏共亡党亡国的前车之鉴,邓小平也一针见血地指出:"中国要出问题,还是出在共产党内部。""关键是我们共产党内部要搞好,不出事,就可以放心睡大觉。"[1]共产党内部要搞好,一个重要的关键是拥护中央权威。只有坚决维护中央权威,才能坚持党的领导核心作用,保证改革开放伟大事业的胜利推进,这也是党的十八大提出的必须要牢牢把握的一个基本要求。

二、维护中央权威的实践途径

形势的发展对维护中央权威提出了新的要求,维护中央权威,靠的是科学理论、群众支持和制度完善。

第一,必须高举中国特色社会主义伟大旗帜,以马克思主义中国化的最新理论成果为指导,这是统一全党全国各族人民意志、维护中央权威的思想保证。对中央权威的服从首先表现在对科学理论的服从。改革开放以来,中国共产党既坚持马克思主义基本原理又根据当代中国实践和时代发展不断推进马克思主义中国化,形成和发展了包括邓小平理论、"三个代表"重要思想以及科学发展观等重大战略思想在内的中国特色社会主义理论体系。这一理论体系是马克思主义中国化的最新成果,是党最可宝贵的政治和精神财富,是全国各族人民团结奋斗的共同思想基础,是坚持和发展中国特色社会主义的行动指南。这一科学理

---

[1] 中共中央文献编辑委员会编:《邓小平文选》第3卷,人民出版社,1993年,第380—381页。

论体系是权威的。邓小平曾指出:"治理国家,这是一个大道理,要管许多小道理。那些小道理或许有道理,但是没有这个大道理就不行。"[1]正是有了科学理论指导下确立的道路自信、理论自信和制度自信,我们党"治理国家"才能"治大国如烹小鲜"。当前,"治理国家"这个大道理,就是习近平总书记指出的"坚持和发展中国特色社会主义是一篇大文章","我们这一代共产党人的任务,就是继续把这篇大文章写下去";同时也是党的十八届三中全会提出的"全面深化改革"的总目标——"完善和发展中国特色社会主义制度,推进国家治理体系和治理能力现代化"。因此,全面深化改革,必须始终用中国特色社会主义理论体系武装全党、教育人民,不断提高全党的马克思主义理论水平,使中国特色社会主义理论体系更加深入人心、更好地发挥行动指南作用,凝聚共识,统筹谋划,协同推进,从而在思想上、组织上和行动上坚决同党中央保持高度一致,自觉实现维护中央权威的要求。

与此同时,中国共产党作为追求和服从科学真理和理论的党,党的基本理论、基本路线、基本纲领和基本经验都体现了其揭示事物本质、认识事物发展客观规律的特征,都以服从真理为最高标准。中央的权威就是通过其基本理论、基本路线、基本纲领和基本经验的真理性而得到维护。对于党的十一届三中全会以来形成的"一个中心,两个基本点"的正确路线,邓小平强调要扭住不放,抓住有利时机,集中精力把经济建设搞上去。邓小平明确指出:"改革开放政策不变,几十年不变,一直要讲到

---

[1] 中共中央文献编辑委员会编:《邓小平文选》第3卷,人民出版社,1993年,第124页。

底。""要继续贯彻执行十一届三中全会以来的路线、方针、政策，连语言都不变。十三大政治报告是经过党的代表大会通过的，一个字都不能动。"[1]为什么"不变""不能动"？作为改革开放总设计师的邓小平深知，这是经过实践检验得到的科学真理，是事关中央权威的大问题，必须坚持不动摇。大国政贵有恒，不能朝令夕改，不能折腾。2013年10月，习近平总书记指出，中国是一个大国，决不能在根本性问题上出现颠覆性错误，一旦出现就无法挽回、无法弥补。我们的立场是胆子要大、步子要稳。这与邓小平的主张是一脉相承的。

第二，以人为本，密切联系群众，这是维护中央权威的基础。人民是历史的创造者。密切联系群众，是中国共产党性质和宗旨的体现，是中国共产党区别于其他政党的显著标志，也是党发展壮大的重要原因。能否保持党同人民群众的血肉联系，决定着党的事业的成败。在"文革"结束后的1977年，邓小平就指出，我们一定要恢复和发扬毛主席为我们党树立的群众路线的优良传统和作风，真正相信和依靠群众，细心倾听群众呼声，关心群众疾苦，一刻也不脱离群众。这是一个共产党员的起码标准。[2]30多年后，习近平总书记再次强调指出，我们党来自人民、植根人民、服务人民，党的根基在人民、血脉在人民、力量在人民。失去了人民的拥护和支持，党的事业和工作就无从谈起。人民对美好生活的向往，就是我们的奋斗目标。为此，要始终把实现好、维护好、

---

[1]中共中央文献编辑委员会编：《邓小平文选》第3卷，人民出版社，1993年，第296页。

[2]中共中央文献研究室编：《邓小平年谱：1975—1997》上，中央文献出版社，2004年，第182页。

发展好最广泛人民的根本利益作为党和国家一切工作的出发点和落脚点，尊重人民主体地位，发挥人民首创精神，保障人民各项权益，走共同富裕道路，促进人的全面发展，做到发展为了人民、发展依靠人民、发展成果由人民共享。唯有如此，党的领导才能得到人民群众的依赖和支持，中央的权威自然就会树立起来。

按照党的十八大部署，围绕保持党的先进性和纯洁性，在全党深入开展的以为民务实清廉为主要内容的党的群众路线教育实践活动，扎实推进，效果显著。这次教育实践活动以县处级以上领导机关、领导班子、领导干部为重点，集中解决形式主义、官僚主义、享乐主义和奢靡之风等"四风"问题，中央决定由中央政治局先行开展活动，起示范带动作用。这与邓小平的要求也是一致的。邓小平指出，"领导干部，特别是高级干部以身作则非常重要"，"高级干部能不能以身作则，影响是很大的"，"群众的眼睛都在盯着他们"[1]，领导干部起模范带头作用"是整党不走过场的一个重要标志"[2]。先禁己身而后人。中央领导同志带头，上级带下级，一级抓一级，一级做给一级看，一级带着一级干，以实实在在的行动与成果，密切党群干群关系，取得群众满意的成效，赢得群众的信任与支持，夯实维护中央权威的群众基础。

第三，必须加强党的建设，坚持和健全民主集中制，这是坚定不移地维护中央权威的组织保证。民主集中制是党和国家的根本政治制度和组织原则，是维护和加强中央权威的重要制度。民

---

[1] 中共中央文献编辑委员会编：《邓小平文选》第2卷，人民出版社，1994年，第124—125页。

[2] 中共中央文献编辑委员会编：《邓小平文选》第3卷，人民出版社，1993年，第39页。

主和集中的关系，说到底是各种利益的相互关系在政治上和法律上的表现。邓小平精辟地指出："在社会主义制度之下，个人利益要服从集体利益，局部利益要服从整体利益，暂时利益服从长远利益，或者叫做小局服从大局，小道理服从大道理。我们提倡和实行这些原则，决不是说可以不注意个人利益，不注意局部利益，不注意暂时利益，而是因为在社会主义制度之下，归根到底，个人利益和集体利益是统一的，局部利益和整体利益是统一的，暂时利益与长远利益是统一的。我们必须按照统筹兼顾的原则来调节各种利益的相互关系。如果相反，违反集体利益而追求个人利益，违反整体利益而追求局部利益，违反长远利益而追求暂时利益，那末，结果势必两头都受损失。"[1]民主的广泛性保证了党的基本理论、基本纲领、基本路线和基本经验的科学性，民主基础上的集中性又保证了组织制度的权威性，从而维护了中央权威。邓小平强调："不能搞'你有政策我有对策'，不能搞违背中央政策的'对策'。"[2]2013年3月，习近平总书记在中央政治局会议上也强调指出，中央政治局的同志要带头自觉维护中央权威，在思想上政治上行动上同党中央保持高度一致，自觉接受党的纪律约束，认真贯彻执行中央政治局做出的决定、决策，坚持重大问题按规定请示报告。概言之，民主集中制是维护中央权威的重要组织制度保证，进一步坚持和健全以民主集中制为中心的一系列制度是维护中央权威的重要保证。

---

[1] 中共中央文献编辑委员会编：《邓小平文选》第2卷，人民出版社，1994年，第175—176页。

[2] 中共中央文献编辑委员会编：《邓小平文选》第3卷，人民出版社，1993年，第277页。

三、维护中央权威，需要处理好三大关系

根据邓小平的论述，维护中央权威，还需注意处理好以下三大关系。

第一，维护中央权威，也要注意发挥地方积极性。邓小平说："我国有那么多省、市、自治区，一个中等的省相当于欧洲一个大国，有必要在统一认识、统一政策、统一计划、统一指挥、统一行动之下，在经济计划和财政、外贸等方面给予更多的自主权。"[1]对于财政税收，党的十八届三中全会指出："财政是国家治理的基础和重要支柱，科学的财税体制是优化资源配置、维护市场统一、促进社会公平、实现国家长治久安的制度保障"，必须"发挥中央和地方两个积极性"[2]。邓小平指出："现在中央说话，中央行使权力，是在大的问题上，在方向问题上。"[3]维护中央权威和发挥地方积极性的目的都是促进经济社会发展，实现国家富强和人民幸福，对于中央的路线方针政策，应坚决贯彻执行，必须要和当地实际结合起来，不能搞"一刀切"。但也切记一切从实际出发不是一切从本位或地方利益出发，那种从地方、部门或小团体利益出发，对中央指示采取实用主义的态度，甚至变相不执行的做法，对党和人民事业都是极为有害的。另外，对

---

[1]中共中央文献编辑委员会编：《邓小平文选》第2卷，人民出版社，1994年，第145—146页。

[2]《中共中央关于全面深化改革若干重大问题的决定》，人民出版社，2013年，第19页。

[3]中共中央文献编辑委员会编：《邓小平文选》第3卷，人民出版社，1993年，第278页。

于中央的路线、方针、政策，也不能简单地照抄照转，必须解放思想，实事求是，与时俱进，开拓创新；地方各级党组织和政府不仅应该而且必须发挥各自的主观能动性，积极探索创造性工作，但采取重大措施必须向中央上报请示，避免各行其是、政出多门，维护中央权威。

第二，维护中央权威，要防止"上有政策，下有对策"。"上有政策，下有对策"，就走到了发挥地方积极性的反面，违反了党的统一纪律。中国共产党是一个纪律严明的党。党组织必须严格执行和维护党的纪律，共产党员必须自觉接受党的纪律的约束。改革开放初期，邓小平就指出："一个党如果允许它的党员完全按个人意愿自由发表言论，自由行动，这个党当然不可能有统一的意志，不可能有战斗力，党的任务就不可能顺利实现。所以，要坚持和改善党的领导，必须严格地维护党的纪律，极大地加强纪律性。"他指出，个人必须服从组织，少数必须服从多数，下级必须服从上级，全党必须服从中央。"必须严格执行这几条，否则，形成不了一个战斗的集体，也就没有资格当先锋队。""四个服从"是对共产党员尤其是领导干部的一条极为重要的要求。邓小平指出："'四个服从'中，最重要的就是全党服从中央……任何人如果严重破坏这一条，各级党组织和各级纪律检查委员会就必须对他严格执行纪律处分，因为这是党的最高利益所在，也是全国人民的最高利益所在。"[1]对于那些在改革开放中搞"上有政策，下有对策"的人，邓小平主张严肃处理，以保障改革开放

---

[1] 中共中央文献编辑委员会编：《邓小平文选》第2卷，人民出版社，1994年，第271—272页。

顺利进行。他说:"对于不听中央、国务院的话,处理要坚决,可以先打招呼,不行就调人换头头。"[1]党的十八大报告也指出:保证中央政令畅通,决不允许"上有政策,下有对策",决不允许有令不行、有禁不止。对违反纪律的行为必须认真处理,切实做到纪律面前人人平等、遵守纪律没有特权、执行纪律没有例外。

第三,维护中央权威,就是要维护中央领导集体中核心的权威。对于这一点,作为党的第二代中央领导集体核心的邓小平认识尤为明确,他指出:"国家的命运、党的命运、人民的命运需要有这样一个领导集体。"而这个中央领导集体要有个核心。"任何一个领导集体都要有一个核心,没有核心的领导是靠不住的。"邓小平指出,"第一代领导集体的核心是毛主席。因为有毛主席作领导核心,'文化大革命'就没有把共产党打倒。第二代实际上我是核心。因为有这个核心","党的领导始终是稳定的"。[2]党和人民的事业也因此薪火相传、蓬勃发展。正如习近平总书记在纪念毛泽东同志诞辰120周年座谈会上的讲话中指出的那样:"党的十八大以来,我们所做的一切工作,就是要团结带领全党全国各族人民坚持党的十一届三中全会以来的理论和路线方针政策,把以毛泽东同志为核心的党的第一代中央领导集体、以邓小平同志为核心的党的第二代中央领导集体、以江泽民同志为核心的党的第三代中央领导集体、以胡锦涛同志为总书记的党中央开创和发展的伟大事业坚持好、发展好。"面对新形势新任务,全

---

[1] 中共中央文献编辑委员会编:《邓小平文选》第3卷,人民出版社,1993年,第319页。
[2] 同上书,第310页。

面建成小康社会，进而建成富强民主文明和谐的社会主义现代化国家，实现中华民族伟大复兴的中国梦，需要我们在思想上、政治上、行动上始终与党中央保持一致，坚定不移地维护以习近平同志为核心的党中央的权威，这是党的事业发展要求，也是时代的要求、人民的要求。

陈
云

论陈云党的基层组织建设思想

党的基层组织是党的全部工作和战斗力的基础。党的基层组织自身建设和战斗力发挥情况的好坏，直接关系到党的执政能力的高低和执政基础的强弱。在党的第一、二代中央领导人中，都有从宏观上论述党的建设的，但具体到如何搞好党的基层组织建设，在抗日战争时期担任中共中央组织部部长的陈云，在这方面的言论之多、论述之细、认识之深刻，无与伦比。陈云关于党的基层组织建设的思想，时至今日仍闪耀着真理的光辉，值得我们认真总结学习。

一、陈云党的基层组织建设思想的主要内容

（一）党支部是党团结群众的核心，是党在群众中的堡垒

地方基层的工作千头万绪，党的基层组织——党支部是将这些琐碎工作纳入自己领导之下的当然的组织者。陈云指出："我们党领导的政权下的地方支部，应该是乡村政权机关的领导者，地方武装（如自卫军）的领导者，民众团体的领导者。党、政、军、民、学的工作都是支部所必须管理的工作。"[1]只有真正担负起领

---

[1]《陈云文选》第1卷，人民出版社，1995年，第152页。

导这些工作的重任，才能使基层党组织成为群众的核心，将他们团结在自己周围。陈云提出了"党的支部应该成为领导群众斗争的核心"[1]"党支部要真正成为乡村一切组织的核心，成为完成一切任务的领导力量"[2]的目标和要求，并指出："我们要向着这样一个目标：支部掌握乡村的全局，即掌握全乡或全村的党、政、军、民、学的工作。做到了这一点，支部才算得是群众的核心，党在群众中的堡垒。"[3]

要使基层党组织成为群众的核心，发挥党支部的战斗堡垒作用，必须加强支部领导班子的建设。陈云明确指出："做好行政村的工作的关键在党支部。要建立一个纯洁的、健全的、得力的党支部。""有了这样的党支部，就可以领导党员深入到群众中去，了解情况，解决问题；就可以领导各个群众组织有秩序地进行各项工作，开展扎扎实实的群众运动；就可以向各种坏分子及不良倾向作斗争，领导群众更好地完成党和政府的各项任务。"[4]

支部领导班子建设的第一步是健全机构，落实责任，选出一个好的带头人。这对于支部完成党交付的任务有重要作用。陈云指出："支部领导班子的健全与否，对于党的任务的完成有绝对作用。因此，支部的党员必须慎重的选择自己的领导机关的人员。"首先，"要支部书记和支部委员（或支部干事）必须是政治坚定、忠实执行党的政策，有工作能力并为大家所信仰的党员"。

---

[1]《陈云文选》第1卷，人民出版社，1995年，第34页。
[2] 同上书，第175页。
[3] 同上书，第159页。
[4] 同上书，第175页。

同时，还要特别警惕投机分子混入党的支部领导机关。其次，必须具备健全的支部委员会。"支部委员会（或干事会）人数的多少，按党员的数量和工作的范围、工作的需要来决定。"在一般情况下，支部委员会应设书记及组织、宣传、军事和群工等委员，党员数不满5个的支部，只设书记或加一个副书记。基层党组织建设只有做到这一步，才能使"支部不但要在组织形式上具有核心的堡垒的姿式，而且要在实质上真正能起核心的堡垒的作用"[1]。

（二）党支部是党的力量增长的主要源泉

如果把我们党比作一棵大树的话，作为基层组织的党支部就如同大树的根须。根深才能叶茂。基层党组织只有不断吸收新成员入党，我们党的基础才牢靠、力量才强大、生命力才旺盛。党员来自群众，"正是因为支部是党团结群众的核心，党就依靠支部去征收新的党员、扩大党的力量"[2]，"比如党中央向特委、县委、区委发出一个要大发展党员的指示，直接做工作的还是乡支部"[3]。正是从这一点出发，陈云指出，党的支部"是党的力量增长的主要源泉"[4]。

党支部是党的力量增长的主要源泉，是因为"支部是征收党员的机关"[5]。党的组织力量的不断扩大，是党的事业发展的重要保证。发展新党员是支部的经常性的重要工作，支委会应当经常

---

[1]《陈云文选》第1卷，人民出版社，1995年，第147页。
[2] 同上书，第145页。
[3] 同上书，第174页。
[4] 同上书，第145页。
[5] 同上书，第149页。

研究、讨论如何发展新党员,同时检查、督促党员依据党章认真做好这一工作。那么怎样发展党员呢?陈云指出:"支部征收党员必须严格遵守个别征收的原则,防止和纠正只要报名、不经审查即吸收入党的办法,防止和纠正'小集团'整批入党而不作个别审查的办法。即使在群众斗争中有一批积极分子具备入党的条件,在吸收他们入党时,也必须逐个进行审查、通过、批准。"[1]只有通过党支部对申请入党分子的培养、教育、考察等把关工作,才能把群众中符合党员标准的优秀分子及时吸收到党的队伍中。此外,只有通过党支部,才能及时清除投机分子、蜕化变质分子等不合格的党员,保持党员队伍的纯洁性。

党支部是党的力量增长的主要源泉,与党支部建在何处是有很大关系的。如果党支部的建立局限在某一行业领域,就不能充分地联系群众和从群众中吸收先进分子,也就起不到增长党的力量的作用。陈云指出:"按单位组织支部,即在工厂、矿山、铁路、轮船、农场、农村、兵营、商店、学校、机关等生产场所和工作单位中,组织党的支部。"[2]提出这一原则,目的在于充分发挥党在工业、农业和军事第一线的战斗堡垒作用。具体来说,在工厂建立党支部,是为了"建立工厂中的党的堡垒";在农村中建立党支部,是为了"利于领导乡村政权机关";在军队的连队里建立党支部,是为了"在军队中建立、巩固和加强党的堡垒";在白区和敌占区建立支部还必须坚持"短小精干"的原则,使支部活动方便,容易隐蔽,便于保存党的有生力量。

---

[1]《陈云文选》第1卷,人民出版社,1995年,第151页。
[2]同上书,第145—146页。

(三)支部在周围群众中间工作的好坏是测量支部工作好坏的尺度

人民满意不满意、高兴不高兴、答应不答应是我们评判工作好坏的一个尺度,也是测量基层党支部工作好坏的重要尺度。陈云指出:"群众工作的好坏,是测量党组织的巩固程度的标准之一。"[1]他指出:"一切脱离群众的党部,都是最不巩固的党部。所以,只有党与群众密切联系着,只有党的支部真正成为群众核心的时候,那个党才是一个巩固的党,那个支部才是党在群众中的堡垒。"[2]

那么,怎样使党的基层组织成为群众的核心和堡垒呢?陈云指出:"支部的责任,不仅应该接受上级所给的任务,按照当地环境适当地完成,而且要经常了解群众的情绪,群众的呼声,帮助群众解决困难。群众的日常问题愈解决得好,支部及党员在群众中愈受拥护,则一切动员工作也就愈能顺利完成。"[3]陈云批评了组织工作中存在不良现象:"许多地方党组织很少问问下层和支部中的情况,很少引导支部去注意群众的呼声,很少把'经常解决群众的日常问题'作为指导支部工作的中心之一。一般是把工作布置下去,按级向下要这要那,而不大关心下级和群众的日常要求。"陈云指出,"要使群众工作活跃,不在于团体多,会议多","少去召开那些开不成的会,多用些时间到民众夜校或类似这样的组织中去接近民众"[4]。陈云认为:"如果改变了这种工

---

[1]《陈云文选》第1卷,人民出版社,1995年,第156页。
[2]同上书,第165页。
[3]同上书,第158页。
[4]同上书,第159页。

作方式,则群众工作的活跃,支部的巩固,党的干部在群众运动中的锻炼,都会得到更大的的成绩。"[1]陈云明确指出,要"把解决群众的切身问题列入地方党部的经常议事日程"[2]。陈云举例指出,晋察冀边区有一个好的支部,这个支部工作做得好,"基本原因,就是这个支部密切联系着群众,抓紧解决群众的切身问题,在十次会议中有六次讨论群众的切身问题"[3]。

在陈云的努力和指导下,抗战时期党的组织部门特别是基层组织部门在工作中贯彻群众路线,作风有了很大转变。1944年3月,毛泽东在中共中央政治局会议上的讲话中指出:"组织部门的工作过去有形式主义,在运用了群众路线后,有很大的进步。"[4]这表明,基层组织工作得到了人民群众的信赖和拥护,也得到了党中央的充分肯定。

(四)搞好基层组织建设,必须依靠群众拥护和支持

既然支部在周围群众中间工作的好坏是测量支部工作好坏的尺度,那么,要搞好基层组织建设,仅仅关注组织内部是不够的,还必须使组织工作获得群众的拥护和支持。缺少群众的支持,基层组织建设就失去了服务对象,失去了前进的动力,这样的基层党组织也是不巩固的。陈云指出:"把整理党的内部与加紧支部周围的群众工作联系起来,那末,不仅党的组织可以巩固,而且群众工作也会大大深入。两者相互配合的结果,会使整

---

[1]《陈云文选》第1卷,人民出版社,1995年,第158页。
[2]同上书,第167页。
[3]同上书,第168页。
[4]中共中央文献研究室编:《毛泽东文集》第3卷,人民出版社,1996年,第97页。

个工作向前推进。"[1]他强调:"没有一个脱离群众的党组织是巩固的。一切脱离群众的党部,都是最不巩固的党部。"[2]

获得群众的支持,需要有好的党风。陈云指出:"我们共产党员在政权机关中、民众团体中工作着,他们行为的好坏就立刻影响到人民对共产党的观感。"[3]因此,要注重加强全党及党的基层组织的作风建设,提高党员素质。陈云指出:"提高党员素质,是党的建设的一个根本问题。"[4]这主要包括:第一,"应当把共产主义思想的教育、四项基本原则的宣传,作为思想政治工作的中心内容。这种宣传教育不能有丝毫减弱,还要大大加强"[5]。第二,在党内尤其是新党员中加强纪律的教育,"使他们了解为什么要遵守纪律,怎样做才是遵守纪律,什么事是违犯纪律的等一类问题,是非常重要的"[6]。第三,要以学习来提高党员的文化知识水平。陈云多次以自己在延安时受毛泽东影响学哲学一事,强调共产党员学习的重要。

获得群众的支持,必须将要完成的任务向群众讲清楚,取得群众的认可;对于那些疑难的问题,更需要请教群众,听取他们的意见。陈云指出,支部动员和组织民众的工作,必须经过"民主的讨论,使民众了解党所提出的号召,是他们自己的事情,动员起来响应和完成这个号召"[7]。这充分体现了群众路线在党的基

---

[1]《陈云文选》第1卷,人民出版社,1995年,第157页。
[2]同上书,第165页。
[3]同上书,第128页。
[4]中共中央文献研究室编:《陈云年谱》下卷,中央文献出版社,2000年,第377页。
[5]《陈云文选》第3卷,人民出版社,1995年,第352页。
[6]《陈云文选》第1卷,人民出版社,1995年,第128页。
[7]同上书,第153页。

层组织工作中的运用。

（五）党的基层组织建设要按照党的政治路线来进行

基层组织工作十分繁杂，但贯穿其中的一条主线，就是党的政治路线和中心任务。基层组织工作要紧紧围绕这一主线来布置和开展。比如在抗日战争这一历史背景下，党的政治路线和中心任务是打倒日本帝国主义，争取民族战争的胜利。因此，毛泽东指出："大部分中国领土内党的组织工作和民众运动工作是直接联系于武装斗争的，没有也不能有单独的孤立的党的工作或民众运动。""党的组织工作和民众运动的工作也是配合战争的，只能也只应服从于前线的要求。""一切为了前线的胜利，组织任务须服从于政治任务。"[1]

陈云明确指出："组织工作要适合于政治路线的要求，保证政治路线的实行。""要克服'上级只谈政治路线，下级只谈具体工作'的缺点。"[2]他指出："支部，尤其是战区的支部，进行群众工作的中心一项，是在组织和领导群众参加抗战，动员他们参加正规军，组织游击队、自卫队，进行为战争服务的各项工作。同时，应该领导群众开展生产运动，进行经济建设，改善群众生活，并使优待抗日军人家属的条例得以实现。""支部应该在群众中作广泛的深入的宣传解释，积极参加抗战，驱逐日本帝国主义出中国，是每个中国人今天最高的利益。"[3]遵循着这样的政治路线，党的基层组织建设在抗日战争时期得到了长足发展，为完成

---

[1]《毛泽东选集》第2卷，人民出版社，1991年，第545、549页。
[2]《陈云文选》第1卷，人民出版社，1995年，第220页。
[3]同上书，第148—149页。

党的中心任务、促进党的力量的发展壮大起了重大作用。

二、陈云党的基层组织建设的历史和现实意义

陈云党的基层组织建设思想，在抗日战争时期，为完成党所肩负的历史使命，为党自身的发展壮大做出了贡献。1937年10月，面对如火如荼的抗战形势，毛泽东指出："普遍地建立共产党组织，注意公开工作与秘密工作的联系，到处应该有秘密党的组织。"[1]1937年12月，陈云出任中央组织部部长，他在8年的任期内，出色地完成了党中央提出的任务：在抗日战争时期，我们党员的数量由全面抗战初期的3万多人发展到抗战胜利时的120多万人，力量由弱变强，赢得了人民群众的支持，成为民族抗战的中流砥柱。中流砥柱作用的体现是与广大基层党组织战斗堡垒作用的发挥，党员队伍的迅速扩大、质量不断提高，紧密联系在一起的。这也与陈云党的基层组织建设思想紧密联系在一起。

陈云党的基层组织建设思想，在全党聚精会神搞建设、一心一意谋发展，全面建成小康社会的新形势下，仍然具有重要的现实意义：

1. 它有助于我们深刻认识基层党组织在党的执政能力建设中的重要基础地位和作用，进一步增强做好基层党建工作的责任感和使命感

党的基层组织是党在社会基层组织中的战斗堡垒，是党的全

---

[1]《毛泽东文集》第2卷，人民出版社，1993年，第57页。

部工作和战斗力的基础。这是对党的基层组织的地位和作用的高度概括，也是我们党在长期的斗争实践中的经验总结。陈云对党的基层组织的重要作用做了系统、全面的论述。他反复强调要注重党的基层组织建设，指出"支部是党的最下层的组织，也是党的最基本的组织"，"支部是党团结群众的核心组织"，"支部是党的基本组织，是党的力量增长的主要源泉"，"要在实质上真正能起核心的堡垒作用"，等等。这些重要论述，现在仍然有着重要的指导意义。我们必须站在全局和战略的高度，充分认识加强党的基层组织建设的重要性，切实增强做好基层党建工作的责任感和紧迫感，不断巩固和夯实党执政的组织基础、社会基础和群众基础。

2. 它有助于我们正确把握"组织路线服从服务于政治路线"的根本指针，更好地服从和服务于发展这个党执政兴国的第一要务

陈云明确提出了"组织建设要保证政治路线的实行"的组织建设的总原则。在这一思想支配下，他提出了"基层党组织要保证党的政治路线的执行和各项工作任务的完成"这一重要观点。这给我们以很大启示。具体到当前，发展是我们党执政兴国的第一要务。党的基层组织建设要紧紧围绕发展来进行，推动经济社会全面、协调、可持续发展，努力在促进发展中体现基层党组织的执政能力，在服务发展中体现基层党组织的工作水平。我们党在现阶段的基本路线是"一个中心，两个基本点"，党的基层组织建设要围绕经济建设这个中心来进行，要坚持四项基本原则和改革开放，按照"围绕中心、服务大局、拓宽领域、强化功能"的总要求，不断创新基层党建工作的组织设置、工作方式和活动内容，努力构建与社会主义市场经济体制相适应的组织制度体系。只有围绕大局抓党建，党的基层组织建设才能充满生机和活力，才有生命力、凝聚力和战斗力。

3. 它有助于我们坚持群众观点和群众路线，不断提高基层党组织和广大党员联系群众、服务群众、组织群众、团结群众的能力和水平

陈云党的基层组织建设思想中，蕴含着独具特色的群众观点。如：支部在周围群众中间工作的好坏是测量支部工作好坏的尺度；搞好基层组织建设，必须依靠群众拥护和支持等。学习领会陈云这些观点和思想，就要坚持以人民为中心，把"为群众服务、让群众满意"作为基层党建工作的根本出发点和落脚点，不断强化基层党组织的服务功能，提高基层党组织和党员为群众服务的能力，从而使党的各项政策更加符合最广大人民群众的实际利益，为最广大人民群众所接受和拥护。

从毛泽东的评价看陈云的思想方法和品格风范

1956年9月13日,在中共七届七中全会第三次会议上,陈云被提名为中共中央副主席。会上,毛泽东曾这样评价陈云:"我看他这个人是个好人,他比较公道、能干,比较稳当,他看问题有眼光。我过去还有些不了解他,进北京以后这几年,我跟他共事,我更加了解他了。不要看他和平得很,但他看问题尖锐,能抓住要点。"毛泽东是以政治家、战略家的眼光来评价陈云的,其中蕴含着毛泽东对陈云思想方法和品格风范的肯定与赞赏。

一、陈云"比较公道、能干"

陈云之所以被毛泽东称为"好人",在于他的"公道"和"能干"。"公道"与"能干"相辅相成、缺一不可。"能干"是基础,"公道"是保障,如此,作为党的领导者才能经受得住历史的检验。

陈云在党内素以"能干"著称。土地革命战争时期党的力量被大大削弱,到抗战初期只剩下3万名党员。面对如此严峻的形势,1937年12月,被任命为中央组织部部长的陈云以政治家的敏锐眼光发现,当时的首要任务是发展党员,壮大队伍,保证战斗力。在这种背景下,1937年12月25日,中共中央发出《关于恢复党籍及重新入党问题的第一次通知》，指出为了巩固党的组织，保障党的纪律，凡已被恢复党籍及重新入党之党员的党籍，或正在要求恢复党籍者，均需经中央党务委员会依据党的原则、党的章程重新审查和决定。1938年3月15日，在党中央领导下，陈云负责组织起草了《关于大量发展党员的决议》，同日，发出《关于征收党费的通知》，指出："经常交纳党费及物质上帮助党是布尔塞维克党员应绝对遵守的义务，也是构成布尔塞维克党员资格的条件之一。"1938年11月，中共扩大的六届六中全会通过了《关于各级党部工作规则与纪律的决定》，指出个人服从组织，少数服从多数，下级服从上级，全党服从中央，党的一切工作由中央集中领导，是党在组织上民主集中制的基本原则，各级党的委员会的委员必须无条件地执行，成为一切党员与干部的模范。会议还通过了《关于各级党委暂行组织机构的决定》，指出区委以上各级党的委员会之下，应设立组织部，管理组织发展、党员登记、干部考察、征调和分配及征收党费等。这一系列决议和规定，对于重建党的组织结构和原则起了重要作用。

1939年12月，陈云又组织起草了《关于吸收知识分子的决定》。经过大力发展之后，党的力量得到加强。在这种形势下，陈云又及时提出要巩固党，放慢发展速度，边巩固边发展，提出了"党员的质量重于数量"的论断，并采取诸多措施达到这一目标。无论是党的基层组织建设，还是党员队伍及组织制度建设，陈云都能立足实际，着眼于全局。他的"能干"，为党的力量壮大和健康发展做出了重要贡献。

新中国成立之初，陈云在稳定物价、统一财经的过程中更是显示出杰出才干。据薄一波回忆："记得有一次我向毛主席汇报工作时，说到陈云同志主持中财委工作很得力，凡看准了的事情总是很有勇气去干的。毛主席听后说，哦，过去我倒还没有看出来。我又重复讲了一遍。毛主席听了，没有说话，他顺手拿起笔来，在一块纸上写了一个'能'字。我问道，你写的这个'能'字，是否指诸葛亮在《前出师表》里叙述刘备夸奖向宠的用语：'将军向宠，性行淑均，晓畅军事，试用于昔日，先帝称之曰能。'毛主席点了点头。"[1]

陈云的"能干"是建立在"公道"基础之上的。1941年2月，中组部根据中央多数同志通过的决定，对中国女子大学的学生采用的调动办法是其中的一半归中组部随时调动到各项工作上去。王明给陈云写信，要求将这个比例降为25%。陈云表示不同意，他指出，我们党已经不完全是秘密党，而是领导着政权和军队的党，必须根据需要分配大量干部到各方面去工作。如果没有各方面工作的配合，全盘工作是做不好的。"因此，我们彼此仍以服从中央书记处多数同志通过的决定为好。"他还告诉王明："据我所知，中央并无各校女同志归妇委分配的决定。如果中央有此决定，我个人当然绝对遵守党纪，个人服从组织，少数服从多数。"他进一步指出："女大是党的学校，全部学生都应在中央总的意图之下，由中组部分配工作。但估计到女大等各个专门性的学校有某些特殊的意义，因此留了一半学生将来做妇运工作。我认为这已充分估计了妇女工作的特殊性。"最后陈云说："我向你声明，妇女工作是全党工作的一部分，我是党的工作者，我的责任和我

---

[1] 薄一波：《陈云的业绩与风范长存——为纪念陈云同志逝世一周年而作》，《人民日报》，1996年4月10日。

的要求，也仅仅是'一视同仁'四个大字。"

陈云的"公道"，还表现在勇于承担责任上。1957年9月，他在八届三中全会上指出："我们历史上有一些事情，决定得太快了。比如说，决定大量种橡胶树，这件事情我有很大责任。那时斯大林来电报说要赶快搞，至少要20万吨。苏联专家派来了，要机器也有，好，就种吧。种了以后，有许多种不活。……而我们一下就要求'多快好省'，那是太急了。这是一个教训。"1979年3月，陈云在中央政治局会议上又指出："不要把我说得这么好，也有很多反面教训。一百五十六项中，三门峡工程是我经过手的，就不能说是成功的，是一次失败的教训。我要有自知之明。"这种勇于自我剖析、不推诿责任的做法，正是陈云"公道"作风的最好体现。

二、陈云"比较稳当"

长期以来，陈云"比较稳当"的特点，给党内干部留下了深刻印象。在"大跃进"时期，陈云就表现得"比较稳当"。当时，陈云是党内少有的几个头脑比较清醒的领导同志，他对高指标和浮夸风以"不唯上"的态度给予指正。1959年春，他受毛泽东委托落实当年钢铁指标。他多方调查，听取冶金部6次汇报，对钢铁生产的各个环节进行认真的分析计算和综合平衡，又主持中央财经小组进行集中讨论。1959年5月15日，陈云就钢铁指标问题给毛泽东写信说，冶金部的同志认为钢材数量定为900万吨太少了，会使下面泄气。对此，陈云并不认同。他认为，正如刘少奇同志在政治局会上讲的，定高了，做不到，反而会泄气。信中还指出，从小高炉里炼出的900多万吨铁，含硫量超过了2‰的标准。它们既不能用于铸造，也不能在炼钢后轧成有用的钢材，是"劳民伤财"。如不改进，就搞不到1300万吨钢和900万吨钢材。最后，陈云向中央建议将当年钢的生产指标由1650万—1800万吨降为1300万吨，而实际执行结果是1387万吨。陈云落实下来的钢铁指标对于减少当时因盲目扩大生产造成的损失起了一定作用，在党内外传为佳话。1959年6月24日，毛泽东在赴长沙的火车上同王任重谈话时说："国难思良将，家贫思贤妻"，陈云同志对经济工作是比较有研究的，让陈云同志来主管计划工作、财经工作比较好；我们有的同志思想方法比较固执，辛辛苦苦的事务主义，不大用脑子想大问题。

陈云的"比较稳当"在改革开放新时期也发挥了重要作用。改革开放初期，发展对外贸易、利用外资、引进外国技术，对于解决我国现代化建设中资金短缺和技术落后的问题都极为重要；但也要看到，我们在利用外国的同时，也有被外国利用的可能性。陈云对此一直保持十分清醒的认识。他指出："我们必须清醒地看到，外国资本家也是资本家。他们做买卖所得的利润，绝不会低于国际市场的平均利润率。……世界上没有一个愿意做低于平均利润率买卖的资本家。"他强调："我所以一再说对外国资本家在欢迎之中要警惕，这是因为我们有些干部对这件事还很天真。"所以，陈云一再告诫资金不够可以借外债，但"借外债必须充分考虑还本付息的支付能力，考虑国内投资能力，做到基本上循序渐进"。他指出，任何时候都不能忘记，我们对外开放的立足点是自力更生，要始终保持这样一个清醒头脑。除估计到资本主义国家可能通过经济手段制造不利于我们的后果外，陈云还清醒地认识到在政治方面的不利因素。他在《对港澳贸易问题》的谈话中指出:"要时刻警惕港英方面的刁难。要加强对港澳贸易工作干部的政治教育,使他们有两点自觉性:一是责任重大,二是能经受特殊环境的考验。这种考验有很大的政治意义。"在对外开放的目的上,陈云指出:"着重点应该放在国内现有企业的挖潜、革新、改造上,……要在这个基础上引进新技术(软件),或则填平补齐,或则成龙配套,用这些办法来扩大我们的生产能力。"这一切都反映出陈云未雨绸缪、"比较稳当"的战略思维。

三、陈云"看问题有眼光","尖锐,能抓住要点"

陈云是政治家,也是战略家,他看问题一向有战略眼光。他说:"做经济工作要有战略眼光,要算大账。同时,也要算小账。"他要求一线工作的领导同志拿出一定时间"踱方步",考虑战略性问题。他经常讲:"我们做工作,要用百分之九十以上的时间研究情况,用不到百分之十的时间决定政策。"

1944年年初,陈云开始主持领导西北地区的财经工作。当时,边区经济异常困难,边币发行量增加13倍,物价猛涨20倍。陈云走马上任后,针对货币贬值、物价上涨的问题没有采取"头痛医头,脚痛医脚"的方法,而是将其纳入边区经济工作未来发展的战略大局中去通盘考虑。首先,陈云进行了大量的调查研究和细致观察,深入研究边区货币贬值、物价上涨的原因,提出解决这些财经问题的对策。其次,陈云将贸易、金融、财政问题作为首先解决的难题。在财政方面,他提出要以生产为本,既要节流,更要开源;在金融方面,他灵活地开展边币和法币的斗争，妥善解决恶劣货币发行问题，维持金融平衡和稳定；在贸易方面，他加强对外管理，突破敌人封锁，实现盈利，对内自由，活跃边区市场。那么，在这些政策中，哪些是带战略性、需要采取得力措施加以根本解决的问题呢？在陈云看来，归根到底，生产才是第一位的，发展生产对解决财政赤字、金融波动、贸易入超等问题起着决定作用。就此，陈云提出生产第一、外贸第二、财政开支第三，并号召"大家自己动手，机关部队还要生产"。正是在陈云的主持下，1944年边区完成了10万担细粮，部队、机关、学校有些部分自给，有些完全自给。著名的359旅不但能够自给，还交了公粮，这使边区公粮指标减少了2万担，大大减轻了人民的负担。

除了他擅长的经济建设方面，在党的建设特别是干部建设方面，陈云的眼光也是超前的。1948年10月，陈云担任沈阳特别市军事管制委员会主任，领导接收沈阳及其周围几个城市。经过一个月的紧张工作，陈云初步总结了接收沈阳的工作经验，上报东北局并转中共中央。在经验总结的最后部分，陈云特别强调指出："此次接收沈阳，使我们有一感触，即接收一个大城市，除方法对头外，需要有充分准备和各方面能称职的干部。依目前形势看，中央和各战略区野战军，均需准备有专门接收大城市的班子，……可以积累经验，其中骨干可以暂成专职，依次接收各大城市。"随后，中共中央及毛泽东将这一报告转发各中央局、各分局、各前委，称"此报告甚好，可供你处接收城市时参考"。

陈云看问题还十分尖锐，无论情况多么复杂，他都能从全面调查研究入手，掌握大量材料，加以分析，找出矛盾，特别是注意抓住带全局性的问题，有针对性地采取得力措施，加以解决。

在国民经济困难时期，陈云主张市场要网开一面。1961年1月，在中央工作会议上，陈云指出，现在什么东西都凭证供应，每个人买一份，有钱也不能多买，闲话就来了。江苏有一个资本家讲："现在人民币不挂帅了。"上海有一个医生对党委书记说："我和老婆两个人每月工资四百多块钱，但是什么东西都买不到，发给我们没有意思，还不如把工资还给公家。"陈云因此指出："现在供应紧张，应该'两条腿走路'，即有些商品可以实行凭证分配的办法，有些商品应该是只要有钞票就可以买。我们现在出售糕点，就可以同时采取这两种办法。一种是便宜的，五角或者六角钱一斤，凭证供应。另外一种是高价的，你有钱就可以买。"他说："我们这样做，有什么意义呢？我看，一是可以缓和人心，二是可以增加点营养，三是可以回笼货币。在供应紧张的时候，总要网开一面。""网开一面好办事，不能都搞平均主义。这样，既可以使人们能吃到一些东西，增加一点热量，又可以多回收一点钞票。用这个办法回笼货币，实在是打了一个大主意。"这也反映出陈云看问题既尖锐又能抓住要点的领导能力和思想水平。

作为我们党的第一代和第二代中央领导集体的重要成员，陈云在长达70多年的革命和建设生涯中，积累了丰富的领导工作经验。陈云的思想方法与品格风范，不仅具有高度的科学性，而且具有鲜明的党性，是党性和科学性的有机统一，是我们党宝贵的精神财富，对于我们在新的历史条件下进一步加强党的建设，尤其是提高党的执政能力和领导水平，具有重要的现实意义。

领袖之间

留法勤工俭学运动与中国共产党人世界眼光的培养

——以周恩来、邓小平为例

中国共产党是具有世界眼光的无产阶级政党。她的世界眼光不是天然就存在的，而是在适应时代发展的要求下，在长期的革命和建设的实践及重视理论学习的过程中，不断进取而形成的一种优良品质。什么是世界眼光？简言之，世界眼光是一种能够把握时代脉搏，与时俱进，掌握世界发展的新潮流和新趋势的精神状态；世界眼光是一种全局意识；世界眼光是一种对外开放的意识。

在 80 余年的征途中，诸多重大的历史事件砺炼了中国共产党的世界眼光。而 20 世纪 20 年代初的留法勤工俭学运动，是中国共产党培养世界眼光的重要开端，甚至可以说是第一步。1920 年，毛泽东在致朋友的信中说："有几位在巴黎的同志，发很的扯人到巴黎去。多扯一般人到巴黎去是好事。"他指出："我们同志，应该散于世界各处去考察，天涯海角都要去人，不应该堆积在一处。最好是一个人或几个人担任去开辟一个方面。各方面的'阵'，都要打开，各方面都应该去打先锋的人。"[1]"各方面的'阵'，都要打开"明白地透露出世界眼光培养的任务。除去在革命战争年代牺牲的，在留法勤工俭学的学生中，产生了中国共产

---

[1] 中共中央文献研究室、中共湖南省委《毛泽东早期文稿》编辑组编：《毛泽东早期文稿》，湖南出版社，1990 年，第 428 页。

党和新中国的一大批能打开各方面"阵"的具有世界眼光的领导人，如周恩来、邓小平、陈毅、聂荣臻、李富春、李维汉、李立三、蔡畅等。在党的第一代中央领导集体中，就有周恩来、邓小平是当年留法勤工俭学的学生，而邓小平又是第二代中央领导集体的核心。有论者指出，在中国共产党的老一辈无产阶级革命家中，特别是在党的第一代领导集体的成员中，对于外国情况、西方文化、世界现代化进程了解较深入者，首推周恩来、邓小平两人。他们堪称是第一代领导集体中的国际问题专家，是协助毛泽东处理国际事务的左膀右臂。他们之所以成为热心倡导中国现代化的中流砥柱，不是出于偶然，而是源于特别深厚的实践基础，特别广阔的世界历史眼光。[1]而他们深厚的实践基础的起点，他们广阔的世界眼光的发端，应该说始于留法勤工俭学运动。

一、留法勤工俭学运动与中国共产党把握时代脉搏与时俱进、掌握世界发展新潮流和新趋势的世界眼光的培养

留法勤工俭学运动对培养中共把握时代脉搏与时俱进、掌握世界发展新潮流和新趋势的世界眼光的作用，从周恩来、邓小平对现代科技革命的认识和把握上能恰当地体现出来。

19世纪末20世纪初，以法国居里夫人发现放射性元素钋和镭为标志，新的科学革命的序幕被拉开。科学巨匠爱因斯坦的相对论和薛定谔、海森伯等人创立的量子力学，则把这一革命推向

---

[1] 王东:《邓小平理论与跨世纪中国》，北京出版社，1999年，第26页。

高峰。同时，全球经济化进入一个新阶段，帝国主义国家为瓜分世界市场，发动了第一次世界大战。留法勤工俭学运动之始，法国作为一战的主战场，正在进行重建工作。周恩来、邓小平在法国期间，对旧中国所没有的资本主义大工业生产及科学技术在生产中的巨大威力印象深刻，这对他们日后的决策产生了潜移默化的作用。

周恩来在留法期间的一系列书信中指出："欧洲多工业国。""于此间留学界，闻其精研科学，身入工场实习技艺，甚抱为乐观。"[1]周恩来的确也努力"精研科学"，了解当时科学发展的趋势。比如，欧洲当时各种社会思潮广泛流传，有人把共产主义理论同宗教同列。为此，周恩来写了《宗教精神与共产主义》一文，批驳了这一错误。他指出，科学精神是革命者和一切科学工作者所应有的风尚。他联系20世纪初的科学革命指出："为要解决物理学上的问题，所以牛顿、安斯坦（爱因斯坦——引者注）各信他们的发见为'不易之良方'；为要'铲除社会痛苦的根源'，所以我们才信'共产主义为不易之良方'。"他说："相信安斯坦学说的人，才肯替他证明日蚀的移动是合于他的理论，替他奏此凯旋。那么，相信马克思学说的人，视马克思的著作为可贵可重，又何足怪？"[2]周恩来对共产主义信仰之坚定，对当时正在发展的科学革命的了解及对科学精神之情有独钟，皆跃然纸上。

在留法几年中，周恩来对法国科学技术的发展有一个总体的

---

[1] 中共中央文献研究室、南开大学编：《周恩来早期文集》下卷，中央文献出版社、南开大学出版社，1998年，第13、21页。

[2] 同上书，第465页。

把握，这影响了他日后的决策。1949年3月，周恩来批准即将赴法国参加世界和平拥护者大会的科学家钱三强"购买实验设备"。[1]这不是购买普通的科研设备，而是核仪器及有关资料。钱三强回忆说："托我在法国的老师里奥·居里教授帮助订购中型回旋加速器的电磁铁和其他一些仪器、图书、资料等。"[2]有留法经历的周恩来知道，法国在这方面的技术是先进的。

1956年1月，周恩来在中央召开的关于知识分子问题的会议上，全面且系统地阐述了关于现代科学技术革命的思想。他说："现代科学技术正在一日千里地突飞猛进。生产过程正在逐步地实现全盘机械化、全盘自动化和远距离操纵，从而使劳动生产率提高到空前未有的水平。各种高温、高压、高速和超高温、超高压、超高速的机器正在设计和产生出来。陆上、水上和空中的运输机器的航程和速率日益提高，高速飞机已经超过音速。技术上的这些进步，要求各种具备新的特殊性能的材料，因而各种新的金属和合金材料，以及用化学方法人工合成的材料，正在不断地生产出来，以满足这些新的需要。各个生产部门的生产技术和工艺规程，正在日新月异地变革，保证了生产过程的进一步加速和强化，资源的有用成分的最充分利用，原材料的最大节约和产品质量的不断提高。"周恩来指出："科学技术新发展中的最高峰是原子能的利用。原子能给人类提供了无比强大的新的动力泉源，给科学的各个部门开辟了革新的远大前途。同时，由于电子学和其他科学的进步而产生的电子自动控制机器，已经可以开始有条

---

[1]《周恩来文化文选》，中央文献出版社，1998年，第478页。
[2]中央文献出版社编：《不尽的思念》，中央文献出版社，1987年，第294页。

件地代替一部分特定的脑力劳动,就象其他机器代替体力劳动一样,从而大大提高了自动化技术的水平。这些最新的成就,使人类面临着一个新的科学技术和工业革命的前夕。"[1]周恩来的这番言论,抓住了当时科技革命新潮流的动向,充分体现出他所具有的与时俱进的世界眼光。

邓小平16岁去法国勤工俭学,是抱着"学点本事""工业救国"的理想去的。[2]有"工业救国"的理想,就对科学技术的发展特别关注,这使他成为中共党内较早直接了解、感受西方工业文明和现代科学的领导人之一。"文革"结束后,面对新一轮科技革命的浪潮,邓小平紧紧把握住这一潮流,对科学技术发展的规律、科技对社会的影响以及发展科技的战略与措施做了系统的总结和阐述。1978年春,他在全国科学技术大会开幕式上指出:"现代科学技术正在经历着一场伟大的革命。近三十年来,现代科学技术不只是在个别的科学理论上、个别的生产技术上获得了发展,也不只是有了一般意义上的进步和改革,而是几乎各门科学技术领域都发生了深刻的变化,出现了新的飞跃,产生了并且正在继续产生一系列新兴的生产工具,新的工艺,首先在科学实验室里被创造出来。一系列新兴的工业,如高分子合成工业、原子能工业、电子计算机工业、半导体工业、宇航工业、激光工业等,都是建立在新兴科学基础上的。"他说:"当代的自然科学正以空前的规模和速度,应用于生产,使社会物质生产的各个领域面貌一新。特别是由于电子计算机、控制论和自动化技术的发展,正在

---

[1]《周恩来选集》下卷,人民出版社,1984年,第181—182页。
[2]毛毛:《我的父亲邓小平》上卷,中央文献出版社,1993年,第82页。

迅速提高生产自动化的程度。同样数量的劳动力，在同样的劳动时间里，可以生产出比过去多几十倍几百倍的产品。社会生产力有这样巨大的发展，劳动生产率有这样大幅度的提高，靠的是什么？最主要是靠科学的力量、技术的力量。"[1]

邓小平对新科学技术革命的论述与周恩来的论述何其相似！他在继承周恩来关于现代科学技术革命的思想理论的同时，又与时俱进，给予了创造性的发展，最后提出了"科学技术是第一生产力"的论断。这是邓小平"用马克思主义的宽广眼界观察世界"[2]得出的科学论断。可以说，邓小平理论和20世纪科技革命有着密切的联系，与时俱进的世界眼光是邓小平理论具有的一个重要特征。

现在看来，周恩来和邓小平有关现代科技革命的论述仍见地深刻，具有穿透时空的永恒价值。它代表了中国共产党第一、二代领导人深邃的洞察力。这与他们用与时俱进的宽广的世界眼光观察、分析和把握世界发展潮流是分不开的。而这一切的一个源头，可以说是来自留法勤工俭学的砥砺与熏陶。

二、留法勤工俭学运动与中国共产党具有全局意识的世界眼光的培养

世界眼光是一种全局意识。它的一个基本要求，就是决策主

---

[1] 中共中央文献编辑委员会编：《邓小平文选》第2卷，人民出版社，1994年，第87页。
[2] 江泽民：《论党的建设》，中央文献出版社，2001年，第252页。

体要具有胸怀全局、善于驾驭全局的能力，在宏观的层次进行全局谋划，运筹帷幄，形成有利于自己的发展态势，抓住机遇，迎接挑战。毛泽东所说的"没有全局在胸，是投不下一着好棋的"，讲的就是全局意识。

留法期间的青年周恩来有一种非常开阔、具有全局意识的世界眼光，十分重视与强调把中国的事情放到世界全局的范围中去观察。周恩来指出："我们虽是中国人，我们的眼光终须放到全世界上来。"[1]周恩来在赴法勤工俭学期间，兼做天津《益世报》的特约通讯员。在他所发回的稿件中，对许多问题的论述都是从世界的大局来看问题的，颇具世界眼光。在留法期间，他还提出了做"世界眼光的革命家"[2]的要求。周恩来日后能够成为新中国的"总管家"，成为中共党内具有世界眼光的政治家，成为驰誉世界、纵横捭阖的外交家，绝不是偶然的，是与他在法国留学期间就开始培养的具有全局意识的世界眼光有密切关系的。

从1920年10月到1926年1月，邓小平在法国生活了5年多的时间。来法国时，他是一个16岁的青年，正是一个人的世界观、人生观形成的最关键的年龄阶段。经过5年的求学、做工及参加革命斗争的实践，22岁离开法国时，他已成长为一个具有坚定共产主义信念和丰富革命斗争经验的职业革命家。在这一人生的黄金阶段，对他影响最大的人是周恩来。邓小平始终视周恩来如兄长。他在后来回答意大利记者奥琳埃娜·法拉奇提问时谈

---

[1]中共中央文献研究室、南开大学编：《周恩来早期文集》下卷，中央文献出版社、南开大学出版社，1998年，第475页。

[2]同上书，第507页。

及与周恩来的关系:"我们认识很早,在法国勤工俭学时就住在一起。对我来说他始终是一个兄长。我们差不多同时期走上革命的道路。"[1]在回答女儿的提问时,邓小平也是这样回答的。[2]周恩来对邓小平的成长和思想转变的影响和帮助很大。邓小平从事青年团旅欧支部的工作,起初主要是参加《少年》刊物的编辑、刻板、发行和宣传等方面的具体工作。特别是《少年》改为《赤光》以后,他和周恩来几乎天天在一起。邓小平后来形成的注重从全局出发考虑问题,处理问题举重若轻、游刃有余的领导风格,与他早年留法期间的经历及在同周恩来构建兄弟加战友的情谊的过程中深受周恩来影响是分不开的。

身为党的第一代领导集体中重要的一员,邓小平在很多方面都是从全局出发考虑问题,他的视野和思维都很开阔。比如,1957年4月,他在西安干部会议上指出:今后的重要任务是搞建设,其指导思想是一要面对国家的现实,二要面对群众的需要;要学习世界上一切先进的经验,避免浪费。他说:"现在我们的企业,特别是中央搞的大企业,浪费现象是很严重的。……认为反正亏本不碍事,国家贴得起。苏联并不是这样的,美国、法国等资本主义国家也不是这样的,……他们办企业比我们高明。"[3]之所以在资本主义国家中除了美国之外提到法国,在于有留法勤工俭学经历的邓小平对法国企业的运行、管理情况是有切身体会

---

[1] 中共中央文献编辑委员会编:《邓小平文选》第2卷,人民出版社,1994年,第348页。

[2] 毛毛:《我的父亲邓小平》上卷,中央文献出版社,1993年,第122页。

[3] 中共中央文献编辑委员会编:《邓小平文选》第1卷,人民出版社,1994年,第265—266页。

的。这种切身体会，使他能够做出别人做不出的判断。

作为党的第二代领导集体的核心，历经磨难的邓小平是重视具有全局意识的世界眼光的战略家。他要求领导干部特别是中央领导集体发展具有全局意识的世界眼光。他说："我们的政治局、政治局常委会、书记处的同志，都是管大事的人，考虑任何问题都要着眼于长远，着眼于大局。""眼界要非常开阔，胸襟要非常开阔。……我们的第一代领导人前期是胸襟宽阔的，我们第二代基本上也是胸襟开阔的。""最重要的问题是要胸襟开阔。要从大局看问题，放眼世界，放眼未来，也放眼当前，放眼一切方面。"[1]邓小平不仅是这样说的，也是这样做的。"文化大革命"结束后，他以马克思主义的宽阔眼界观察世界，在精心设计中国特色社会主义蓝图时，既立足于中国的国情，又密切注视世界形势的变化。他正确分析时代特征，做出"和平与发展是当今世界主题"的新判断，告诫要抓住机遇、加快发展。可以说，只有了解世界大局，才能深刻理解邓小平理论。

一般说来，培养具有全局意识的世界眼光的好办法就是：通过出国访问、考察，到国外留学或进修等形式，更多地接触世界，了解世界，开阔眼界，增长才干。有着留法经历的邓小平对此体会深刻。"文革"结束后不久，1978年6月，邓小平指出：我赞成增大派遣留学生的数量，派出去主要学习自然科学；要成千上万地派，不是只派十个八个；在这方面多花些钱是值得的。[2]邓

---

[1] 中共中央文献编辑委员会编：《邓小平文选》第3卷，人民出版社，1993年，第298—300页。

[2] 中共中央文献研究室编：《邓小平思想年谱（1975—1997）》，中央文献出版社，1998年，第71页。

小平的指示开启了中国留学运动的一个全新的时代。这种高于他人的、开明的、超前的认识，这种关乎中国未来发展全局的决策，与邓小平在留法勤工俭学时期开始培养的具有全局意识的世界眼光，不能说没有关系。

三、留法勤工俭学运动与中国共产党对外开放的世界眼光的培养

世界眼光的培养与形成必须有一种良好的对外开放的容纳心态。

周恩来在留法期间，常常深入到工人群众中间，听取他们的呼声，特别注意调查欧洲工人运动的发展和动向，分析各种社会思潮，了解包括法国在内的西方资本主义世界的政治与经济状况。在认识、了解资本主义的过程中，他逐渐形成了一种开放的心态，这种心态要求放眼世界，引导着他对外交往的实践。新中国成立后，周恩来担任政府总理，与世界各国有更多的交往机会，更加认为对外开放，进行国际间的合作、交流是必不可少的。他指出："任何一个国家在建设中，任何一个国家在这个世界上，不可能完全闭关自给，总是要相互需求，首先是贸易的来往，技术的合作。"[1]他指出："必须按照可能和需要，把世界科学的最先进的成就尽可能迅速地介绍到我国……把我国科学界所最短缺而又是国家建设所最急需的门类尽可能迅速地补足起来。""尽可

---

[1] 中共中央外交文献研究室编：《周恩来外交文选》，中央文献出版社，1990年，第224页。

能地用世界最新的技术把我们国家的各方面装备起来。"[1]周恩来不排斥与资本主义国家的交往，多次指出要向包括资本主义国家在内的发达的国家学习。但在当时两大阵营对抗的历史条件下，要做到这一点是有困难的。

与周恩来一样，邓小平反对闭关自守，主张国际间的贸易往来与技术合作。他说："中国在西方国家产业革命以后变得落后了，一个重要原因就是闭关自守。""关起门来搞建设是不行的，发展不起来。"[2]1975年5月，时隔半个多世纪之后，邓小平故地重游访问法国，在同希拉克总理会谈时说：随着中法两国政治关系的发展，应当进一步发展两国的经济关系；我们希望从一些发达国家购买更多的技术和产品，我们在这方面有着广阔的前景。[3]1977年10月，邓小平会见法国《地方大报集团》访华团，在谈到对外经济交往时说：由于我们还处于发展阶段，是发展中国家，特别是在经济贸易方面还要发展，我们不仅同法国而且同国际上的经济往来也会逐步发展；我们想把世界上一切先进成果统统拿到手。[4]1978年5月至6月，由国务院副总理谷牧任团长的中国代表团对法国、瑞士、比利时、丹麦、联邦德国西欧五国进行了访问。临行前，邓小平找谷牧谈话，指示代表团要详细地做一些调查研究，好的也看，坏的也看，看看人家的现代工

---

[1]《周恩来选集》下卷，人民出版社，1984年，第184—185页。
[2] 中共中央文献编辑委员会编：《邓小平文选》第3卷，人民出版社，1993年，第64页。
[3] 中共中央文献研究室编：《邓小平思想年谱（1975—1997）》，中央文献出版社，1998年，第7页。
[4] 同上书，第48页。

业发展到什么水平了,也看看他们的经济工作是怎么管的,资本主义的先进的经验、好的经验,应当把它学回来。[1] 1978年10月,在中共中央工作会议上,华国锋在会议的插话中指出:小平同志说,中日长期贸易协定签字后,西欧着急,法国也要和我国签订这样的协定,说日本质量不如法国,积极要求发展和我们的贸易;现在我们同意与法国、英国、美国、西德、意大利订长期贸易协定。[2]邓小平主张对外开放、不惧怕与法国等资本主义国家交往的这一系列言行,就在于他对法国等国有深刻了解,而这种了解的最初源头就是他的留法经历。

邓小平晚年经常提到发生在"文革"后期的"风庆轮事件"。1974年,"四人帮"借国产万吨轮"风庆号"远航归来为题,大肆吹嘘,并借题大批所谓造船买船问题上的"崇洋媚外""卖国主义",实则把矛头指向周恩来和有关中央领导。刚刚恢复工作的邓小平对此十分气愤,与"四人帮"进行了针锋相对的斗争。1991年,邓小平提到这件事时说:"闭关自守不行。'文化大革命'时有个'风庆轮事件',我跟'四人帮'吵过架,才一万吨的船,吹什么牛!一九二〇年我到法国去留学时,坐的就是五万吨的外国邮船。"[3]时隔70余年,邓小平仍然记得当年赴法时乘坐的邮船的排水量,可见包括先进科学技术在内的西方的物质文

---

[1] 中共中央文献研究室编:《大型文献纪录片〈邓小平〉》,中央文献出版社,1997年,第191页。

[2] 于光远:《我亲历的那次历史转折——十一届三中全会的台前幕后》,中央编译出版社,1998年,第30—31页。

[3] 中共中央文献编辑委员会编:《邓小平文选》第3卷,人民出版社,1993年,第367页。

明对年轻的邓小平的冲击是多么强烈。基于自己的体验认识与世界发展的大势，邓小平认为："提高我国的科学技术水平，当然必须依靠我们自己努力，必须发展我们自己的创造，必须坚持独立自主、自力更生的方针。但是，独立自主不是闭关自守，自力更生不是盲目排外。科学技术是人类共同创造的财富。任何一个民族、一个国家，都需要学习别的民族、别的国家的长处，学习人家的先进科学技术。"[1]当有外国客人问中国对外开放是否会担心受到西方腐朽思想和生活方式影响时，邓小平说："人们的眼界开阔些好，这样鉴别是非的能力只能增强，不会减弱。"[2]邓小平之所以这样有信心，之所以强调眼界开阔些好，在于他自己在法国的留学经历及成长道路，已充分证明了这一点。

正是认识到闭关自守不行，正是有信心解决对外开放带来的一些新问题，邓小平做出了"现在的世界是开放的世界"[3]的新判断，领导制定了对外开放的新政策，这使他当之无愧地成为新时期中国改革开放的总工程师。对于邓小平的这一功绩，他早年留学勤工俭学的国度——法国——对他的评价是很高的，也是恰当的。1978年12月22日，法国《观点》杂志把时任中国国务院副总理的邓小平列为1978年的新闻人物，其中很重要的一个原因

---

[1] 中共中央文献编辑委员会编：《邓小平文选》第2卷，人民出版社，1994年，第87页。

[2] 中共中央文献研究室编：《邓小平思想年谱（1975—1997）》，中央文献出版社，1998年，第70页。

[3] 中共中央文献编辑委员会编：《邓小平文选》第3卷，人民出版社，1993年，第64页。

是他"把中国对世界开放"了。[1]其实,《观点》杂志未必意识到,邓小平对外开放的世界眼光的形成,法国是有贡献的,因为邓小平的留法经历是他形成对外开放的世界眼光的一个不能不提到的认识起点。

---

[1]《法国〈观点〉杂志选出邓小平为1978年新闻人物》,《参考消息》1978年12月25日。

毛泽东、邓小平教育思想比较

在社会主义现代化建设事业的全局中,教育事业是一个重要组成部分。对于教育事业发展,毛泽东、邓小平都十分重视,发表了大量讲话和指示,形成了各具时代特色且内涵丰富的毛泽东教育思想和邓小平教育思想。毛泽东教育思想、邓小平教育思想分别是毛泽东思想、邓小平理论中重要的有机组成部分,两者对中国教育的改革和发展都产生了重大而深远的影响。毛泽东教育思想和邓小平教育思想,在社会主义教育方针、教育目的、教育改革和发展等根本问题的论述上是一致的,但在一些方面也存在区别。将其做一梳理和比较,是很有意义的。

一、关于教育的地位

在中国革命和建设的过程中,毛泽东、邓小平都把教育问题放在一个重要位置。毛泽东指出:"一定的文化(当作观念形态的文化)是一定社会的政治和经济的反映,又给予伟大影响和作用于一定社会的政治和经济;而经济是基础,政治则是经济的集中表现。这是我们对于文化和政治、经济的关系及政治和经济的关系的基本观点。"[1]作为文化的一个重要组成部分的教育事业，反映一定社会的政治和经济，同时又给其以重要影响和作用。对于这种影响和作用，毛泽东认为，在革命时期，"在一切为着战争的原则下，一切文化教育事业均应使之适合战争的需要"[2]。而在建设时期，则是"教育为无产阶级政治服务"，政治统帅教育。

新中国成立后，毛泽东较多关注的是政治决定教育，教育从属于政治并为政治服务的问题。在阶级社会中，教育都为培养统治阶级的接班人服务，为巩固和发展统治阶级的政权服务，这是无可置疑的。但教育具有多种社会职能，除了政治功能外，教育还有经济功能、建设精神文明的功能、传播科学的功能、培养干部的功能及社会智囊的功能等。只强调教育为政治服务而忽视教育的其他功能，显然是偏颇的。在大规模的社会主义建设开始后，最大的政治应该是列宁早就提出的"转向经济方面的政治"[3]，而对于这一点，在毛泽东时代是不够注意的。政治与教育虽有不可分割的联系，但不是唯一的决定与被决定、服务与被服务的关系。更何况政治并不等于政治运动。在"文化大革命"中，教育完全成为政治运动的附庸，丧失了自身的独立性，发展受到严重挫折，教训十分深刻。

对于教育为无产阶级政治服务，邓小平也是赞同的。但他认为关键是弄清什么是政治、教育怎样为政治服务。邓小平指出："毫无疑问，学校应该永远把坚定正确的政治方向放在第一位。

---

[1]《毛泽东选集》第2卷，人民出版社，1991年，第663页。
[2]《毛泽东邓小平江泽民论教育》，中央文献、人民教育、北京师范大学出版社，2002年，第18页。
[3]《列宁选集》第4卷，人民出版社，1995年，第309页。

但这并不是说要把大量的课时用于思想政治教育,学生把坚定正确的政治方向放在第一位,这不仅不排斥学习科学文化,相反,政治觉悟越是高,为革命学习科学文化就应该越加自觉,越加刻苦。"在邓小平看来,经济建设本身就是政治。他指出:"要掌握和发展现代科学文化知识和各行各业的新技术新工艺,要创造出比资本主义更高的劳动生产率,把我国建设成为现代化的社会主义强国,并且在上层建筑领域最终战胜资产阶级的影响,就必须培养具有高度科学文化水平的劳动者,必须造就宏大的又红又专的工人阶级知识分子队伍。这些要求本身就是无产阶级政治的要求。"[1]可以说,邓小平的这一论断既体现了强烈的时代感,又符合马列主义关于政治原意的阐述,是正确处理教育与政治关系的一个指针。

对于教育和经济的关系,毛泽东在新中国成立前夕提出:"随着经济建设的高潮的到来,不可避免地将要出现一个文化建设的高潮。"[2]新中国成立后,教育为经济建设服务,虽然得到了党和政府一定程度的重视,但在理解经济建设与文化教育建设的关系时,将毛泽东的论断固定化,往往强调文教事业发展需要经济提供物质保证的一面较多,以为文教建设高潮只能滞后、不能先行,只能是经济建设高潮在前、文教建设在后,而忽略文教建设对经济发展的促进作用,导致对教育的资金投入不足。由于看不到教育对经济建设和社会发展的重要作用,以至于越来越忽视

---

[1] 中共中央文献编辑委员会编:《邓小平文选》第2卷,人民出版社,1994年,第104页。
[2] 中共中央文献研究室编:《毛泽东文集》第5卷,人民出版社,1996年,第345页。

和轻视教育建设,严重地影响了我国教育事业的发展。

党的十一届三中全会后,根据世界新技术革命迅速发展的新形势,邓小平认为,必须重视教育事业在整个现代化建设中的地位问题。他指出:"为了建设现代化的社会主义强国,任务很多,需要做的事情很多,各种任务之间又有相互依存的关系,如像经济与教育、科学,经济与政治、法律等,都有相互依存的关系,不能顾此失彼。"[1]正是由于经济和教育这种相互依存的关系,1980年2月,党的十一届五中全会提出要"确立适合国民经济发展需要的教育计划和体制"。1981年6月,党的十一届六中全会通过了邓小平亲自主持和指导下起草的《关于建国以来党的若干历史问题的决议》,其中科学地评价了"教育科学文化在现代化建设中的地位和作用",指出"没有文化和知识分子是不可能建设社会主义的",将教育在经济和社会发展中的地位提到了前所未有的高度。

发达国家的经验表明,教育先行是其经济腾飞的法宝。邓小平深刻地认识到这一点。他要求各级领导都要像抓经济工作那样抓教育工作,他认为忽视教育的领导者,是缺乏远见的不成熟的领导者,就领导不了现代化建设。1985年,他在全国教育工作会议上指出:"我们多次说过,我国的经济,到建国一百周年时,可能接近发达国家的水平,我们这样说,根据之一,就是在这段时间里,我们完全有能力把教育搞上去,提高我国的科学技术水平,培养出数以亿计的各级各类人才。我们国家国力的强弱,经

---

[1] 中共中央文献编辑委员会编:《邓小平文选》第2卷,人民出版社,1994年,第249—250页。

济发展后劲的大小，越来越取决于劳动者的素质，取决于知识分子的数量和质量。一个十亿人口的大国，教育搞上去了，人才资源的巨大优势是任何国家比不了的。有了人才优势，再加上先进的社会主义制度，我们的目标就有把握达到。现在小学一年级的娃娃，经过十几年的学校教育，将成为开创二十一世纪大业的生力军。中央提出要以极大的努力抓教育，并且从中小学抓起，这是有战略眼光的一着。如果现在不向全党提出这样的任务，就会误大事，就要负历史的责任。"[1]在这里，邓小平以"战略眼光"，从我国现代化建设"三步走"战略目标的高度提出了教育的战略地位和作用。这在中国共产党的历史上还是第一次。

二、关于教育方针

教育方针，是国家根据社会和个体发展的需要而确定的一定时期内具有全局性的教育工作的根本指导思想或行动纲领。1956年9月，中共八大正确地指出国内的主要矛盾已不再是工人阶级和资产阶级的矛盾，而是人民对于经济文化迅速发展的需要同当前经济文化不能满足人民需要的状况之间的矛盾。时代的变化、任务的转换，对教育发展及其培养的人才的规格提出了新的要求。原来的具有过渡性质的新民主主义教育方针已不适合新形势的需要，这在客观上要求党和国家制定切合时代要求的教育方针。1957年2月，毛泽东在《关于正确处理人民内部矛盾的问题》讲

---

[1] 中共中央文献编辑委员会编：《邓小平文选》第3卷，人民出版社，1993年，第120—121页。

话中，提出了对新中国教育发展影响深远的教育方针，即："我们的教育方针，应该使受教育者在德育、智育、体育几方面都得到发展，成为有社会主义觉悟的有文化的劳动者。"[1]这就将马克思主义关于人的全面发展的思想贯穿于社会主义培养目标之中。

毛泽东提出的这一教育方针的突出之处，在于强调把德育放在培养目标中的首位。这是为了改变新中国成立初期教育领域在学习苏联过程中出现的过分强调智育而在一定程度上忽视德育的偏差。当时，苏联教育部部长凯洛夫主编的《教育学》的观点对中国教育界影响巨大，凯洛夫认为："马克思认为在全面发展的人的教育中，智育，即教养，应占第一位。"[2]受这一思想的影响，在毛泽东提出教育方针以前，教育界也接受了这一说法。1955年1月的《人民教育》的社论，就把智育放在培养目标的首位，社论指出："必须遵照全面发展的方针，贯彻智育、德育、综合技术教育、体育和美育，使学生获得全面发展。"

毛泽东提出的教育方针把德育放在首位。这里的德育，不仅指道德品质教育，还特别指政治态度和方向、思想修养（世界观、人生观、价值观）、行为准则等能体现阶级性的内容。他说，"不论是知识分子，还是青年学生"，"除了学习专业以外，在思想上要有所进步，政治上也要有所进步，这就需要学习马克思主义，学习时事政治"。毛泽东指出："没有正确的政治观点，就等于没有灵魂。"[3]1957年3月17日，也就是他提出新的教育方针20天

---

[1] 中共中央文献研究室编：《毛泽东文集》第7卷，人民出版社，1999年，第227页。
[2] [苏]凯洛夫著、沈颖等译：《教育学》上册，人民教育出版社，1950年，第44页。
[3] 中共中央文献研究室编：《毛泽东文集》第7卷，人民出版社，1999年，第226页。

后，毛泽东在给周恩来等人的信中指出："大学、中学都要求加强思想、政治领导和改进思想、政治教育，要削减课程，要恢复中学方面的政治课，取消宪法课，要编新的思想、政治课本，要下决心从党政两系统抽调几批得力而又适宜于做学校工作的干部去大、中学校工作，要赋予高等教育部和教育部以领导思想政治工作的任务。"[1]他的这一指示立即得到贯彻。3月18日至28日召开的第三次全国教育行政会议讨论认为，思想政治教育是学校教育的灵魂；会议确定从初一到高三普遍增设政治课。不久，各级党政系统开始向学校下派干部。

把德育放在首位的目的，是为了培养学生具有坚定正确的政治方向，树立为人民服务的观念，它能保证智育等任务的落实和完成。这与古语"德者，才之帅也"是共通的。对于德与智的关系，毛泽东将其比作"红"与"专"的关系。他说："红与专、政治与业务的关系，是两个对立物的统一。""政治和经济的统一，这是毫无疑义的，年年如此，永远如此。这就是又红又专。……不注意思想和政治，成天忙于业务，那会成为迷失方向的经济家和技术家，很危险。思想工作和政治工作是完成经济工作和技术工作的保证，它们是为经济基础服务的。思想和政治又是统帅、是灵魂。只要我们的思想工作和政治工作稍一放松，经济工作和技术工作就一定会走到邪路上去。"[2]但不幸的是，从20世纪50年代后期开始，在"左"的思想指导下，政治与政治运动逐渐混为一谈，教育为政治服务也就越来越表现为教育为政

---

[1]《建国以来毛泽东文稿》第6卷，中央文献出版社，1992年，第398页。
[2]中共中央文献研究室编：《毛泽东文集》第7卷，人民出版社，1999年，第351页。

治运动服务，围绕着政治运动这一中心运转，甚至提出"阶级斗争是学校的一门主课"。在"文革"中，这种思想逐步走向极端，政治运动和阶级斗争取代了一切，这对教育产生了不良影响。

对于智育，即文化科学知识教学，毛泽东也是重视的。1941年1月，他在给毛岸英、毛岸青的信中就嘱咐他们"多向自然科学学习，少谈些政治""注意科学，只有科学是真学问，将来用处无穷"[1]。新中国成立后，毛泽东号召：好好学习，天天向上。此外，他还提出一些有启发性的观点。比如，"不要把分数看重了，要把精力集中在培养分析问题和解决问题的能力上""反对注入式教学法"等。但总的来说，自从他提出社会主义教育方针后，毛泽东对正常的教学工作，包括课程设置、教法、考试以及学制，批评、否定较多，与重视德育、体育相比，毛泽东对智育的重视是不够的。比如，在"大跃进"中，他曾指出："老读书，实在不是一种办法。书是什么东西呢？书就是一些观念形态，人家写的，让这些没有经验的娃娃来读，净搞意识形态，别的东西看不到。如果是学校办工厂，工厂办学校，学校有农场，人民公社办学校，勤工俭学，或者半工半读，学习和劳动就结合起来了。这是一大改革。"[2]1964年在春节座谈会上，他提出"学制可以缩短""课程可以砍掉一半""书不一定读得很多"等观点。同年3月，他又指出："现在学习课程太多，对学生压力太大。讲授又不甚得法。考试方法以学生为敌人，举行突然袭击。"[3]这些

---

[1]中共中央文献研究室编：《毛泽东文集》第2卷，人民出版社，1993年，第327页。
[2]《建国以来毛泽东文稿》第7册，中央文献出版社，1992年，第396页。
[3]《建国以来毛泽东文稿》第11册，中央文献出版社，1996年，第34页。

意见对新中国成立后一段时期内的教育事业产生了消极影响。

对于体育，毛泽东是一贯重视的。1917年，他在《体育之研究》一文就指出了体育的重要性。"体者，载知识之车而寓道德之舍也。""体育于吾人实占第一位置，体强壮而后学问道德之进修勇而收效远。"[1] 这些语句恰当地表达出毛泽东对德、智、体三者之间关系的辩证理解。新中国成立后，毛泽东非常关心学生的身体健康问题，并就此问题做过多次指示。1950年6月，毛泽东就学生健康问题写信给教育部部长马叙伦说："各校注意健康第一、学习第二。"1951年1月，他再次写信给马叙伦说："提出健康第一，学习第二的方针，我以为是正确的。"[2] 1953年6月，毛泽东在接见中国新民主主义青年团第二次全国代表大会主席团时，他给青年们的三个祝贺是：身体好、学习好、工作好。这"三好"成为党和国家领导人对青年和学生的一般要求，至今仍挂在许多领导人的口头上。

关于教育要培养的人，毛泽东在教育方针里提出的是培养"有文化的劳动者"。这里的劳动者，不是脑力劳动者和体力劳动者的简称，而是特指体力劳动者，是把知识分子排除在外的。毛泽东认为大多数知识分子的世界观基本上是资产阶级的，他们属于资产阶级知识分子，后来在"文革"中甚至认为资产阶级知识分子统治着学校，于是教师成了被"革命"的对象，社会地位下降到最底层。在这种情况下，只能导致教育事业的倒退与萧条。

---

[1] 中共中央文献研究室、中共湖南省委《毛泽东早期文稿》编辑组编：《毛泽东早期文稿》，湖南出版社，1990年，第67页。

[2] 中共中央文献研究室编：《毛泽东文集》第6卷，人民出版社，1999年，第83页。

总之，毛泽东提出的教育方针，着眼于解决现实问题，又符合马列主义的教育理论，可以说是在新的历史条件下创造性地发展了马列主义关于人的全面发展的学说。但是，由于当时要突出解决的是学生的政治方向和毕业后参加生产劳动的问题，而对政治的理解又局限于搞阶级斗争，对生产劳动的理解又主要是从事体力劳动，这样在实践中贯彻教育方针时，就出现了"左"的偏差。

"文革"结束后，为了使教育战线上的拨乱反正工作顺利进行，邓小平首先重申了毛泽东提出的党的教育方针。1978年4月，邓小平在全国教育工作会议上指出："我们的学习是为社会主义建设培养人才的地方。培养人才有没有质量标准呢？有的。这就是毛泽东同志说的，应该使受教育者在德育、智育、体育几方面都得到发展，成为有社会主义觉悟的有文化的劳动者。"他提出，要"把毛泽东同志提出的培养德智体全面发展、有社会主义觉悟的有文化的劳动者的方针贯彻到底，贯彻到整个社会的各个方面"。[1]

在重申党的教育方针的同时，邓小平还抓住在以前教育中没有处理好的德育和智育、"红"和"专"关系问题给予辩证的论述。邓小平深刻地指出："白是一个政治概念。只有政治上反动，反党反社会主义的，才能说是白。怎么能把努力钻研业务和白扯到一起呢！即使是思想上作风上有这样那样毛病的科学技术人员，只有不是反党反社会主义的，就不能称为白。我们的科学技术人

---

[1] 中共中央文献编辑委员会编：《邓小平文选》第2卷，人民出版社，1994年，第103、106页。

员，为社会主义科学事业辛勤劳动，怎么是脱离政治呢？"[1]他还指出："对又红又专要有正确的理解，合理的要求。"一个人，只要热爱祖国，自觉自愿为社会主义服务，为工农兵服务，就应该说是"红"；只要致力于社会主义的科学事业，努力钻研业务，为四化建设做出贡献，固然是"专"的表现，但也是"红"的表现，孜孜不倦，刻苦钻研，勤奋学习，精通专业，勇攀高峰都是"红"的表现。"专并不等于红，但是红一定要专。不管你搞哪一行，你不专，你不懂，你去瞎指挥，损害了人民的利益，耽误了生产建设的发展，就谈不上是红。"[2]

改革开放后，面对世界新技术革命的挑战，根据我国教育的现实情况和社会主义现代化建设对人才素质的新要求，邓小平提出了教育要培育有理想、有道德、有文化、有纪律新人的目标要求。"四有"的目标要求体现了邓小平对毛泽东提出的教育目的的发展，是全面发展观点在新条件下的具体体现，具有鲜明的时代特征。关于教育目标，与毛泽东强调培养"劳动者"不同，邓小平更多地强调培养"人才"。邓小平指出，"不论从事体力劳动，脑力劳动，都是劳动。从事脑力劳动的人也是劳动者"，"实现现代化，必须有知识，有人才"，要"尊重知识、尊重人才"。邓小平认为，为社会主义现代化建设培养所需的各级各类人才是教育的根本职能，学校是通过培养合格人才来为社会政治、经济服务的。这些都在新的形势下继承和发展了毛泽东的观点。

---

[1] 中共中央文献编辑委员会编：《邓小平文选》第2卷，人民出版社，1994年，第94页。
[2] 同上书，第262页。

三、关于教育与生产劳动相结合

教育与生产劳动相结合是马克思主义教育思想的一条基本原理。马克思是在资本主义机器大工业时代这一新的历史条件下来探讨教育与生产劳动之间的关系问题的,既分析考察了由于大生产的本性使得教育与生产劳动相结合的必然性及当时现实的教育与生产劳动相结合,也预见了未来社会中的教育与生产劳动相结合,把它看成是培养全面发展的人的途径。毛泽东、邓小平在中国的国情下继承发展了教育与生产劳动相结合的思想。

青年时代的毛泽东也主张半工半读这种教育与生产劳动相结合的模式。1919年12月,毛泽东写了《学生之工作》一文,此文是其"新村"设想中关于学校问题计划书的一章。他主张:学习减少教授时间,"使学生多自动研究及工作",从事种园、种田、畜牧等事项,实行"工读主义";工作必须是为生产的、合于实际生活的。[1]

教育与生产劳动相结合固然是近代机器大生产提出的要求,但在革命战争年代,在以小生产个体手工劳动为基础的根据地,可不可以把教育与生产劳动结合起来呢?根据地的实践对这一问题的回答是肯定的。那就是从中国的实际出发,创造性地来实施这一原则。

1934年,毛泽东在论述苏维埃文化教育的总方针时就提出:"使教育与劳动联系起来。"在抗日战争时期,毛泽东也主张实行

---

[1] 中共中央文献研究室编:《毛泽东年谱(1893—1949)》上卷,人民出版社、中央文献出版社,1993年,第48页。

教育与生产劳动相结合,他说:"我们的口号老早已经提出来了,就是战争、生产、教育。……边区在没有战争的条件下,直接的任务就是生产和教育两项。"[1] 在晋冀鲁豫边区,邓小平等边区领导人号召军民一边作战、一边生产、一边学习。邓小平指出:"毛泽东同志告诉我们:战争、生产、教育,是敌后的三大任务。我们一切为着战争的胜利,生产正所以保障战争的胜利,教育则为战争、生产而服务,把三者密切地结合起来,就是不可战胜的力量。"[2]

当时的教育与生产劳动相结合,主要不是为了提高劳动者的科学技术水平,消灭体力劳动和脑力劳动的差别,而是根据地经济建设和革命斗争的实际所需。通过生产劳动发展生产,通过生产劳动改造人的思想、净化人的心灵,使干部、知识分子与广大劳动人民打成一片,团结起来打击敌人争取胜利。根据地无论在干部教育中,还是在社会教育和普通教育中,都实行了具有中国特点的教育与生产劳动的结合。

新中国成立后,在以苏为鉴的基础上,毛泽东非常重视根据地的教育与生产劳动相结合的经验,并在实践中大力推行。在教育与生产劳动相结合的过程中,学生和教师以社会为课堂,搞调查研究,接触了实际,增长了见识。但随着党特别是毛泽东"左"倾错误的日益发展,从"大跃进"开始到"文革"结束的很长一段时期内,教育与生产劳动相结合在实践中走了弯路。

---

[1] 中共中央文献研究室编:《毛泽东文集》第3卷,人民出版社,1996年,第2、53、106页。

[2] 中共中央文献编辑委员会编:《邓小平文选》第1卷,人民出版社,1994年,第85页。

1958年，毛泽东在一次讲话中指出："教育必须为无产阶级政治服务，必须同生产劳动相结合。劳动人民要知识化，知识分子劳动化。"[1]他说："教育这个东西比较带原则性，……几千年来，都是教育脱离劳动，现在要教育劳动相结合，这是一个基本原则。……中心问题是教育劳动相结合。""我们是社会主义国家，马克思讲了的，教育必须与劳动相结合。""老读书，实在不是一种办法。……如果是学校办工厂，工厂办学校，学校有农场，人民公社办学校，勤工俭学，或者半工半读，学习和劳动就结合起来了。这是一大改革。"[2]1961年，他写信给江西共产主义劳动大学说："半工半读，勤工俭学，不要国家一分钱，小学、中学、大学都有，分散在各个山头，少数在平地。这样的学校确是很好的"，"我希望不但在江西有这样的学校，各省也应有这样的学校"，"党、政、民（工、青、妇）机关，也要办学校，半工半学"。[3]1965年，毛泽东在杭州会议上批评高中毕业直接升学的办学，要求青年"高中毕业后，就要先做点实际工作。单下农村还不行，还要下工厂、下商店、下连队。这样搞他几年，然后读两年书就行了"[4]。1968年，毛泽东针对上海机床厂培养技术人员的做法，发出了对教育发展影响巨大的"七二一"指示，提出"学制要缩短，教育要革命""从有实践经验的工人农民中间选拔学生，到学校学几年以后，又回到生产实践中去"。[5]

---

[1]《毛泽东周恩来刘少奇邓小平论教育》，人民教育出版社，1994年，第37页。

[2]《建国以来毛泽东文稿》第7册，中央文献出版社，1992年，第396页。

[3] 中共中央文献研究室编：《毛泽东文集》第7卷，人民出版社，1999年，第282页。

[4]《建国以来毛泽东文稿》第11册，中央文献出版社，1996年，第493页。

[5]《建国以来毛泽东文稿》第12册，中央文献出版社，1998年，第509页。

毛泽东的这些观点及其实践，使得教育与生产劳动相结合偏离了马克思、恩格斯的本意。马克思、恩格斯提出与论述的教育与生产劳动相结合是建立在大工业基础之上的，是和现代生产相结合的。从马克思主义的教育与生产劳动相结合的本质和方向上看，应以现代生产和现代科技为基础，而且随着生产和科技的发展，不断地提高教育与生产劳动相结合的水平。毛泽东所说的教育与生产劳动相结合，更多强调的是教育同体力劳动相结合，甚至把生产劳动作为改造知识分子思想的手段。此外，马克思主义讲的"教劳结合"是一个双向过程，不仅教育要同生产劳动结合，同时生产劳动也要同教育结合。这样，既可以保证受教育者受到教育，也可以达到现代生产和现代科学技术所要求的水平。毛泽东对组织师生参加生产劳动很重视，但在很大程度上忽视了生产劳动对教育和科技的依赖。当时出现的"四同"（即同吃、同住、同学习、同劳动），对培养师生的集体主义和劳动观念是有益的。但最后发展到以劳动代教学，把劳动和学习对立起来，把脑力劳动和体力劳动对立起来，甚至把知识分子当作被改造的对象同工人、农民对立起来，这就不能不使教育事业遭受破坏。

随着社会的发展，科学技术作为第一生产力，与现代生产之间的关系日益密切。教育作为培养掌握、运用和创造科学技术人才的摇篮，是科学技术转化为生产力的中介，客观上有同社会生产结合的需要。邓小平非常重视在新的形势下运用和发展马克思主义教育理论和毛泽东教育思想。1978年，邓小平在全国教育工作会议上指出："为了培养社会主义建设需要的合格人才，我们必须认真研究在新的条件下，如何更好地贯彻教育与生产劳动相结合的方针。"他说："马克思、恩格斯、列宁和毛泽东同志都非常重视教育与生产劳动的结合,认为在资本主义社会里这是改造社会的最强有力的手段之一;在无产阶级取得政权之后,这是培养理论与实际结合、学用一致、全面发展新人的根本途径,是逐步消灭脑力劳动和体力劳动差别的重要措施。"他指出:"现代经济和技术的迅速发展,要求教育质量和教育效率的迅速提高,要求我们在教育与生产劳动结合的内容上、方法上不断有新的发展。"重要的是"整个教育事业必须同国民经济发展的要求相适应","我们制定教育规划应该与国家的劳动计划结合起来,切实考虑劳动就业发展的需要",符合现代化建设的需要。[1]邓小平的言论实际上包含着一个非常重要的思想,即教育在推进经济社会发展方面和在推进人的全面发展方面是能够统一在一起的,是互为前提和基础的。教育与生产劳动相结合不光有改造人的思想的功能,还有促进社会发展、提高劳动生产率的作用,而在过去,后者则几乎未被提及。

教育与生产劳动相结合是造就全面发展的人的途径。但辩证唯物论者是条件论者,在当代改革开放的中国,造就全面发展的人不能脱离中国还处于社会主义初级阶段的客观实际。从这一实际出发,教育与生产劳动相结合必须以培养符合社会主义建设需要的合格人才为目的,而不是简单地搞"劳动人民要知识化,知识分子劳动化"这样的文化平均主义。根据"三个面向"的方针,教育要培养的合格人才,不仅符合现代化建设的需要和未来经济建设发展的需要,还要在目标指向上符合人的全面发展的方向。

---

[1] 中共中央文献编辑委员会编:《邓小平文选》第 2 卷,人民出版社,1994 年,第 107—108 页。

为此，邓小平在一系列关于教育的重要讲话中，在强调教育要培养现代化建设需要的合格人才时，都坚持促进人的全面发展的方向。他的这一思想，在《中华人民共和国教育法》中得到了体现。《中华人民共和国教育法》第五条规定，教育必须为社会主义现代化建设服务，必须与生产劳动相结合，培养德、智、体等方面全面发展的社会主义事业的建设者和接班人。

四、关于"两条腿走路"、多种形式办学思想的比较

自青年时代起，毛泽东就对传统死板的正规学校教育提出批判，而对创办形式多样、教学灵活的新学校非常支持，逐渐形成了独具特色的"两条腿走路"、多种形式办学的思想。

1917年10月，他主持筹办湖南省立第一师范学校的夜学，旨在提高工人文化。他认为，"欧美号称教育普及，而夜校与露天学校、半日学校、林间学校等不废"[1]，中国应该向他们学习。1921年，毛泽东与何叔衡等利用船山学社旧址和经费，创办湖南自修大学，为革命培养了一批人才。1925年春夏间，毛泽东在韶山，依靠进步知识分子，先后在毛氏祠堂等处，利用原来族校设备，开办了二十来所农民夜校，对农民进行文化启蒙教育。在井冈山时期，为帮助红军提高文化水平和思想政治水平，毛泽东在红军中办教导队、文化补习班，组织干部战士学习。《兴国调查》《长冈乡调查》和《才溪乡调查》中，毛泽东在对教育工作提出了依靠群众、采取多样性办学的方法。在抗战时期，根据地教育

---

[1] 滕纯主编：《毛泽东教育活动纪事》，湖南教育出版社，1993年，第15页。

一度出现了以追求正规化为目的的教条主义的错误，取消了一批学校，合并了一些学校，学生减员数量很大。对此，毛泽东是不赞成的。1944年10月，毛泽东在边区文教工作会议上又指出："在教育工作方面，不但要有集中的正规小学、中学，而且要有分散的不正规的村学、读报组和识字组。不但要有新式学校，而且要利用旧的村塾加以改造。"[1]应该说，这样的办学方针是符合根据地实际需要的，也促进了根据地教育事业的发展。

新中国成立后，教育发展面临的是一个和平的环境。在和平的环境中，在中国这样一个幅员辽阔、人口众多、情况复杂的大国，如何办教育？正确的方针应该是必须从实际出发考虑国情，办教育不可能由国家全部包下来，必须在坚持国家办学为主的前提下，依靠群众、发动群众来积极办学。但在新中国成立初期，教育又走了一段追求整齐划一、不符合国情的路子。为改变这种情况，1953年5月，毛泽东主持中共中央政治局会议讨论教育工作，会议决定："允许小学民办，不限定几年，能办几年就办几年。""关于整顿小学，整顿巩固、重点发展、提高质量、稳步前进的方针好，但不要过了头。不可能把小学都办成一样，不可能整齐划一。不应过分强调正规化。农村小学可分为三类：中心小学、不正规小学、速成小学。农村小学应便于农民子女上学。应允许那些私塾式、改良式、不正规的小学存在。"[2]

1955年10月，在农业合作化高潮中，毛泽东又指出，合作社应该有教育规划，"包括识字扫盲，办小学，办适合农村需要的

---

[1]《毛泽东选集》第3卷，人民出版社，1991年，第1011—1012页。
[2]滕纯主编：《毛泽东教育活动纪事》，湖南教育出版社，1993年，第274页。

中学，中学里面增加一点农业课程"[1]。社会主义改造基本完成后，由于生产建设的发展，广大群众迫切渴望提高文化教育水平，表现出很大的办学热情。对此，毛泽东给予了支持。在1957年3月召开的全国宣传工作会议期间，毛泽东就社办、民办学校问题发表谈话，认为有条件的应该允许办，并同意厂矿、企业、机关办学。他说："办戴帽中学还是一种好办法。中学办在农村是先进经验，农民子弟可以就近上学，毕业后可以回家生产。如果说教师比较差，……如果说办学质量比较差，孔夫子还没受过这样的教育呢。……在农村，教育要强调普及，不要强调提高，不要过分强调质量。"他指出："戴帽中学的这个帽子不要摘掉，有条件的要多戴一点，学校应该分散在农村里头，摘掉是不好的。"[2]

发展教育事业同发展经济等其他社会主义事业的基本出发点是一样的，就是必须从中国的实际出发，才能取得良好的结果。在人口众多、经济文化比较落后的中国，各地区经济发展与实力、地理条件及人们的思想观念都有差别。发展教育事业一定要坚持因地制宜，不能强求全国整齐划一，搞"一刀切"。但后来，随着"左"倾错误不断发展，毛泽东"两条腿走路"、多种形式办学的思想与实践也走了弯路。毛泽东在重视群众办学这条"腿"的同时，对正规的学校教育这一条"腿"却否定过多，成了跛足而行。在"大跃进"中全民大办学校，导致正规学校教育受到冲击。1968年，毛泽东在"七二一"指示中提出的"大学要办的，

---

[1]《毛泽东选集》第5卷，《农业合作化的一场辩论和当前的阶级斗争》，1955年10月11日七届中央委员会扩大的第六次全体会议上的结论。
[2] 中共中央文献研究室编：《毛泽东文集》第7卷，人民出版社，1999年，第245—246页。

我这里主要说的是理工科大学还要办""学制要缩短，教育要革命"等观点，导致人们忽视正规教育，最终是教育地位的下降，其教训很深刻的。

邓小平也主张"两条腿走路"、多种形式办学。在20世纪50年代"大跃进"已开始的情况下，针对过分强调普及而忽视提高的不良苗头，他就指出："目前教育方面要解决的问题，主要是普及与提高的问题。我们的方针是，一要普及，二要提高，两者不能偏废。只普及不提高，科学文化不能很快进步；只提高不普及，也不能适应国家各方面的需要。""我们在任何时候都要坚持'两条腿走路'，做到在普及基础上的提高和在提高指导下的普及。"[1]

"文革"结束后，对于还要不要"两条腿走路"办教育，邓小平的态度是明确的。1977年8月，他提出："教育还是要两条腿走路。就高等教育来说，大专院校是一条腿，各种半工半读的和业余的大学是一条腿，两条腿走路。"[2]针对"文革"中正规教育这条腿严重受挫的客观现实，邓小平强调，业余学校只是办教育的一种形式，必须办好正规学校尤其是重点学校。他建议改变"文革"中学生中学毕业后劳动两年再上学的做法，采用直接招生。1977年9月，他指出："毛泽东同志的七二一指示要正确地去理解。七二一大学、共产主义劳动大学，各省自己去搞，办法由他们自己定，毕业生不属国家统一分配范围。但是北京大学、清华大学恐怕不能这样办，并不是所有大学都要走上海机床厂的

---

[1] 中央文献研究室：《邓小平论教育》，人民教育出版社，1995年，第17—18页。
[2] 中共中央文献编辑委员会编：《邓小平文选》第2卷，人民出版社，1994年，第54页。

道路。"[1]邓小平的这一观点，恰当地摆正了普及和提高"两条腿"之间的关系，回归了毛泽东"两条腿走路"思想的本意。

对于"文革"给中国教育造成的灾难，邓小平认识得很清楚。他指出："'文化大革命'的一个大错误是耽误了十年人才的培养。现在要抓紧发展教育事业。"[2]而在改革开放之初，面对各地区之间经济发展不平衡的现实，发展教育事业，不能搞"一刀切"，不能完全由国家包下来，还是得靠"两条腿走路"。标志着邓小平理论开始产生的党的十二大的报告中就指出："必须大力普及初等教育，加强中等职业教育和高等教育，发展包括干部教育、职工教育、农民教育、扫除文盲在内的城乡各级各类教育事业，培养各种专业人才，提高全民族的科学文化水平。"[3]

与毛泽东相比，邓小平没有当过"教员"，没有直接从事过兴办教育的实践。他在"文革"后重提"两条腿走路"、多种形式办学的思想，是对毛泽东教育思想的继承。但从根本上来说，"两条腿走路"、多种形式的办学思想是一项政策导向，是指导办学、发展教育的方针和行动准则，它触及了教育结构的改革问题，但还没有细致深入下去，对于"两条腿"之间的比例关系、数量规模等缺乏量化标准。随着时代发展，"两条腿走路"、多种形式办学的思想在实践中就会遇到教育结构是否合理、体制是否健全

---

[1] 中共中央文献编辑委员会编：《邓小平文选》第2卷，人民出版社，1994年，第68页。

[2] 中共中央文献编辑委员会编：《邓小平文选》第3卷，人民出版社，1993年，第9页。

[3] 中共中央文献研究室编：《十二大以来重要文献选编》（上），人民出版社，1986年，第11页。

等问题。而到了这时,邓小平关注的就不仅仅是"两条腿走路"的问题,而是"两条腿"如何走好路、走什么样的路的问题。这是在继承毛泽东"两条腿走路"、多种形式办学思想基础上的发展。因此,从20世纪80年代中期以后,邓小平很少再阐述"两条腿走路"的问题,而把关注点放在了教育发展的战略方向和教育体制如何改革的问题上来。

1983年10月,邓小平为北京景山学校题词:"教育要面向现代化,面向世界,面向未来"。"三个面向",既是中国教育改革和发展的战略指导方针,也是学校改革和发展的战略指导方针,为办学指明了战略发展方向。教育面向现代化,就要根据现代化建设的实际需要培养各级各类人才,培养大批合格人才,为社会主义现代化建设服务。教育面向世界、面向未来,既符合教育为国民经济和社会发展服务必须有超前意识和预见性等教育自身的特点,又要求办学必须有战略眼光,要由封闭式办学转变为开放式办学,立足于中国,放眼世界,把近期目标和长远战略结合起来。这样,才能使学校办出水平、办出特色,也才能使中国教育自立于世界教育之林,培养出合格的社会主义事业的建设者和接班人。

1985年5月,中共中央通过了《关于教育体制改革的决定》。该决定就教育管理权限、教育结构、教育思想、教育内容和方法的改革做了指示,它是20世纪80年代中后期整个教育工作的纲领性文件。这一决定与经济体制和科技体制改革的决定相配套,对于促进教育体制改革,使我国教育事业主动适应经济社会发展的需要,产生了积极影响。在确立教育体制改革决定的过程中,邓小平都给予了理论的指导。他指出:"教育体制改革的决定草案，我看是个好文件。现在，纲领有了，蓝图有了，关键是要真正重视，扎扎实实地抓，组织好施工。"[1]

在20世纪八九十年代，中国的改革发展面临着巨大障碍，教育的发展也受到影响。1992年春，邓小平发表的南方谈话，明确回答了困扰和束缚人们思想的许多重大理论和认识问题，把握和确定了教育改革的方向和动向，从而使我国新时期的教育改革又登上了一个新的台阶。他指出："改革开放以来，我们立的章程并不少，而且是全方位的。经济、政治、科技、教育、文化、军事、外交等各方面都有明确的方针和政策，而且有准确的表述语言。"他说："经济发展得快一点，必须依靠科技和教育。"[2]他号召全党要通力合作，为加快发展我国科技和教育事业多做实事。1993年年初，党中央、国务院颁发了《中国教育改革和发展纲要》，这一纲要以邓小平建设有中国特色的社会主义理论为指导，提出了世纪之交教育改革与发展的奋斗目标。

邓小平既秉承"两条腿走路"的办学理念，又以宽广的眼界放眼世界发展大势，在他的运筹帷幄下，中国教育实现了一年上一个新台阶的跨越式健康发展，这在以往也是没有过的。

五、关于教学思想

从青年时代起，毛泽东就对那种脱离实际、束缚学生思想自

---

[1] 中共中央文献编辑委员会编：《邓小平文选》第3卷，人民出版社，1993年，第120页。
[2] 同上书，第371页。

由的旧学校教学制度十分痛恨。他在 1920 年 6 月曾说:"我一生恨极了学校,所以决定不再进学校。"[1] 纵观"性不好束缚"的毛泽东的一生,他真正的学校学习只是在湖南省立第一师范学校期间。他的理论和学识大部分来自革命的实践。这种不局限于学校内,而以社会为课堂、以实践当学习的经历,深深影响了毛泽东并在他的晚年思想中多次表露出来。

在革命战争年代,毛泽东就要求"改变教育的旧制度、旧课程"[2]。新中国成立后,毛泽东对学校的思想政治工作和贯彻教育与生产劳动相结合等方面是不满意的。随着"左"倾错误的发展,到了 20 世纪六七十年代,他更以激烈的态度批评现存的教育教学制度,他称现存的教学制度为"旧制度","旧教学制度摧残人才,摧残青年,我很不赞成"。他提出:"学制可以缩短","课程可以砍掉一半",考试"题目公开,由学生研究、看书去做","书不一定读得很多"。他指出:"现在学校课程太多,对学生压力太大。讲授又不甚得法。考试方法以学生为敌人,举行突然袭击。"他认为这三项都不利于学生全面发展。他说:"现在这种教育制度,我很怀疑。从小学到大学,一共十六七年,二十多年看不见稻、粱、菽、麦、黍、稷,看不见工人怎样做工,看不见农民怎样种田,看不见商品是怎样交换的,身体也搞坏了,真是害死人。""大学教育应当改造,上学的时间不要那么多","大学如果

---

[1] 中共中央文献研究室、中共湖南省委《毛泽东早期文稿》编辑组编:《毛泽东早期文稿》,湖南出版社,1990 年,第 478 页。
[2]《毛泽东选集》第 2 卷,人民出版社,1991 年,第 356 页。

是五年的话,在下面搞三年。"[1]毛泽东的这些"矫枉过正"的言论,在"文革"中都得到贯彻,给教育事业的发展带来很大破坏。

对于包括教师在内的知识分子特别是高级知识分子,毛泽东在1957年反右派运动以后,就把他们归入资产阶级知识分子行列,放在被教育和改造的位置。毛泽东对教师是不满的。1964年7月,他在同毛远新谈话时说:"你们的教学就是灌,天天上课,有那么多可讲的?教员应该把讲稿印发给你们。怕什么,应该让学生自己去研究讲稿。讲稿还对学生保密?""教员就那么点本事,离开讲稿什么也不行。为什么不把讲稿发给你们,与你们一起研究问题?"[2]他认为,"要想当先生,就得先当学生",教师要向人民群众学习。一般地说,"要想当先生,就得先当学生"是对的,但在"文革"中却发展为知识分子下放农村,接受贫下中农再教育,教师的地位一落千丈,处于社会最底层。

鉴于历史的经验教训,邓小平非常重视教育战线的拨乱反正工作,注意扭转被颠倒了的教学思想。

邓小平对"文革"时期"四人帮"的荒谬论点以及不良社会风气进行了严厉批判。他指出,"四人帮"反对严格要求学生学习科学文化,反对学生以学习科学文化为主,把孜孜不倦、刻苦钻研、勤奋学习说成是"智育第一",走"白专道路",胡说"知识越多越反动",鼓吹"宁要没有文化的劳动者",结果搞得科学技术人员不能钻研业务,教师不能教书,学生不能学习,学校不

---

[1]《建国以来毛泽东文稿》第11册,中央文献出版社,1996年,第22—23、34、492—493页。

[2] 同上书,第96—97页。

敢抓教学，严重破坏了学校教学工作，造成教学质量下降。必须坚决消除和肃清其影响和流毒。为了培养具有高度科学文化水平的劳动者，造就宏大的又红又专的工人阶级知识分子队伍，必须"提高教育质量，提高科学文化的教学水平"。

关于课程，邓小平强调加强基础课程。1977年在谈到大学学制时，他说："所谓四年，基础课恐怕要两三年。基础打得不好，搞科研是有困难的。"[1]要研究怎样安排基础理论课程。关于教学内容，他提出："要反映出现代科学文化的先进水平，同时要符合我国的实际情况。"[2]要"按照中小学生所能接受的程度，用先进的科学知识来充实中小学的教育内容"[3]。

关于考试，邓小平指出："要经过严格考试，把最优秀的人集中在重点中学和大学。""考试是检查学习情况和教学效果的一种重要方法，如同检验产品质量是保证工厂生产水平的必要制度一样。"[4]针对"文革"期间高考被废除、国家出现严重的人才断档情况，邓小平首倡恢复高考制度。1977年，他明确提出："今年就要下决心恢复从高中毕业生中直接招考学生，不要再搞群众推荐。从高中直接招生，我看可能是早出人才、早出成果的一个好办法。"[5]高考制度的恢复，使知识"饥渴"的一代中国青年重新获得了滋润。

---

[1] 中共中央文献编辑委员会编：《邓小平文选》第2卷，人民出版社，1994年，第69页。
[2] 同上书，第55页。
[3] 同上书，第104页。
[4] 同上书，第40、105页。
[5] 同上书，第55页。

同时，邓小平也强调要不断完善考试制度，要帮助学生正确对待考试。"当然也不能迷信考试，把它当作检查学习效果的唯一方法，并且要认真研究、试验，改进考试的内容和形式，使他的作用完善起来。对于没有考好的学生，要鼓励和帮助他们继续努力，不要因此造成不必要的精神负担。"[1]这种对待考试的态度，是辩证的、全面的。

邓小平十分重视教师的地位和作用。在粉碎"四人帮"之后，他为了提高教师的政治地位和社会地位，调动教师从教办学的积极性，采取了许多行之有效的大胆举措：首先，在政治上给教师摘掉了"臭老九"的帽子和"资产阶级知识分子"的政治帽子，强调人民教师是培养革命后代的园丁，"老九不能走"；其次，推翻了压在教育战线和教师头上的"两个估计"，打碎了教育界的精神枷锁，号召全社会都要尊重知识、尊重人才、尊重教师，旗帜鲜明地肯定包括教师在内的知识分子是工人阶级和劳动人民的知识分子，这就使广大知识分子在政治上得到了解放，为新时期教育改革和发展奠定了思想基础和政策环境。

综上所述，毛泽东和邓小平的教育思想内容是非常丰富的，既涉及了宏观理论问题，如教育的地位、教育方针、教育发展等，也论述了微观的实践问题，如教学改革。他们两人的教育思想，既有相同点，又有不同点。就相同点来说，正如毛泽东思想和邓小平理论是一脉相承的理论一样，毛泽东教育思想和邓小平教育思想也是一脉相承的。这一"脉"，就是马克思主义的教育理论

---

[1] 中共中央文献编辑委员会编：《邓小平文选》第2卷，人民出版社，1994年，第105页。

之脉。毛泽东和邓小平在坚持教育的社会主义方向、坚持教育与生产劳动相结合、培养德智体全面发的合格人才等根本问题上是完全一致的。就不同点来说，由于时代不同，毛泽东和邓小平在认识教育的地位、培养目标的具体标准以及办学模式与水平等方面是有区别的，而这种不同和区别，正体现了毛泽东教育思想和邓小平教育理论的与时俱进品质。

"中国应当对于人类有较大的贡献"
——论毛泽东、邓小平的民族复兴观

"中国应当对于人类有较大的贡献",这一宝贵思想和发展目标是由毛泽东提出来的,邓小平继承并发展了这一思想。这一思想,有其历史和现实依据,蕴含着丰富的内容,是党的第一代、第二代中央领导集体民族复兴观的具体体现。其后的中央领导集体,秉承了这一思想,并与时俱进地把这一话语转换为"实现中华民族的伟大复兴"。这是中国共产党思想理论发展史中的重要一环,探究毛泽东、邓小平的这一思想,对于发展中国特色社会主义具有重要的借鉴意义。

一、毛泽东首先提出"中国应当对于人类有较大的贡献"命题

中华民族的历史源远流长,创造了灿烂辉煌的文明。从汉代到明代,中国的科学技术在世界上一直领先长达十四个世纪以上。这是每一个炎黄子孙都引以为傲和感到自豪的,但近代中国却落后了。进步的中国人渴望重振中华雄风,既洗百年来民族耻辱,又为世界做出贡献。

作为时代精英,毛泽东具有强烈的民族自尊心、自信心。他深信中华民族具有伟大创造力,深信中国将会对人类做出更大的

贡献。他在《湘江评论》中宣称:"我们中华民族原有伟大的能力!""他日中华民族的改革,将较任何民族为彻底。"面对日本帝国主义的猖狂进攻,毛泽东坚定地说:"我们中华民族有同自己的敌人血战到底的气概,有在自力更生的基础上光复旧物的决心,有自立于世界民族之林的能力。"在延安时期,毛泽东指出,中国共产党人一切奋斗的目的"在于建设一个中华民族的新社会和新国家",使中国"变为一个政治上自由和经济上繁荣的中国","变为一个被新文化统治而文明先进的中国"。[1]

新中国成立后,站起来的中国人民在中国共产党的领导下,精神极大解放,建设热情极大迸发,仅用短短七年的时间就完成了对农业、手工业和资本主义工商业的社会主义改造,建立了社会主义基本制度。1953年,中国开始执行发展国民经济的第一个五年计划;1956年,"一五"计划的大部分指标已提前完成,奠定了中国社会主义工业化的基础。这些成绩的取得,使积贫积弱的中国有可能以此为基础为人类做出更多更大的贡献。基于此,毛泽东提出了"中国应当对于人类有较大的贡献"的思想。1956年8月,在党的八大预备会上,毛泽东指出:"过去人家看我们不起是有理由的。因为你没有什么贡献。"毛泽东指出:"我们这个国家建设起来,是一个伟大的社会主义国家,将完全改变过去一百多年落后的那种情况,被人家看不起的那种情况,倒霉的那种情况,而且会赶上世界上最强大的资本主义国家,就是美国。""你搞了五六十年还不能超过美国,你像个什么样子呢?那就要从地球上开除你的球籍!"他说:"超过美国,不仅有可

---

[1]《毛泽东选集》第2卷,人民出版社,1991年,第663页。

能,而且完全有必要,完全应该。如果不是这样,那我们中华民族就对不起全世界各民族,我们对人类的贡献就不大。"[1]1956年11月,在纪念孙中山先生诞辰90周年的文章中,毛泽东明确提出,"中国应当对于人类有较大的贡献","因为中国是一个具有九百六十万平方公里和六万万人口的国家"。他指出:"这种贡献,在过去一个长时期内,则是太少了。这使我们感到惭愧。"[2]毛泽东的"中国应当对于人类有较大的贡献"思想第一次凸显出来。

二、毛泽东的"中国应当对于人类有较大的贡献"思想的主要内容及评价

(一)要做到"中国应当对于人类有较大的贡献",中国必须强大起来,必须加快发展速度

1958年1月,毛泽东说:"中国经济落后,物质基础薄弱,使我们至今还处在一种被动状态,精神上感到还是受束缚,在这方面我们还没有得到解放。要鼓一把劲。"[3]毛泽东认为,社会主义制度加上群众运动将是万能的武器。开除"球籍"的危机感和紧迫感,使毛泽东提出15年赶上英国,不久又提出7年赶上英国、15年赶上美国的口号,发动了"大跃进"运动。在"大跃进"的氛围下,1958年11月,毛泽东在武昌会议上再次豪迈地

---

[1] 中共中央文献研究室编:《毛泽东文集》第7卷,人民出版社,1999年,第88—89页。
[2] 同上书,第156—157页。
[3] 同上书,第350页。

提出"中国应当对人类有较大的贡献",成为地球上的"天下第一国"。[1]

"大跃进"直接导致国民经济出现严重困难。毛泽东本人渴望民族振兴、奋发图强、不断进取的信念并没有因此挫折而气馁,反而愈挫愈奋、愈挫愈坚。1964年12月,毛泽东对周恩来在三届全国人大一次会议上的政府工作报告稿进行了修改。政府工作报告稿上有一句话是:"我们应当更有信心用比较不太长的时间,赶上科学技术先进国家的水平。"毛泽东认为,只讲"赶上"还不行,还要讲"超过"。他把这句话改为:"我们应当更有信心用比较不太长的时间,赶上和超过科学技术先进国家的水平。简单地说,我们必须用几十年时间,赶上和超过西方资产阶级用几百年时间才能达到的水平。"[2]这次会议宣布,要在不太长的历史时期内实现社会主义四个现代化的奋斗目标。这是一个重大的历史决策。

(二)"中国应当对人类有较大的贡献"由理想变为现实,需要很长的时间

最初,毛泽东设想的是经过五十年的奋斗使中国强大起来。1954年,在制定新中国第一部宪法时,毛泽东说:"我们要建成一个伟大的社会主义国家,大概经过五十年即十个五年计划,就差不多了,就像个样子了,就同现在大不一样了。"[3]1955年,他

---

[1] 韩西林、李南青:《大跃进三十年祭》,《人大复印资料·中国现代史》1989年第4期。

[2] 逄先知、金冲及主编:《毛泽东传(1949—1976)》下册,中央文献出版社,2003年,第1365页。

[3] 中共中央文献研究室编:《毛泽东文集》第6卷,人民出版社,1999年,第329页。

在中国共产党全国代表会议上指出:"要建成为一个强大的高度社会主义工业化的国家,就需要有几十年的艰苦努力,比如说,要有五十年的时间,即本世纪的整个下半世纪。"[1]1956年,他又说:"辛亥革命,到今年,不过四五十年,中国的面目完全变了。再过四十五年,就是二千零一年,也就是进到二十一世纪的时候,中国的面目更要大变。中国将变为一个强大的社会主义工业国。"[2]

同时,毛泽东也估计到要做好长时间奋斗的准备。1956年9月,他在回答南斯拉夫客人关于中国的前途问题时指出:"要使中国变成富强的国家,需要五十到一百年的时光。……可是这已不是我这一辈的事,也不是我儿子一辈的事。"[3]"也不是我儿子一辈的事"的这种估计,是做好长期奋斗的一种思想准备。经过1961年"调查研究"年的调查研究后,在七千人大会上毛泽东得出了较为符合实际的认识:"建设强大的社会主义经济,在中国,五十年不行,会要一百年,或者更多的时间。"他解释说:"中国人口多,底子薄,经济落后,要使生产力很大地发展起来,要赶上和超过世界上最先进的资本主义国家,没有一百多年的时间,我看是不行的。也许只要几十年,例如有些人所设想的五十年,就能做到。果然这样,谢天谢地,岂不甚好。但是我劝同志们宁肯把困难想得多一点,因而把时间设想得长一点。三百几十年建设了强大的资本主义经济,在我国,五十年内外到一百年内

---

[1] 中共中央文献研究室编:《毛泽东文集》第6卷,人民出版社,1999年,第390页。
[2] 中共中央文献研究室编:《毛泽东文集》第7卷,人民出版社,1999年,第156页。
[3] 同上书,第124页。

外,建设起强大的社会主义经济,那又有什么不好呢?"[1]在这里,毛泽东做了自我批评,把为人类做出较大贡献设想的时间定位在"五十年内外到一百年内外"。

(三)社会主义中国强大了,不会对其他国家构成威胁,不会称霸,而只会为世界和平与人类进步做出自己的贡献

毛泽东始终认为,中国要做到对人类有较大贡献,首先就要维护世界和平,平等对待世界上一切国家和民族。在新中国成立前夕的中国人民政治协商会议第一届全体会议上,他就指出:"我们的民族将从此列入爱好和平自由的世界各民族的大家庭,以勇敢而勤劳的姿态工作着,创造自己的文明和幸福,同时也促进世界的和平和自由。"[2]1959年6月,毛泽东在同秘鲁客人谈话时指出:"中国不仅要自己料理自己,自己过生活,还应该对别的国家和民族进行帮助,对世界有些益处。同别的国家一样,不仅要为自己而且还要对世界做些贡献。"他说:"中国有希望就是了。这还要靠你们帮助,靠世界上爱好和平人民的帮助,最主要的是保持和平环境,这是大家的最大利益。你们要和平,我们也是这样。"[3]

中国的发展需要和平的环境,社会主义中国强大后,不会对其他国家构成威胁,不搞大国主义、霸权主义。1960年5月,毛

---

[1] 中共中央文献研究室编:《毛泽东文集》第8卷,人民出版社,1999年,第301—302页。

[2] 中共中央文献研究室编:《毛泽东文集》第5卷,人民出版社,1996年,第343—344页。

[3] 中共中央文献研究室编:《毛泽东文集》第8卷,人民出版社,1999年,第71—73页。

泽东与来访的英国元帅蒙哥马利进行了一番谈话。蒙哥马利对毛泽东说，中国大概需要五十年，一切事情就办得差不多了，到那时候，你看中国的前途将会怎样？毛泽东说："你怕我们会侵略。""要向外侵略，就会被打回来。"蒙哥马利再问："五十年以后中国的命运怎么样？那时中国会是世界上最强大的国家了。"毛泽东说："那不一定。五十年以后，中国的命运还是九百六十万平方公里。……如果我们占人家一寸土地，我们就是侵略者。"[1]1962年1月，毛泽东重提他与蒙哥马利的对话。他指出："我们是马克思主义者，我们的国家是社会主义国家，不是资本主义国家，因此，一百年，一万年，我们也不会侵略别人。"[2]

（四）毛泽东的"中国应当对于人类有较大的贡献"思想的总体评价

对于"身无分文，心忧天下"的毛泽东来说，他一生奋斗的最大目的，是实现中华民族的伟大复兴，在此过程和基础上使中国对于人类有较大的贡献。他的"中国应当对于人类有较大的贡献"的思想是与民族的复兴和发展紧密联系在一起的。为了促进发展，毛泽东只争朝夕、不甘落后，力争赶超发达国家。新中国成立时，毛泽东接手的是一个四分五裂、人心离散、被列强用经济乃至军事手段肆意蹂躏的中国。而在毛泽东及其战友们的努力下，20世纪50年代，中国成为世界社会主义大国；60年代成为世界核大国；70年代成为世界政治大国。中华民族自近代以来第

---

[1] 中共中央文献研究室编：《毛泽东文集》第8卷，人民出版社，1999年，第187—189页。
[2] 同上书，第301页。

一次以从未有过的尊严和凝聚力屹立在世界舞台,成为维护世界和平的一支重要力量。

毛泽东的"中国应当对于人类有较大的贡献"思想在实践过程中,出现了一些失误,这是历史事实,我们要承认。但同时我们还要承认,毛泽东的初衷和愿望是良好的,他既有加快发展速度的热望,又有做长期准备的打算。加快速度实现跨越式发展,是后发现代化国家普遍追求的发展模式,是值得肯定的,问题在于如何促进发展。毛泽东毫无私心,他考虑的一切都是为了中国的发展和强大,能为人类做出应有的贡献。他的这一宝贵思想被邓小平继承和发展。

三、邓小平对"中国应当对于人类有较大的贡献"思想的继承和发展

作为党的第二代集体领导的核心,邓小平继承并发展了毛泽东提出的"中国应当对于人类有较大的贡献"的思想,在很多场合都重申毛泽东的这一思想。1978年3月,邓小平在全国科学大会开幕式的讲话中指出:"毛泽东同志经常教导我们:'中国应当对于人类有较大贡献。'在科学技术方面,我国古代曾经创造过辉煌的成就,四大发明对世界文明的进步起了伟大作用。但是我们祖先的成就,只能用来坚定我们赶超世界先进水平的信心,而不能用来安慰我们现实的落后。"[1] 1979年12月,邓小平在会见

---

[1] 中共中央文献编辑委员会编:《邓小平文选》第2卷,人民出版社,1994年,第90页。

法国客人时指出：中国古人在历史上对世界科学技术的发展做出了重要贡献。近代以来，我们的贡献太少，也许再过十年或十五年，可能做出比较重要的贡献。[1]1983年12月，邓小平在会见美国客人时说：中国应对人类有较大的贡献。在古代我们做得不错，对人类有突出的贡献。但自1840年鸦片战争以来，中国沦为半殖民地，我们落后了近一百五十年，这一段对人类的贡献较小。[2]邓小平的"中国应当对于人类有较大的贡献"思想及评价，可以概括为以下几方面：

（一）要做到"中国应当对于人类有较大的贡献"，需要打破闭关自守的状态，实行对外开放的政策

邓小平是中国改革开放的总工程师。他认识到，中国要对人类有较大贡献，必须打破闭关自守的状态，实行对外开放政策。1975年4月，邓小平对美国客人说，我们这个国家还很落后。我们也有一些雄心壮志，看能不能在二十世纪末达到比较发展的水平。按毛主席制定的路线，确定了自力更生的道路。自力更生不排除吸收外国先进技术。中国是一个社会主义国家，有责任对人类做出自己应有的贡献，但现在这个贡献很少。[3]1984年5月，邓小平在谈到如何建设社会主义问题时指出：关起门来无法搞社会主义。社会主义总要有优越性。社会主义战胜资本主义要靠发

---

[1] 中共中央文献研究室编：《邓小平年谱（1975—1997）》上，中央文献出版社，2004年，第584页。

[2] 中共中央文献研究室编：《邓小平年谱（1975—1997）》下，中央文献出版社，2004年，第947—948页。

[3] 中共中央文献研究室编：《邓小平年谱（1975—1997）》上，中央文献出版社，2004年，第30—31页。

展生产力。贫穷、生产力落后，有什么优越性？要发展主要靠自力更生，实行开放政策能吸收外国资金和技术作为我们社会主义的补充。中国是个历史悠久的国家，曾经为人类文明做出过杰出的贡献。为什么后来落后了？就是闭关自守。建国以后，虽然也有一段时期发展是好的，但是，我们发展缓慢的一个原因也正是闭关自守。[1]

（二）要做到"中国应当对于人类有较大的贡献"，需要实现四个现代化，实现"三步走"战略目标

毛泽东、周恩来等第一代中央领导人提出四个现代化奋斗目标具有深远意义，作为继任者的邓小平说得非常清楚："四个现代化这个目标是毛主席、周总理在世时确定的。所谓四个现代化，就是要改变中国贫穷落后的面貌，不但使人民生活水平逐步有所提高，也要使中国在国际事务中能够恢复符合自己情况的地位，对人类作出比较多的一点贡献。"[2]1978年6月，邓小平指出：我们力量有限，要在国际上尽我们应尽的责任，特别是对第三世界的责任，还存在一些困难。衡量我们是不是真正的社会主义国家，不但要使我们自己发展起来，实现四个现代化，而且要能够随着自己的发展，对人类做更多的贡献。[3]1990年4月，邓小平在会见客人时指出："我们集中力量搞四个现代化，着眼于振兴中华民

---

[1] 中共中央文献研究室编：《邓小平年谱（1975—1997）》下，中央文献出版社，2004年，第975页。

[2] 中共中央文献编辑委员会编：《邓小平文选》第2卷，人民出版社，1994年，第237页。

[3] 中共中央文献研究室编：《邓小平年谱（1975—1997）》上，中央文献出版社，2004年，第325页。

族。没有四个现代化，中国在世界上就没有应有的地位。"[1]

随着中国改革开放和经济社会的发展，四个现代化的发展目标被更具有操作性、可行性的"三步走"发展战略取代。邓小平多次强调这一"三步走"战略，认为这是实现"中国应当对于人类有较大的贡献"的必由之路。1985年3月，邓小平在会见美国新闻界人士时指出：中国太穷了，同我们这个拥有十亿人口的国家的地位不相称。我们有个雄心壮志，从八十年代起，到本世纪末，把中国建设成为一个小康社会。如果在本世纪末，我们的国民生产总值实现翻两番，达到一万亿美元，中国就可以对人类做出更多一点贡献。如果再花五十年时间接近发达国家的水平，那末，我们这个国家对人类的贡献就更大一些。我们有信心做好这件事情。对人类做出贡献，我是从两方面来讲的：一是我们摆脱了贫困，表明占人类四分之一人口的国家做到了这件事，就可以给人类做更多贡献。[2]

（三）要达成"中国应当对于人类有较大的贡献"，最少需要一百年的时间

这里所说的"一百年"，可以有两层含义：一是社会主义初级阶段要搞最少一百年；二是在新中国成立一百年的时候，人均国民生产总值才能达到中等发达国家的水平，人民生活比较富裕，基本实现现代化。我们主要从后者的角度来理解。

1981年9月，在会见瑞典客人时邓小平指出：现在我们的力

---

[1] 中共中央文献编辑委员会编：《邓小平文选》第3卷，人民出版社，1993年，第357页。
[2] 中共中央文献研究室编：《邓小平年谱（1975—1997）》下，中央文献出版社，2004年，第1034—1035页。

量有限，对世界的贡献不大。我们只有发展自己，才能摆脱落后状态。要做到这一点，恐怕要经过一个世纪的努力。"[1] 1984年5月，会见巴西客人时邓小平指出："我们的目标是，到本世纪末人均达到八百美元。八百美元对经济发达国家来说不算什么，但对中国来说，这是雄心壮志。它意味着到本世纪末，国民生产总值达到一万亿美元。到那个时候，中国就会对人类有大一点的贡献。中国是社会主义国家，国民生产总值达到一万亿美元，日子就会比较好过。更重要的是，在这样一个基础上，再发展三十年到五十年，我们就可以接近发达国家的水平。"[2]

毛泽东曾有过用一百年时间建设强大社会主义国家的设想。毛泽东的这一思想认识，为邓小平提出"三步走"的发展战略，提供了重要的思想借鉴。1985年，邓小平指出："到下世纪中叶，能够接近世界发达国家的水平（后根据实际情况，改为达到中等发达国家的水平——作者注），那才是大变化。到那时，社会主义中国的分量和作用就不同了，我们就可以对人类有较大的贡献。"[3]

（四）要做到"中国应当对于人类有较大的贡献"，需要把握和平与发展的时代主题

很多人担心中国一旦强大，就会对别国构成威胁。但历史已经表明，中华民族曾经的强大给予人类的是巨大贡献，现实和未

---

[1] 中共中央文献研究室编：《邓小平年谱（1975—1997）》下，中央文献出版社，2004年，第771页。
[2] 中共中央文献编辑委员会编：《邓小平文选》第3卷，人民出版社，1993年，第57页。
[3] 同上书，第143页。

来也将进一步证明，中华民族的强大是有利于世界和平的，将为人类做出更大的贡献。

毛泽东曾多次强调中国"不称霸"。邓小平对此理解深刻并进行了多次精辟的阐述。1975年1月，他在会见日本客人时说：我们永不称霸。坦率地说，现在我们这么一个落后的国家有什么资格称霸？问题是三十年、五十年以后，我们也成了一个发达国家，是不是也要称霸？毛主席制定的路线叫永远不称霸，不是讲现在，是讲将来永远不称霸。如果有朝一日中国要称霸，世界人民就有责任揭露我们、指责我们，并同中国人民一道来打倒称霸的中国。我们是用这样的路线来教育我们的子孙后代的。[1]

这就向世界表明了中国永不称霸，而只想为人类和平发展做贡献的决心。1985年3月，邓小平在会见美国新闻界人士时指出：中国每发展一步，就使国际的和平力量增加一分。中国是一个和平稳定的力量。我们最需要和平，不希望战争。我们的第一大任务就是反对霸权主义，维护世界和平。中国进行现代化建设，没有一个和平的国际环境是不行的。因此，我们真诚地希望和平。[2] 1986年，邓小平又指出，如果"十亿人的中国不坚持和平政策，不反对霸权主义，或者是随着经济的发展自己搞霸权主义，那对世界也是一个灾难，也是历史的倒退"。他指出，中国坚持社会主义，中国坚持和平政策，"做到这两条，我们的路就

---

[1] 中共中央文献研究室编：《邓小平思想年谱（1975—1997）》，中央文献出版社，1998年，第2页。

[2] 中共中央文献研究室编：《邓小平年谱（1975—1997）》下，中央文献出版社，2004年，第1035页。

走对了,就可能对人类有比较大的贡献"[1]。

(五)对邓小平"中国应当对于人类有较大的贡献"思想的**总体评价**

作为改革开放的总设计师,邓小平绘就了中国改革开放的宏伟蓝图,奠定了中国特色社会主义发展的理论和实践基础。邓小平在总结党的历史经验和教训的基础上,做出把党和国家工作中心转移到经济建设上来、实行改革开放的历史性决策,确立社会主义初级阶段的基本路线,吹响走自己的路、建设中国特色社会主义的时代号角,创立邓小平理论,指引全党全国各族人民在改革开放的伟大征程上阔步前进。社会主义在中国显示出蓬勃生机和活力,为全世界所瞩目。邓小平所说的中国"在不长的时间内将会成为一个经济大国"[2]的预言已经实现。改革开放以来,中国经济如同一列高速行驶的列车,保持高速持续增长,人民生活从温饱跨入小康。这是邓小平"中国应当对于人类有较大的贡献"思想最生动的体现。

作为"中国人民的儿子",作为"深情地爱着自己祖国和人民"的老一辈革命家,邓小平怀着一颗赤子之心,为中国的发展殚精竭虑。邓小平有句名言:"发展才是硬道理。"经过20年的改革发展,祖国和人民从他的发展观中受益无穷。从战胜百年一遇的特大洪水,到启动西部大开发战略,到加入世界贸易组织,到香港、澳门喜回祖国怀抱,到"神舟"飞船腾空而起,再到成功申

---

[1] 中共中央文献编辑委员会编:《邓小平文选》第3卷,人民出版社,1993年,第158页。

[2] 同上书,第358页。

办奥运会……无一不是以发展造就的强大经济后盾作为支撑。拥有 14 亿人口的大国的健康发展，就是中国对人类做出的巨大贡献，也是邓小平对祖国和人民做出的巨大贡献。

四、毛泽东、邓小平的"中国应当对于人类有较大的贡献"思想的当代意义

抱着"中国应当对于人类有较大的贡献"的信念，在以毛泽东、邓小平为核心的党的第一、二代中央领导集体的领导下，中国特色社会主义建设百折不回，取得了为世人瞩目的辉煌成就。"中国应当对于人类有较大的贡献"，这样的语言现在已不常用，但这并不意味着这一思想已毫无价值、已被抛弃。相反，这一宝贵的思想被中国共产党人继承了下来，并加以发展。当前"实现中华民族伟大复兴"的命题，就是对毛泽东、邓小平的"中国应当对于人类有较大的贡献"这一思想合乎逻辑的继承和发展。

江泽民在十三届四中全会上指出："经济发展了，国力强大了，我们才能有力量抵御任何自然的和社会的风浪，顶住任何外来的威胁和压力，才能实现民族振兴，对人类做出更大贡献。"[1] 1999 年 12 月 31 日，在首都各界迎接新世纪和新千年的庆祝活动上，江泽民同志回顾既往，展望前程，坚信：在新世纪里，中华民族将在完成祖国统一和建立富强民主文明的社会主义现代化国家的基础上实现伟大的复兴！江泽民在庆祝中国共产党

---

[1] 中共中央文献研究室编：《江泽民论有中国特色社会主义》，中央文献出版社，2002 年，第 89 页。

成立80周年大会上的讲话中指出:"从二十世纪中叶到二十一世纪中叶的一百年间,中国人民的一切奋斗,则是为了实现祖国的富强、人民的富裕和民族的伟大复兴。"他在讲话的最后指出:"在任何时候任何情况下,全党同志都绝不能固步自封,绝不能畏惧艰险,必须紧紧团结全国各族人民,把我们伟大的祖国建设成为富强民主文明的社会主义现代化国家,争取对人类作出新的更大的贡献!"[1]在党的十六大报告中,江泽民指出:"推进现代化建设、完成祖国统一、维护世界和平与促进共同发展","在中国特色社会主义道路上实现中华民族的伟大复兴","这是历史和时代赋予我们党的庄严使命"。由此可以看出,"中国应当对于人类有较大的贡献"与实现中华民族伟大复兴,是可以相互通用的思想和理论表述,是同一主题的不同表述形式。

　　党的十六大后,以胡锦涛同志为总书记的党中央继续推进实现中华民族复兴的伟大事业。2003年11月,在为庆祝载人航天飞船首飞圆满成功发表的重要讲话中,胡锦涛指出,我国首次载人航天飞行的圆满成功充分表明,中华民族有志气、有信心、有能力屹立于世界民族之林,为人类和平与发展的崇高事业做出自己的贡献。在纪念毛泽东诞辰110周年座谈会上的讲话中,胡锦涛同志指出:"实现中华民族的伟大复兴,是毛泽东同志、邓小平同志和他们的战友们以及千百万革命先烈的伟大理想。"他指出,我们要"把老一辈革命家历经千辛万苦开创的伟大事业继续推向前进,把实现中华民族伟大复兴的史诗继续谱写下去。这是

---

[1] 江泽民:《论"三个代表"》,中央文献出版社,2001年,第184—185页。

历史赋予我们的神圣使命。"[1]

在党的十七大报告中，胡锦涛同志多次提到"实现中华民族伟大复兴"的使命和信念，指出，"中国的发展不仅使中国人民稳定地走上了富裕安康的广阔道路，而且为世界经济发展和人类文明进步作出了重大贡献"。他还指出，到2020年全面建设小康社会目标实现之时，让中国"成为对外更加开放、更加具有亲和力、为人类文明作出更大贡献的国家"。这些论断，既肯定了中国改革开放和发展的成就为"人类进步作出了重大贡献"，也把建设小康社会与"实现中华民族的伟大复兴"和"为人类作出更大贡献"紧密地有机联系起来。

应该说，"实现中华民族的伟大复兴"的指向与目标，与毛泽东、邓小平的"中国应当对于人类有较大的贡献"的主旨是相同和相通的，体现了中国共产党与时俱进的理论创新精神。由此，我们才可以这样总结说：毛泽东、邓小平的"中国应当对于人类有较大的贡献"思想及其实践，就是为了实现中华民族的伟大复兴。实现中华民族的伟大复兴，这是毛泽东、邓小平等老一辈革命家一生奋斗的最大目标，也是当代中国共产党人正在继承和发展的事业。

在党的十九大报告中，习近平总书记作出了"中国特色社会主义进入了新时代"的重大判断。他指出，这个新时代，"是承前启后、继往开来、在新的历史条件下继续夺取中国特色社会主义伟大胜利的时代，是决胜全面建成小康社会、进而全面建设社

---

[1] 胡锦涛：《在纪念毛泽东同志诞辰110周年座谈会上的讲话》，《人民日报》2003年12月27日。

会主义现代化强国的时代,是全国各族人民团结奋斗、不断创造美好生活、逐步实现全体人民共同富裕的时代,是全体中华儿女勠力同心、奋力实现中华民族伟大复兴中国梦的时代,是我国日益走近世界舞台中央、不断为人类作出更大贡献的时代"。其中,"实现中华民族伟大复兴"和"为人类作出更大贡献",作为新时代的重要目标和重大任务,前者为新时代的民族性,后者为新时代的世界性,[1]两者互为表里,相辅相成,折射出中华民族"达则兼济天下"的胸怀和气度,承载着以毛泽东、邓小平为代表的老一代革命家对民族复兴的期冀和厚望,体现着一代代中国共产党人的初心和使命,具有丰富的历史内涵和重大的现实意义。

---

[1]《党的十九大报告学习辅导百问》,党建读物出版社、学习出版社2017年版,第17页。

学习和调研

徐特立：懂得很多而时刻以为不足

徐特立是杰出的无产阶级教育家，是我们党的"延安五老"之一，朱德赞扬他是"当今一圣人"。毛泽东说徐特立："你对自己学而不厌，你对别人诲而不倦，这个品质使你成为中国杰出的革命教育家。""你是懂得很多而时刻以为不足，而在有些人本来只有'半桶水'，却偏要'淌得很'。"徐特立名不虚传，他的读书学习精神是值得我们学习的。

破产也要读书的学习精神

早年，徐特立仅读了3年私塾就辍学在家。劳作之余，徐特立如饥似渴地读一切可以看到的书籍，几年努力，学有所成。18岁时在乡村教蒙馆，常常无书可读，这使徐特立苦恼不已。20岁时，徐特立做出一个"十年破产读书"计划。他将每年教书所得的20串钱，作为家里的生活开支，而将祖上留下来的几亩薄田逐年变卖，所得钱财专门用来买书，期限10年，把买来的书读通。徐特立知道这样做可能使家庭破产，但他为求得精神的满足而无惧经济上的困境。这种读书学习信念反而使徐特立的身心轻松起来。从此，他不再为花钱买书而犹豫。一些价格很高的大部书，如《十三经注疏》《读史方舆纪要》《御批资治通鉴》等，他都一一买回。在破产读书信念的驱使下，徐特立博览群书，学识日益精进。后来，徐特立谈起自学经验时说："教蒙馆时，自己读书，要到晚上八九点钟以后，每日只读两三点钟的书。平日走路同晚上睡醒了天没有明的时候，就读书。口袋常带一本表解，我的代数、几何、三角，都是走路时看表解学的；心理学、伦理学，都是选出中间的术语，抄成小本子，放在口袋中熟读的。……我读《说文》部首五百四十字，一年读完，每日只读二字。"徐特立的"十年破产读书"计划，执行到第八年，家里就无力再购置书籍。而这时，徐特立已经成为远近闻名的知识广博的学者了。1983年，徐特立藏书中有15000余册被移交湖南省图书馆保存。这批藏书包括社会科学、自然科学方面，其中有古籍善本、新旧平装书、原版外文书等，在不少书中有徐特立写的眉批、注记。这是他留给后人的宝贵精神财富。

长远的读书学习计划

1919年，42岁的徐特立已经教了20年的中小学和高等师范，在湖南教育界享有很高声誉。这时，他却积极参加留法勤工俭学。从长沙动身赴法国时，有人劝他："年纪这么大了，还学得什么？何必一定要做扶拐棍的学生呢？"他说："我今年43岁[1]，……到了60岁，还同43岁时一样无学问，这17年，岂不冤枉过了日子？这17年做的事情，岂不全无进步了？到了60岁时来悔，那就更迟了，何不就从今日学起呢？"1930年徐特立到

---

[1] 此处应该指虚岁。

江西苏区以后,也未放松学习,一本《共产党宣言》读了又读。长征路上,他的马褡子里都装着书籍。

延安时期,徐特立出任延安自然科学院院长,仍孜孜以求地读书学习。1944年他在诗中写道:"年老不足耻,所耻在自足。……我们不警惕,误党兼自误。"1947年1月恰逢徐特立七十寿辰,谢觉哉在致贺信中说:你"天天求前进,索真理。年已七十,尚在作十年、二十年的学习计划。这就是你的一生受益成为我党全体同志战斗的旗帜,成为我党全体同志学习与学问成功的旗帜"。曾三在贺信中说:"您今年70岁了,您还是每天抱着书本,摘抄要点,收集各种材料,做十小时左右的工作,计划着二十年三十年学习……"

徐特立这种年复一年、不断读书学习的计划,一直坚持到晚年也没有懈怠。毛泽东赞叹说:"从那时(徐特立1927年入党之时)至今长期艰苦斗争中,你比许多青年壮年党员还要积极,还要不怕困难,还要虚心学习新的东西。什么'老',什么'身体精神不行',什么'困难障碍',在你面前都降服了。"

行之有效的读书学习方法

徐特立一生学而不厌,积累并倡导了很多行之有效的读书学习方法。下面略述四种:一是定量、有恒。1961年冬天,一名记者约徐特立谈青年的学习问题,徐特立说:"你们记者怎么学习?"这位记者说:"我常常是工作一忙,就埋在稿子里面,把学习放松了。一年过去了,觉得整天忙忙碌碌,没有扎扎实实读点书,很可惜。"徐特立说:"我读书的办法总是以'定量''有恒'

为主。""每个人要有一个算盘,打算一天读多少?一年读多少?一生读多少?要有个计划。哪怕一天学一点,只要不间断,就能得到知识。问题就是要坚持,要持之以恒。这个'恒'字,对学习尤为重要。三天打鱼、两天晒网是学不好的。"

二是"不动笔墨不读书"。这是徐特立的一句名言。他认为,不怕书看得少,只怕囫囵吞枣不消化。他教育学生,读书要注意消化,读的时候,要标记书中的要点,要在书眉上写下心得体会和意见,还要摘抄自己认为精彩的地方,这样读一句算一句,读一本算一本。他的学生中实行这种方法最有成绩的是毛泽东。后来徐特立要读《联共党史》的时候,开始书店只出了上册,他就买了一本阅读。当听说有了苏联版本的上下册,他就借了下册抄读,因为是节抄,就要做详细分析后再抄,结果,他对《联共党史》下册的了解比上册深刻。于是,他再回来把上册也节抄了一遍。由此他又得出了一个结论:买书不如借书,读书不如抄书,全抄不如摘抄。这是一条读书的好经验。

三是"学足三余"。这是古人学习的一条经验。《三国志·王肃传》上有"学足三余"的话,就是说晚上是日中的多余的时候,落雨下雪是晴天多余的时候,冬季是春夏秋三季多余的时候,平日都要做工,只有得闲多余的时候读书,读得久了,学问才会丰富起来。这是徐特立学习古人如何寻找读书时间的经验,也是他身体力行的经验。他还大大发展了"学足三余"的经验,他连吃饭、走路、睡觉前,甚至在劳动空闲,也不忘学习。如前所述,他学数理化时,是把表解或定理公式抄在小本子上,揣在口袋里,走路的时候边思索边记忆。在他40多岁到法国勤工俭学,以后50多岁又到苏联去学习,学法文、俄文的单词,也都是这样学的。

四是主张无书不读、无书不可读,"有关国家书常读"。徐特立个人读书的范围很广,他主张无书不读、无书不可读,只有知识范围广博,才可以培养批判、借鉴的眼光。比如他指出医药卜筮之书、宗教经典和劝世文等在一些人看来价值不大的书也要读。他认为,这些书虽然没有科学意义,却有历史意义。他还指出,资产阶级学者的唯心主义和机械唯物主义的书也要读,科学技术这些方面的书更要读。在主张广泛读书的同时,徐特立特别强调:"有关国家书常读,无益身心事莫为。"关心天下事、国家事是中国读书人的传统,徐特立特别期望青年后学要有这样一种读书学习的精神状态,而这也正是他自己一生读书学习的真实写照。

董必武：观书有得觉思清

作为我们党的"延安五老"之一，董必武是中国共产党内的饱学之士。他博览群书，在政治、法学、历史、诗文、书法等方面都有很高的造诣，但他从不满足，批评自己"学愧未能忘尽我"。到八九十高龄，仍然"此身不惯闲无着"，"老去愈知学不足"。1965年3月，董必武的《八十初度》诗有云："蹲点未能知老至，观书有得觉思清。此身不惯闲无着，外语重翻读九评。"这是他酷爱学习的真实反映。彭真同志称赞他"读书是他平生的一大嗜好"；江泽民同志赞扬他"深思好学，酷爱读书"。董必武重视读书学习的思想和精神值得我们认真总结学习。

"人一能之，己十之；人十能之，己百之"

俗话说："人过四十不学艺。"但于董必武却是例外。1929年春，董必武43岁，因英语基础较好，由共产国际保送到列宁学院英文班学习。他学习的课程有：哲学、政治经济学、党的建设、国际共运、群众运动等。老师们分别用俄语、德语、英语、法语等讲授。除听课外，董必武整天在图书馆如饥似渴地学习马列原著。他常跟别人议论说："有学而不能者，未有不学而能者"。"人一能之，己十之；人十能之，己百之。这是我的学习信条。"

这种勤奋好学、刻苦钻研的精神，得到中国同志的好评，也深受外国同志的敬佩。在列宁学院学习期间，他联系中国革命的实际，系统地学习了马克思列宁主义，特别精心地研读了《社会民主党在民主革命中的两种策略》《帝国主义是资本主义的最高阶段》《国家与革命》等著作。对"左"、右倾机会主义路线给革命造成的严重损失，有了更加深刻的认识。假期他也曾赴工厂、农村参加实习调查。在巴库油田和列宁格勒工厂，与工人一起生活劳动后，他写出的总结报告得到学校很高评价，被誉为理论和实际相结合的优秀作品，并在全校展出。

董必武的这一"学习信条"贯穿一生。新中国成立后每一次离京外出，他首先考虑的是书——带什么书，如何装。一到目的地，他都是先把书清理到书架上，再去放置其他生活用品。为了工作的需要，董必武晚年用了很大的精力继续习读外语。在学外语的过程中，他拜身边懂俄文的秘书为师，请她在要学的书上标出重音，自己再在另一本同样的书上逐字标出；如认为秘书标错了，就画上横线，打上问号，重新标音，提出同秘书商讨，态度一丝不苟。由于年岁太大，记忆力有所减退，董必武就制作了大量卡片，正面写外文生词，背面写汉语翻译。不论在家或外出，不论在火车上或飞机、轮船上，他一有空就一边翻阅，一边口诵手画。通过刻苦钻研并持之以恒，董必武终于在原有基础上进一步掌握了英、日、俄三种语言。

"逆水行舟用力撑，一篙松劲退千寻"

董必武曾多次说：活到老学到老，学到老学不了，必须珍惜时间，利用一切可以利用的时间坚持学习，不可虚度光阴。85 岁时，他在一首诗中写道："学习当如卒过河。"他自己这样做，也教育子女和青年学生这样做。1957 年 12 月，董必武写信给刚考上大学的长子，勉励他在正式入学前，"时间切记不要浪费掉，要自己找点什么东西自修，找点自己最缺乏的东西自修"，自修中遇到不信的地方记下来，有可以请教的人就向他请教。"学问学问，问就是学的不可缺少的条件。"他还在信中谈到自己："这次离京是养病，每天除看地方报纸和《人民日报》外，写方楷六十四个，小楷一百四十四个，这二十天来，因病因事耽搁了几天没有做到，绝大多数日子就是这么过的。你妈妈每天也是写二百个小楷字，……我们总不让我们的日子白白地过去。"1959 年 8 月，应《中学生》杂志编辑部之邀，董必武赋诗《题赠中学生》。在诗的序中，董必武指出，我国中学生在社会主义建设时期，必须充分利用时间，刻苦学习自然科学和社会科学知识，热爱劳动，锻炼身体，立志老老实实地学好一种本领，为建设伟大的社会主义祖国服务。他的全诗为："逆水行舟用力撑，一篙松劲退千寻。古云此日足可惜，吾辈更应惜秒阴。"这首诗已成为广大中学生乃至一切读书人熟知的励志诗篇。

"学习当如卒过河。"知不足就要继续学，学习就应如象棋中过河的卒子，只能义无反顾、勇往直前。这就是董必武的回答。

"一切问题的解决都是学出来的"

董必武在很多场合和文章中都讲到了学习问题，有的论述学习对于领导干部的重要性，有的指出学习的方向和方法。他把学习看作是解决问题的不二途径。董必武指出:"用过去的经验来解决现在的问题是不够的,必须努力学习,才能适应新的环境,解决新的问题。……一切问题的解决都是学出来的。"1936年6月,董必武在担任中央党校校长时,除负责苏维埃政权建设课程的讲授外,还亲自抓党的工作、教学工作,经常到学员中了解学习、思想、生活等情况。发现问题,就及时组织有关人员讨论研究,立即改进。同时,董必武认为学习不是只钻书本,"只有在群众斗争的活生生的事实中去虚心领会,去刻意追求,去脚踏实地地试验,才会得到成果的",也只有不断地和群众一起在实践中学习,才能领导群众前进。1944年7月,董必武在《群众》杂志上发表《党在不断学习中进步》一文指出,党成立以来,是在不断的学习中进步的。除了学习马列主义,主要是向广大人民——工人和农民学习,也向其他阶级的人民学习。文章指出:"二十三年来党的成绩是伟大的,党已经成为中国政治中的决定因素。这是因为党是不断地和群众在一起学习而进步的。"文章强调:"党的任务是复杂而繁重的,我们不应当骄傲,而是应当在毛泽东旗帜之下,继续不断地和群众在一起学习,并领导群众前进。"董必武在给一位即将走上新岗位的同志题辞中,勉励他努力学习:"共产党员必须为人民的事业学习,而不是为了任何别的目的……不倦地学习,弄通自己的思想,是每个党员不可推诿的职责……没有刻苦学习的精神,骄傲自满,不求进步,就是对革命事业不负责任。"

当前,世情、国情、党情发生了深刻变化,不少同志的思想和认识落后于形势发展的需要,失去了工作的主动性和发言权。解决这个问题的重要途径之一,就是认真学习。

"马列至言皆妙道，细思越读越分明"

董必武秀才出身，留过洋，是同盟会的元老，也是国民党的元老，更是我们党的创始人之一和高级领导人。他总是能够站在历史运动的前列，直至取得革命胜利。原因何在？这与他重视马列理论的学习不无关系。董必武总结辛亥革命"革命功成，革命党消"的悲剧，非常注重党的自身建设，尤其重视理论学习。无论是在苏区领导马克思共产主义学校，还是在延安担任中央党校校长，他都适应革命需要举办各种训练班，抓机关干部学习，并亲自授课，熔文、史、哲于一炉，把马克思主义理论与中国实际结合起来，把科学文化知识的传播与世界观改造结合起来。

新中国成立后，董必武经常叮嘱党员和干部，要努力学习马列主义、毛泽东思想。1956年，他在《七十自寿》诗中写道："革命重理论，马恩指出早。"1957年9月，董必武写信给儿子，希望他"在学习专科时，必须常常学习政治"，"要学习辩证唯物主义"。年事愈高，他愈加感到学习马列理论的重要性。1961年，他有诗写道："未因迟暮衰颓感，毛选诸篇读尚勤。"1971年，他又在《八六初度》诗中指出："马列至言皆妙道，细思越读越分明。"1975年，在他逝世前不久所作的《九十初度》诗中，还说："遵从马列无不胜，深信前途会伐柯。"正因为如此，董必武在曲折的革命道路上，始终坚持正确的前进方向。董必武对马克思主义坚定的信仰和孜孜不倦的学习精神，值得每一个党员干部同志认真学习。

谢觉哉：毕生自修无尽期

作为我们党的"延安五老"之一，谢觉哉的一生是好学、深思的一生。无论是在如火如荼的革命时期，还是在国事繁忙的建设年代；无论是在艰难跋涉的长征途中，还是在延安窑洞的煤油灯下，他坚持读书学习，数十年如一日。他对自己的要求是"毕生自修无尽期"。他积累的学习方法，值得我们认真借鉴学习。

挤与钻

人们常说工作忙，没有时间读书学习，谢觉哉强调："没有时间，挤；学不进去，钻。"他指出，要"晨思夜读，重新学习"，"应该于业余时间补习，好学"，把琐碎的时间充分利用起来。他语重心长地说："因为工作忙而把学习挤掉，这不是一条理由，而是对学习自满的一种表现。工作是无止境的，学习也是无止境的，要'日知其所无，月无忘其能'，天天都要在学习中吸收新的养分，才能做得好工作，善于学习才能善于工作。"他说："将来工作会越来越忙，这是规律。不能因为工作忙而中断学习，那样做是危险的，其结果是生命将会停滞，革命事业将会受到损失。"谢觉哉本人善于"挤与钻"。在青少年时代，他就是善于"挤与钻"、刻苦好学的"书生"，11岁时就读完了"五经"。那时买书不易,他便到藏书多的人家去借读、借抄。参加革命后,他的求知欲更加强烈。1928年冬,党组织派他去沈阳办事,他在沈阳一家日本书店里见到一本《列宁主义十二讲》,便如获至宝地买下,同时还买了一部日文字典来对照着读,并把该书翻译出来。在六十寿辰时,谢觉哉在剖析自我的《六十自讼》中说自己:"孤才知极直,钻始识弥坚。不羡松乔寿,重研马列篇。"晚年时期,谢觉哉仍然强调学习要有"挤与钻"的精神。1966年7月他写的"攻书"诗,就体现了这一点:"读书如垦地,斩棘铲不平。读书如攻城,坑道要打通。排除其糟粕,缴获其精英。如斯读者,方可谓之攻。"

学习要有恒

学习要有坚持不懈的精神。谢觉哉多次对人说:"读书要有恒,不是一夜长个长子,而是一点一滴地累上去。""一个人的学问,一个人的知识,一个人的能力,都是一步一步来的,一点一滴积蓄起来的。不可能经过一个晚上,第二天早晨爬起来就是很能干的人了。"为做到学习有恒,谢觉哉特别指出,党员干部必须把学习提高到为人民群众服务的高度来认识和对待,才有巨大动力。他指出:不学不可,因为我们负了革命的重担,人民交给我们以非办好不可的任务。后来他又指出:"学习容易也不容易。说容易,我们要学的东西都是合乎客观事实和人民需要,合情合理的东西,没有文化的劳动人民常常一听就懂。说不容易,有些人的脑子里装着一些抵触东西,自满、偏见、自以为是、个人利益等,因而提不起上进情绪,甚至倒退。"这就需要和这些不良认识做斗争，使自己的思想和知识同新的形势相适应。在这方面，谢觉哉自己有切身体会。他回忆说：1931年我到中央苏区毛泽东同志处工作，到的次日，拟一个开会的通知，毛泽东同志全改了，一字不留，加的也不少。我问："为什么我这样不会写了？"毛泽东同志望了我一阵，只答复两个字："你学！"这两个字对我启发很大。怎么学呢？一是向人家学，学正面经验、好的地方；二是向自己学，学反面经验、不好的地方。通过这一事件，谢觉哉认为，要把包括学习在内的任何工作做好并不难，只要能切实做好毛泽东同志说的"你学"。谢觉哉坚持学习，成绩显著，诗词文章俱佳，董必武称赞他"传家绝业诗千首，报国多方笔一枝""屡有文章警海内""好学深思老不疲"。在晚年患病的几年里，谢觉哉坚持通读了大字版的《毛泽东选集》《毛泽东军事文选》等有关资料。他不能久坐看书，就叫家人买了一个放乐谱的铁架子，把书放在架子上，这样可以头靠着椅子，自己用左手翻阅。有几次，夫人劝他少看一点，谢觉哉说："年纪大了，读书的机会越来越少了。"夫人说："毛主席的书你不是读过几遍了吗？有些你原来就听过主席的报告。"谢觉哉回答："现在重新读一读，同过去的体会不一样了。"

"书要读得多"

谢觉哉主张"书要读得多——累积知识"。他把学习看成像栽树一样，树的枝叶要繁荣发达，一定要根扎得深。他指出："学如植树，枝叶扶疏根必固"。同样道理，一个人学的东西广博而深刻，工作起来就会心定神闲、游刃有余。谢觉哉个人读书学习的范围极广，古今中外的政治、历史、哲学、经济、教育、法律、文学、农牧、医学、水利、地理、天文等类的书，无所不读。仅从1946年至1948年谢觉哉的日记记载粗略来看，他读的书就有胡善恒的《财务行政论》、俞永修的《刑法总则释义》、郭尔巴托夫的《宁死不屈》（塔拉斯一家）、杨绍萱的《中国古代社会新发展纪略》，以及《死魂灵》（鲁迅译本）、《鲁迅全集补遗》、《大众哲学》（修改本）、《阅微草堂笔记》等著作。新中国成立以后，谢觉哉虽担任重要职务，公务繁忙，但仍然手不释卷，刻苦勤学。他在办公桌上放着马克思、列宁和毛泽东的理论书籍，在休息室里放着文学书，在床头放着历史书，甚至在卫生间也放有小说、杂志以备浏览。由此，谢觉哉积累的知识是多方面的。比如，他对农业生产知识懂得就很多。1942年他任陕甘宁边区参议会副议长时，主动提出当参议会生产小组的顾问，使生产获得了显著的成果，特别是按照他指导的方法饲养出来的大肥猪，还被展出来供参观。还有一些老同志来找他要几个治疗疑难病的名方，谢觉哉只要稍微沉思一下，就能准确无误地说出这些名方在《本草纲目》中的页码。当夫人向他求教学问时，他同样告诉夫人那是在什么书上，怎样说的。夫人翻开来看，果然不错。

学用结合

谢觉哉指出，"学习是为着工作，工作增加我们的学习"，主张把学习与工作和实际结合起来。他说：学文化、看文件、看书报是学习，但只是学习的一面；做事、检查事，不论他人做的或自己做的，得出的规律和平常学的相印证，是学习的另一面——

也是最重要的一面。谢觉哉指出，把学习和具体工作隔离开，学习遂成无用、应付，因而也就搞不起来。他在日记中写道：学习方法要改，不只读、讨论文件，而应从文件联系到具体问题，而把它深入研究，由发现到解决，不然算不上有学习成绩。在许多场合，谢觉哉都申明他的这一观点。他指出："离开工作的学习可能成为教条主义者，成为一个书呆子，不能消化。一同工作联系起来，学习就很生动了。"1946年12月，谢觉哉专门就高级干部业务学习问题指出：一种是读书，一种是用书，读是为着用，搜集、考证、编述、供他人的用；借人的力读，以供自己的用；采其判断，精要的片段，以供自己的用；忙的人，现任有职务的人，只好采其后者。他指出：学习理论如不从历史事实及社会现象中去求证，是不会了解的；如不从目前事实及社会现象尤其本身的经验中去求证，是不会能运用的。他具体阐述说："学习要联系实际。理论是从实际中提炼出来的。我们学习理论不应该孤立地学，要想到所以产生这个理论的实际事实，才能帮助我们对理论的更好了解。比如说学习毛主席的著作，学习到第一次国内革命战争时候的著作，就得了解那时红军的情况、根据地的情况，等等，这样才能真正领会主席在当时为什么要写出那样的文章。这是联系实际的一个方面。另方面，理论联系实际，就应当把理论运用到现在面临的实际中去，去考验、去证实、去体会它的正确性，体会其所以正确的所在。只有这样才能真正把理论学到手，学得深刻。"这种学用结合、学习要和实际（包括现实和历史）结合起来的学习方法，理应为我们发扬光大。

林伯渠：把握住大的方向

作为我们党的"延安五老"之一，作为"跨越两个世纪的革命家"（王震语），林伯渠既是中华民国的开国功臣，又是中华人民共和国的开国元勋，为我国的民主主义革命及社会主义革命和建设做出了不朽的贡献。林伯渠从少年时期得其父编著教本冠以"励志"勉励，考入师范学校就读，到新中国成立后担任政协全国委员会学习委员会主任，他一生都坚持读书学习，不断追随时代进步。1941年，他在自传中谦称"无特殊才干"，但能"把握住大的方向"。"把握住大的方向"，也是他以革命一生积累的重要学习方法，值得后人认真学习借鉴。

学贵博专相兼

自青少年时代起，在身为乡塾先生和书院山长父亲的督导下，林伯渠读书学习的范围非常广泛，对中国古代典籍、清末维新书籍都有涉猎。在日本留学时期，他攻读了经济学和法学，广泛地研究过财政学、簿记学、统计学、工业政策，对于民法、刑法、国际公法、海商法、宪法等很有兴趣，对于哲学、史学也很关注，尤其喜欢王夫之的《读通鉴论》。这使林伯渠具有超于他人的辨别分析能力。有一次，他听了一个讲座后在日记中写道：

"午后听讲《公羊传》于孔教会，就五始三统之义反复说明，尚有条理。惜讲师口吃，不能动听者兴味耳。忆儿时受经，先君子即以此书相督责，计六阅月毕业，颇解其义。"基于这样的读书学习经历，林伯渠认为，读书之道，博学详说；经世之才，遍采广询。正是在广泛学习的过程中，林伯渠通过李大钊接触到马克思主义的一些基本知识，后来又读了《共产党宣言》等著作，这启发他去思考中国应该走什么道路。这种博专相兼的学习方法也使林伯渠具备一专多能的综合素质，决定了他对中国革命和建设的多方面贡献：他长期负责财经和部队的供给工作；长期担任陕甘宁边区政府主席并从事统一战线工作，同时还兼任中央财政经济部部长、中央财政经济委员会主席等职务；新中国成立初期又任中央人民政府委员会秘书长；等等。因博览群书，加之受家教国学浸染，林伯渠的诗词文章俱佳。延安时期，陈毅在拜读林伯渠的诗词后表示敬佩，写信给林伯渠说："一个职业革命家，终其身从事浴血战斗，精神紧张到极度，偶尔从事怡情悦性的小品诗文写作，倒是一个消除疲劳的好办法。这期间是可以于无意中产生空前绝后的杰作的。"正如陈毅所言，林伯渠诗词确实是留给后世的杰作。

学贵坚持不懈

坚持不懈是一切好学者的信条，林伯渠亦觉坚守不易。他指出："考察己之所缺，用毅力以补充之，按步程功，夙夜匪懈，虽未中不远矣"，要"力戒悠忽"，"加意用功作去，方有进境"。他认定，为学"非有十分奋进勇力不可"，"凡事只应向前做去，总有好处","人才不甚相远,只看好学不好学,用心不用心耳"。他认为坚持学习是走向成功的基础:"过人者,学力之过人耳。成功者,毅力之结果耳。"领导干部的学习,因必须处理好与日常工作的关系,能否坚持确实是个问题。对此,林伯渠认为不能把二者对立起来,而应结合起来。他指出:"关于怎样学习,过去经验证明,首长负责、联系实际是最有效的。但有许多干部对此认识不够,甚至轻视学习,把领导学习与领导工作分开,把学习文件与本机关的具体实际不会很好地结合起来。"作为领导干部,学习更需要持之以恒的精神。他指出:"学习无恒,先紧后松,或学习中提出的问题不予解决,学习困难不予克服,都影响到学习的成效。"对此,林伯渠认为,必须建立学习制度。他指出:"今后必须领导干部确实负责,作出榜样,领导别人,共同前进,应该了解,学习就是工作,学习就是领导,学习好坏就是工作和领导好坏的关键。必须建立经常的学习制度。"新中国成立初期,为了满足在京领导同志的学习要求,由政协全国委员会提议并组织了学习委员会。林伯渠德高望重,党中央请他担任主任以主持学委会工作。林伯渠以身作则,按时参加学习会,带头学习,践行自己主张的学习方法。这对于团结党外民主人士,启发、诱导他们了解党的政策,发挥了重要作用。

学贵交流提高

在青少年求学时期,林伯渠非常注重与同学"互相质证",交流学习心得。他认为这对于提高自己、与同学共同进步大有益处。在革命工作中,林伯渠把互相学习、交流提高看作是关系本职工作和革命事业成败的重要一环,他指出,解决学习中的问题和困难,需要程度高的帮助程度低的。这样做的目的是"为了提高自己,帮助别人,学好本领,迎接胜利"。1941年秋,在林伯渠主持下,陕甘宁边区政府邀集民间诗人墨客,以"老者安之,少者怀之"之意,成立了"怀安诗社",汇集佳作。到会者把酒畅谈,称此诗社为"延水雅集",与王羲之等人的"兰亭雅集"媲美。林伯渠发表讲话,号召大家多写诗,写好诗;借古体有平仄协韵的特点,用旧瓶装新酒。他提出:一不要咬文嚼字,力求通俗;二不要用典,提倡明快诗风。他还当场吟成《延水雅集·赋呈与会诸君子》:"十年挟策费调停,待整金瓯拱宿星。抗敌计无分畛域,匡时论共契兰馨。边城重寄期安堵,盛会嘉宾喜满庭。四野风多秋气健,及时樽酒慰遐龄。"随后,许多老者也即席唱和,产生了不少佳作。此后,参加诗社的人员增多,有中央和边区各部门的领导,有来延安学习的各根据地干部,有边区参议会中的地方耆老,还有民间能诗善赋之士。大家借这个平台,以诗词为工具,"互相质证",交流感情,陶冶情操,提高觉悟,宣传政策。这是林伯渠倡导"学贵交流提高"的一个生动例证。诗社存续八年,涌现出了大量讴歌中国共产党、赞扬延安和各抗日根据地军民斗争业绩的光辉诗篇,成为留给后世的一笔宝贵精神财富。

学贵理论指导

尽管对于如何学习颇有心得,但林伯渠并不故步自封。在延安时期,林伯渠还专门就学习问题请教毛泽东。他问:"像我这样的人，应当如何学习？"毛泽东说："像你我这样的老党员，也还要在立场、观点、方法三个方面去努力。我们学习马列主义，最主要的还是学习分析问题和解决问题的立场、观点、方法。"林伯渠非常重视毛泽东这一主张。实际上，他在革命与建设的几个历史阶段不断学习进步的过程中，也是一直这样做的——重视理论特别是马列主义、毛泽东思想的指导作用。1942年7月，林伯渠在给朱德总司令的诗中说自己"握筹愧乏治平策，励志惟存马列篇"。陈毅后来在悼诗中赞誉林伯渠"革命一生毫不愧，路线正确是英雄"。这是中肯的评价。1945年，在党的七大上，林伯渠结合自己革命生涯中前15年为旧民主主义革命奋斗、后25年为新民主主义革命奋斗的亲身经历，令人信服地说明，要解决中国的问题，没有马克思主义理论指导不行，不善于结合具体实践也不行。林伯渠指出：社会政治活动家，就应该学习马列主义、学习社会发展的规律，并善于将这些规律应用到自己的实际工作中去。1956年，林伯渠出席党的八大时，语重心长地讲了学习马列主义的问题。他说："只有在我们有了越来越多的人真正懂得马克思列宁主义，并且能够成熟地运用它的时候，我们社会主义建设的胜利，才算有了可靠的保证"。抚今追昔，林伯渠强调自觉学习理论并接受马列主义指导的科学态度仍给我们以深刻的启迪。

吴玉章：留作青年好范畴

作为我们党的"延安五老"之一，吴玉章既是著名的革命家，也是杰出的教育家、历史学家和语言文字学家。他一生大部分时间从事教育工作，倾心关注青年学生的学习和成长，深受青年学生爱戴。在他六十寿辰时，中共中央电贺他："不仅是中国教育界文化界的前辈，而且是青年男女先进的导师。"1960年5月，吴玉章以81岁高龄，写下一首"自励诗"："春蚕到死丝方尽，人至期颐亦不休。一息尚存须努力，留作青年好范畴。"吴玉章留给青年的"好范畴"很多，他积累的学习方法，就是留给青年和后人的一笔宝贵财富。

选择一个奋斗的目标来努力学习

吴玉章明确指出："要选择一个奋斗的目标来努力学习和实践。目标既定，在学习和实践过程中，无论遇到什么困难曲折都不灰心丧气，不轻易改变自己决定的目标，而努力不懈地去学习和奋斗，如此才会有所成就，而达到自己的目的。"他强调说："学习能不能有成就，首先决定于他的学习目的是否正确。"什么样的学习目的才是正确的呢？首先，"能够用马克思列宁主义的立场、观点和方法，来正确处理中国革命的实际问题，同时使我们能够正确地有批判地吸取古代优秀的文化遗产"。其次,"学习业务","应该是从国家的需要出发"。这些看似很宏大的目标,在吴玉章看来并非空洞的、遥不可及的。吴玉章自我剖析说,1903年年初到日本时,他决心要学一门科学,选的是电气工程。1911年弃学回国参加辛亥革命,他感到"所学非所用",后来进巴黎法科大学,改学政治经济学。随后他又根据时代所提出的新问题,不断调整自己的学习奋斗目标。不久,俄国的十月革命和中国的五四运动相继发生,他便以欣喜的心情接受马列主义,从资产阶级民主主义转向共产主义。抗战时期,蒋介石曾对他说:你是同盟会、国民党的老前辈,还是回到国民党来吧。对此,吴玉章明确表示:"我加入共产党是相信马克思列宁主义的科学真理,深知只有共产主义才是社会发展的唯一正确道路,对于这一点,我是不动摇的。"在接受马列主义以后,在批判地吸收古代优秀文化遗产、学习业务方面,吴玉章也为青年做出了表率。他用尽后半生的心血,积极组织和领导了我国的文字改革工作。他作为这一事业的先驱者所创造的光辉业绩,是永远值得后人纪念的。

学习必须与实践和工作结合起来

在革命时期,吴玉章就主张学习要与工作实际结合起来。1946年4月中共四川省委成立后,吴玉章为省委书记。当时敌我斗争形势非常严峻,吴玉章重视通过抓学习来应对各种可能出现的困难。在给中央的报告中,他指出:"气节教育、阶级教育,一开始就因环境恶劣而很注重,常常在准备被捕的各种应付,并且加紧学习,主要学党章、党纲及少奇同志的修改党章报告,由我及友渔、江震同志等每一、二星期向党员作报告,加强党员学习。"最后,吴玉章率领同志们圆满完成了任务,得到中央的充分肯定。进入和平建设时期,吴玉章更强调学习要与实践、工作结合起来。1949年2月,他在华北大学的学生毕业典礼上指出:"工作也是学习,随时都可以学习。在生活中学习,不一定死啃书本。学习是自觉主动的,如果不自觉便什么也学不到,自觉地学习,到什么地方也可以学习。"他以自己为例,指出:"最重要的在实践,……大革命失败后,我到苏联去,看了许多宝贵的书,并到劳动大学学习。到那里才发现自己实在不够,同时明白了看书要仔细思考,还要和自己的生活行事结合起来,加以反省。"1952年9月,吴玉章接受《中国青年》编辑部采访,他希望青年们"学习文化科学知识,精通业务","无论从事什么工作,都应该力求提高文化科学知识的素养,深入到具体的业务当中去,做到有真才实学,拿得出本领,成为工作中的高明的人,成为'内行'的专家"。在担任中国人民大学校长期间,吴玉章提倡教学要结合实际,认为"学生一经毕业,即服务社会,故在修学期中,宜多予各生以研究之机会"。为此,学校建立了教师进行社会调查、学生进行生产实习的制度,有计划地组织师生参加社会实践活动,受到广泛好评。

学习要有坚强的意志

吴玉章指出:"在学校学习的过程整个说来是一个循序渐进、由浅入深的过程","为了提高学习质量,就必须坚持学习上紧张而持久的劳动。所谓紧张，就是要刻苦顽强、孜孜不倦；所谓持久，就是要持之以恒，循序渐进"，学习不仅"要有崇高的目的，还要有坚强的意志，这是十分重要的"。吴玉章郑重指出："希望我们课堂里没有一个害怕艰苦的人的座位"，"更不要有一个人虚度时光而成为使自己和学校都不光彩的废品"。在工作中，他经常询问青年教师的学习情况怎样、读书方法是否得当。他指出：读书学习并非是一件容易的事，不具备一定的文化水平，就很难理解书中的意思；不刻苦钻研，理解也不可能深刻。吴玉章这样要求青年，而他自己也是这样做的。1929年，他进入莫斯科中山大学学习时已51岁，学校专为像他这样年龄大的中国学员设立了特别班。但他并未因年龄大而在学习上掉队，反而由于刻苦努力，学习成绩优异，还得到了学校的优等评语。吴玉章自幼喜欢历史，但紧张的革命工作使他"无暇从事历史的研究"。在苏联求学期间，他克服资料缺乏等困难，从事历史教学和研究工作，编写了一部《中国历史教程》讲义，后又根据讲义写了《中国历史大纲》。这使他成为我国较早运用唯物史观研究中国社会历史问题的马克思主义史学家。他顽强学习、刻苦研究历史的精神也得到党中央的高度肯定。1940年1月，中共中央在祝吴玉章六十寿辰的贺词中说："你是我党可贵的历史专家，你的广博的学识，你对马列主义的理论和方法的忠诚的探究，你的坚毅不懈的努力，使你在这方面已有了一定的成就，这对于我党和中国人民，都是难能可贵的贡献。"吴玉章学习研究历史一生不辍，他80多岁时还坚持登上讲台给中国人民大学的师生讲党史，成为美谈。

学习必须采取老老实实的态度

吴玉章指出，学习是一项艰苦的脑力劳动，是一个艰巨的任务。"必须老老实实地学习，再学习。科学的道路并不是平坦的，但只要我们努力，科学堡垒是能够攻破并占有它的。"这一点，吴玉章有切身体会和教训。1932年，他在海参崴远东工人列宁主义学校任教时，远东出版局约请他编写一本中文教科书。这本书出版后，有人说书中存在理论上的错误，他认真检查了全书，果然发现有错，他不回避，认真研读了经典作家对这个问题的论述，加深并提高了自己的认识，随后写了一份专门的声明，不但把书中别人指出的错误写了出来，就连别人没有看出而自己经过学习后认识到的其他错误，也写出来做深刻的检查，并表示坚决改正。这种老老实实、勇于承认并改正错误的态度，不但未影响他的工作，反而得到了大家的嘉许和尊重。1955年9月，吴玉章在为全国青年社会主义建设积极分子大会写的文章中指出："我还想着重指出一种相当普遍的现象。有不少的青年似乎还只是在口头上谈论学习而不是老老实实地用功学习。他们总是借口工作太忙、条件不好、读书实在太苦以及来日方长等等来掩饰自己的懒怠。这种现象如果不克服，不但他们自己将会停顿起来和落后下去，而且将会给建设事业带来不小的危害。他们应该明白，空谈学习是有害无益的。学习必须采取老老实实的态度：刻苦耐劳，顽强不倦，用功读书，仔细研究实际斗争，虚心向他人请教。"他指出："要培养老老实实、实事求是的学习态度，反对骄傲自大、自以为是的作风。"这些话都是他的切身经验之谈。在延安时期，吴玉章写了一首五言古诗《和朱总司令游南泥湾》，一直未曾发表。1958年,有编辑部向他索诗,他拿出来准备发表时,一位年轻服务员发现其中一句涉及民族历史问题的提法似不妥。吴玉章觉得有理,接受了服务员的修改意见。后来,他经常说这位服务员是他的"一字之师"。1959年9月,81岁高龄的吴玉章为自己写了座右铭:"我志大才疏,心雄手拙。好学问而学问无专长,喜语文而语文不成熟。无枚皋之敏捷,有司马之淹迟。是皆虚心不足,钻研不深之过。年已八一,寡过未能。东隅已失,桑榆非晚。必须痛改前非,力图挽救。戒骄戒躁,毋怠毋荒。"这种老老实实、谦虚好学的大家风范,足以为后学之指南。

习仲勋：1961年，长葛调查

1961年是中国共产党历史上著名的调查研究之年。面对"大跃进"造成的经济全面紧张，党中央决心认真开展调查研究，纠正错误，调整政策。按照毛泽东的指示，根据中央安排，1961年4月10日至8月22日，时任国务院副总理兼秘书长的习仲勋率领中央工作组一行12人，到河南省长葛县开展了为期135天的调查研究工作。在调查研究中，习仲勋与群众建立了深厚的情谊。他根据第一手调查资料，实事求是向中央提出了"大跃进"和人民公社化运动中造成的失误，提出了调整农村及人民公社有关政策的方向和意见，为中央决策提供了有说服力的宝贵素材，对于指导河南乃至全国走出经济困境，起了极其重要的推动作用。

时间如白驹过隙，一晃而逝。但长葛人民、河南人民没有忘记习仲勋这位"从群众中走出来的群众领袖"（毛泽东语）深入群众、与群众在一起的历历往事，历史也记录下这段党的高级干部践行群众路线、开展调查研究的深沉足迹。

全党大兴调查研究之风

受"大跃进"、人民公社化运动和"反右倾"运动的影响，到1960年，中国国民经济陷入严重的危机之中。

一方面，国民经济比例严重失调。首先，表现为"以钢为纲"导致农轻重比例失调。从1957年到1960年，重工业增长2.3倍，而农业却下降22.8%。另外，工业内部比例失调。钢铁生产挤占大量能源、原材料和交通运输，使其他部门无法正常生产。由于基本建设规模过大，增加大量职工和投资，造成财政收支不平衡以及社会购买力和可供商品的比例严重失调，出现了巨大的财政赤字和市场紧张。还有就是积累和消费比例失调。1958年到1960年，这三年的积累率分别达到33.9%、43.9%、39.6%，大大超过第一个五年计划期间已经较高的平均积累率24.2%。

另一方面，人民生活水平大幅度下降。首先是出现全国性粮、棉、油供应紧张的局面。在农业大幅度减产的情况下，国家为维持城镇商品粮的供应，不得不采用高征购的办法，这就形成了全国性粮食危机。由于饥饿、营养不良，许多地区相当普遍地发生了浮肿病。人民群众的生活已处于严重困难之中。

正当中国处于经济困难的时刻，1960年7月，以赫鲁晓夫为首的苏联领导集团，采取突然袭击的手段，单方面撕毁了12个政府协议、343个合同和合作补充书，片面决定撤走全部在华专家，停止供应中国建设急需的重要物资和设备，严重扰乱了中国国民经济的原定计划，加重了中国国民经济的困难。

当然，从根本上说，国民经济的严重困难主要是由于经济建设上的"左"倾指导思想造成的。在"大跃进"和人民公社化运动中，"共产风"、浮夸风、瞎指挥风盛行，唯心主义泛滥，生产关系的变革超过了生产力的发展水平，搞穷过渡，从而严重破坏了生产力的发展。要实现国民经济的好转，只有对国民经济进行调整，从经济建设的指导方针上来一个大转变。

1960年6月18日，毛泽东写了《十年总结》，他指出："对于我国的社会主义革命和建设，我们已经有了十年的经验了，已经懂得了不少的东西了。但是我们对于社会主义时期的革命和建设，还有一个很大的盲目性，还有一个很大的未被认识的必然王国，我们还不深刻地认识它。我们要以第二个十年时间去调查它，去研究它，从中找出它的固有的规律，以便利用这些规律为社会主义的革命和建设服务。"[1]

7月5日到8月10日，中共中央在北戴河召开工作会议。这次会议第一次提出要对国民经济进行调整。9月30日，中共中央批转的国家计委党组《关于1961年国民经济计划控制数字的报告》中提出：1961年我们要"把农业放在首要地位，使各项生产、建设事业在发展中得到调整、巩固、充实和提高"。报告第一次正式提出了"八字方针"。

与此同时，从1960年10月开始，中共中央开始部署整风整社，以肃清五风："共产风"、浮夸风、强迫命令风、生产瞎指挥风和干部特殊化风。郑重地、系统地提出这一任务，则是以11月3日周恩来主持制定的《关于农村人民公社当前政策问题的紧急指示信》（简称"十二条"）[2]为开端。

该紧急指示信的核心，是要求全党用最大的努力来纠正"中央和毛主席从1958年冬季以来再三再四地指示必须坚决纠正"

---

[1]《建国以来毛泽东文稿》第9册，中央文献出版社，1996年，第216页。
[2] 中共中央文献研究室编：《建国以来重要文献选编》第13册，中央文献出版社，1996年，第660—676页。

的"共产风",认为自那时以来,一部分地方和社队基本上没有再犯,大部分地方和社队纠正不彻底,1959年冬季以后又刮了起来,还有一部分地方和社队一直没有纠正,继续刮,严重地破坏了农业生产力。其中规定了十二条政策,主要是:重申"三级所有,队为基础,是现阶段人民公社的根本制度"(毛泽东加上"从1961年算起,至少7年不变",这是针对各种向基本社有制过渡的试点和计划而提出的);彻底清理"一平二调",坚决退赔;加强生产队的基本所有制,实行生产小队的小部分所有制,允许社员经营少量自留地和小规模家庭副业;坚持按劳分配原则(毛泽东加上"至少二十年不变");恢复农村集市;等等。当时还强调:只要坚持三级所有,坚持部分供给制,坚持办好食堂,"就不会犯原则错误"。

该紧急指示信发出后,全党动员和组织各级领导、广大干部深入农村,向基层干部和农民宣读、解释,同他们一道为纠正错误、落实政策、扭转农村形势而奋斗。中央还连续批转各地贯彻执行指示信情况的报告,以督促这一工作的进行。

1960年11月28日,毛泽东在为中央起草的一个发给全党的文件中,以中央的口气做了自我批评,认为"自己也曾犯了错误,一定要改正"[1]。毛泽东做自我批评,希望推动广大干部认识:"现在是下决心纠正错误的时候了。"[2] 1960年12月24日至1961年1月13日,中共中央在北京召开工作会议,毛泽东在会

---

[1] 中共中央文献研究室编:《建国以来重要文献选编》第13册,中央文献出版社,1996年,第729页。
[2] 同上书,第693页。

上说：社会主义建设不要急，过急了办不成，越急越办不成，要搞他半个世纪。要波浪式地向前发展。要搞几年慢腾腾，不要务虚名而招实祸。毛泽东还提出，大办社有经济，必然刮"共产风"。他把"一平二调"等工作中的失误，称为"人祸"。对于"一平二调"的物资，毛泽东主张"一定要坚决退赔"。会议中，河南、甘肃省委负责人做了检讨。

在毛泽东看来，这几年错误的发生，直接源于思想方法上的主观主义和片面性，党内同志的调查研究工作不做了，只凭想象和估计办事。在1月13日中央工作会议的最后一天，毛泽东做了关于大兴调查研究之风的讲话。他说，对一切工作要做到：情况明、决心大、方法对。尽管认为你有很好的方针、政策，而情况不明，决心不大，方法不对，就等于没有。他举了《汉书·河间献王传》中"实事求是"的典故，要求全党一定要恢复实事求是和调查研究的优良传统。他说："我们党是有实事求是传统的，就是把马列主义的普遍真理同中国的实际相结合。但是建国以来，特别是最近几年，我们对实际情况不大摸底了，大概是官做大了。我这个人就是官做大了，我从前在江西那样的调查研究，现在就做得很少了。今年要做一点，这个会开完，我想去一个地方，做点调查研究工作。"[1] 毛泽东号召全党大兴调查研究之风，一切从实际出发，把1961年搞成实事求是之年、调查研究之年。

随后，党中央于1961年1月14日至18日在北京召开八届九中全会。会议着重讨论了1961年国民经济计划、贯彻1960年11月3日中共中央发出的《关于农村人民公社当前政策问题的紧

---

[1] 中共中央文献研究室编：《毛泽东文集》第8卷，人民出版社，1999年，第237页。

急指示信》和农村整风整社等问题。在此基础上，全会正式通过了对国民经济实行"调整、巩固、充实、提高"的八字方针，并决定在全国各大区重新成立党的六个中央局，即中共中央华北局、东北局、华东局、中南局、西南局、西北局。中央要求把经济管理权限集中到中央、中央局和省（区、市）三级，两三年内更多地集中到中央、中央局，以加强中央对各大区的各项工作的统一领导和全面安排。这表明，国民经济建设由"大跃进"进入调整阶段。

根据毛泽东的要求和中央会议精神，1961年1月29日《人民日报》发表了题为《大兴调查研究之风》的社论。社论指出，我国社会主义建设事业出现了许多新的情况和新的问题。怎样掌握这些新情况，怎样才能把我们的社会主义建设事业进一步推向前进呢？首先就需要调查研究，尤其是党的各级领导机关和领导干部必须以身作则地做好调查研究工作。

为了贯彻毛泽东关于全党大兴调查研究之风、一切从实际出发的指示，1961年3月23日，中央发出《关于认真进行调查工作问题给各中央局，各省、市、区党委的一封信》，同时一并附上了毛泽东1930年写的《调查工作》（后来公开发表时改题为《反对本本主义》）这篇文章，要求县以上各级领导机关联系实际深入学习。信中说：最近几年工作中缺点错误之所以发生，根本上是由于许多领导人员放松了在抗日战争和解放战争期间进行得很有成效的调查研究工作，满足于看纸上的报告，听口头的汇报，下去的时候也是走马看花，不求甚解，并且在一段时间内，根据一些不符合实际的或者片面的材料做出一些判断和决定。在这段时间内，夸夸其谈，以感想代政策的恶劣作风，又有了抬头。这是一个主要的教训,全党各级领导同志,决不可忽略和忘记这个付出了代价的教训。信中指出:"中央要求从现在起,县级以上党委的领导人员,首先是第一书记,认真学习毛泽东同志的思想方法和工作方法,把深入基层(包括农村和城市),蹲下来,亲身进行有系统的典型调查,每年一定要有几次,当作领导工作的首要任务,并且定出制度,造成风气。"信中指出,深入基层调查研究,是领导工作的首要任务。"一切从实际出发,不调查没有发言权,必须成为全党干部的思想和行动的首要准则。""在调查的时候,不要怕听言之有物的不同意见,更不要怕实际检验推翻了已经作出的判断和决定。"[1]这实际上是向全党领导干部提出了端正思想路线的问题。

党中央领导人身体力行,组织调查组或亲自深入实际进行调查研究。中共八届九中全会一结束,毛泽东率先深入基层进行调查,他先派了他的秘书陈伯达、胡乔木、田家英率三个调查组分赴广东、湖南、浙江。毛泽东本人于1961年1月25日离开北京南下,然后到广州集合,参加3月召开的广州会议。广州会议原则上通过《农村人民公社工作条例(草案)》,共10章60条,简称"六十条"草案。"六十条"草案明确规定以生产大队所有制为基础的三级所有制,是现阶段人民公社的根本制度;强调各级人民公社的规模不宜过大,特别是生产大队的规模不宜过大,以避免在分配上把经济水平相差过大的生产队拉平,避免队与队之间的平均主义。草案还规定:在生产队(包括食堂)分配给社员

---

[1] 中共中央文献研究室编:《建国以来重要文献选编》第14册,中央文献出版社,1997年,第226页。

的现金和实物中，一般工资部分至少不能少于七成，供给部分至多不能多于三成；在一切有条件的地方，生产队应该积极办好公共食堂。

在毛泽东的影响下，中国共产党迅速掀起了一股调查研究之风。从中央到地方，各地领导人纷纷走出机关，深入基层进行调查，刘少奇在湖南，周恩来在河北，朱德在四川、河南，陈云到上海，邓小平到北京郊区县等地进行调查。

1961年4月3日，根据中央和毛泽东的部署，邓小平在北京主持召开中央书记处会议，专门研究农业问题的调查研究工作，决定按照毛泽东指示，派出十个调查组分赴"三北"（华北、东北、西北）、山东、四川等地的有关省、区调查。[1]就这样，时任国务院副总理兼秘书长的习仲勋接受了中央交付的重任，带领一个调查组到河南省长葛县开展典型调查。

习仲勋来到曾经名声大噪的长葛

1961年4月10日，习仲勋率由国务院机关党委书记侯亢，国务院副秘书长曾一凡、赵守攻，国务院机关事务管理局局长李孟夫，国务院人事局局长金树旺，国务院办公厅副主任黄仁、田方等12人组成的中央工作组，来到"五风"盛行的河南长葛，展开蹲点调查。

---

[1] 会上讨论议定十个调查组的组长和工作地点，除习仲勋到河南外，廖鲁言到晋东南，胡耀邦到辽宁，谢富治到河北邯郸，王从吾到黑龙江，钱瑛到甘肃，陈正人到四川，王观澜到陕西，徐冰到山东，杨尚昆到河北安国和徐水。

在"大跃进"的狂热时期，河南长葛以创造了"土地深翻法"而名声大噪，妇孺皆知。

在1958年5月召开的中共八大二次会议上，河南省长葛县委第一书记吕炳光作为先进农业县代表，做了题为《土地大翻身，争取亩产800斤》的大会发言。毛泽东听了很高兴地说："感谢河南省长葛县委第一书记的发言。这个发言很好，我又看了一遍。一年把一百二十万亩土地全部深翻一遍，深翻一尺五寸，争取亩产几百斤。这就提出一个新问题，各县是否都能做到？河南长葛县能做到，别的县难道就不行吗？一年不行，二年不行，三年还不行，四年、五年就可以了吧！五年总可以再翻一次吧！我看五年总可以！他们第二个五年计划把全县的地都翻一遍。没有工具就用长葛县那样的工具，用他们那种办法。在第二个五年计划没有别的方法，就用他的办法，也许还有别的办法。他的办法是：先把表层熟土翻在一边，然后把肥料施在生土上，再用铁钎把第二层生土翻开，与肥料搅拌，打碎土坷垃后仍放在下层不动，挨着翻第二行，把第二行熟土放在第一行生土上，依次下去，表层土不变。这是一大发明。"[1]此时，毛泽东听到的汇报是深翻一尺五，并没有超过合理的限度，说明此时的深翻土地经验是有科学根据的事实。

深翻土地问题在党的代表大会上得到毛泽东的肯定和提倡之后，5月13日《人民日报》发表了吕炳光撰写的《土地大翻身，争取亩产八百斤》的文章。文章提出，土地深翻有十大好处：1. 可以风化土壤，使死土变活土，活土变油土，加深了土壤的肥

---

[1] 许尧坤：《毛泽东与许昌的历史机缘》，《党的文献》2000年第1期。

沃层，增强了土壤的团粒结构；2. 松土层加深，便于根系发育；3. 能增强蓄水能力，保墒防旱；4. 能溶化和充分发挥肥料的效能；5. 减少地面径流，防止内涝；6. 土地成畦，便于灌溉；7. 能根除杂草；8. 可以消灭虫害；9. 土壤松虚，便于平整；10. 能使作物扎根深，增强抗风能力。文章还举例说明深翻地比未深翻地亩产高出许多，不仅小麦可以翻地增产，玉米、红薯、棉花、花生都"可增产百分之几十以至一倍"。当时农民说："水是血，粪是粮，深翻土地建谷仓。"

1958年7月11日，农业部在河南长葛县召开"全国深耕农具和改良土壤"现场会。全国各省（区、市）党政部门的干部，农业科学研究单位和工业机械研究制造系统的技术人员共200余人参加了会议。此次会议就是为了在全国推广长葛县"深翻土地"经验。这次会议提出："把全国需要深翻和改良的十六亿多亩耕地，普遍深耕和改良一遍。一般深度达到一尺五上下，丰产田二、三尺以上，并作到分层施肥。"[1] 同时提出从7月份起迅速在全国范围内掀起深翻和改良土壤的高潮。这时，深翻土地技术开始向极端发展，把土地深翻从一尺五变成了丰产田深翻"二、三尺以上"。违背科学的所谓技术开始在全国推广。

1958年8月，中原大地一片炎热。8月6日至8日，毛泽东视察河南农村，来到长葛，更使长葛红极一时，再次赚足了全国人民的眼球。

据《人民日报》报道，在长葛县"五四"农业社，毛泽东观看了长得很好的麦茬玉米。这里有40亩密植麦茬玉米，已经长

---

[1]《深耕深翻，大量增产》，《人民日报》1958年7月27日。

到六尺多高，计划亩产 20000 斤，附近的另一块干部玉米试验田长得更好，计划亩产 25000 斤。毛泽东称赞了这些生长良好的玉米。毛泽东问县委书记吕炳光今年的亩产量，吕炳光说："保证一千五百斤，争取两千斤。"毛泽东笑着问："能达到吗？"吕炳光满怀信心地说："一定达到，秋后到北京给主席报喜。"[1]

1958 年 8 月 29 日，北戴河中央政治局扩大会议也把深翻土地运动提上议程，通过了《关于深耕和改良土壤的指示》，要求各地"必须政治挂帅，全党动员，全民动手，从现在起，在今年秋种以前和今冬明春，掀起一个深耕和改良土壤运动的高潮"[2]。深翻土地，由此变为一场席卷全国的轰轰烈烈的运动。长葛成为这一运动的中心和焦点，先后有 20 多个省（区、市）代表团[3]前来参观学习。

在土地深翻运动中，"地翻一丈深，亩产一万斤"等口号不绝于耳。真理向前多走一步就会变成谬误。到 1959 年夏秋，深翻增产的神话破灭。因为 1959 年春，包括河南在内的 15 省就已经出现春荒。而春荒的出现，与 1958 年河南陆续放出粮食高产"卫星"直接相关。

俗语说："吹牛皮不上税。"而在 1958 年的"大跃进"中，吹牛皮却是要交税的。虚夸的粮食高产，带来的却是实实在在的高征购。由于征购了过头粮，1958 年当年河南许多地方就开始发

---

[1]《毛主席视察河南农村》，《人民日报》1958 年 8 月 12 日。
[2] 中共中央文献研究室编：《建国以来重要文献选编》第 11 册，中央文献出版社，1995 年，第 462 页。
[3] 长葛县志编纂委员会：《长葛县志》，生活·读书·新知三联书店，1992 年，第 253 页。

生粮荒，人民公社的公共食堂捉襟见肘，无法开伙，出现了大量浮肿病人和人畜非正常死亡现象。1959年全国开展"反瞒产"运动，河南高征购粮食又导致大量人畜死亡，突出的如信阳地区，1960年有9个县死亡率超过100‰，为正常年份的好几倍。[1]

尽管当时河南省委主要领导极力捂盖子，但随着灾情的逐步扩大，河南的问题还是通过不同渠道反映到了北京。卫生部和内务部向国务院反映河南的情况，首先接触到这一情况的国务院副总理兼秘书长习仲勋深感问题之严重，立即向中共中央监察委员会书记董必武做了汇报。董必武立即派人到信阳进行了为期三个月的调查，随后写出一份报告上报中央。"信阳事件"令毛泽东、刘少奇、周恩来等中央领导人十分震惊。1960年11月，中共中央发出《关于农村人民公社当前政策问题的紧急指示信》，要求坚决刹住"共产风"，纠正"左"的错误。

"信阳事件"是河南在"大跃进"和人民公社化运动中推行高指标、瞎指挥、浮夸风和"共产风"等左倾错误导致的一个极端事件。当时，越是浮夸风、"共产风"刮得起劲的"先进"地区，到头来往往遭受的损失也最大。作为曾经名声大噪的"深翻土地"典型的河南省长葛县，也饱尝了粮食短缺的痛苦滋味。

在长葛人民嗷嗷待哺的艰难困顿时刻，习仲勋率领的中央调查组的到来，使他们有如大旱之望云霓，精神为之一振，看到了渡过难关的曙光。

---

[1]《当代中国》丛书编辑部：《当代中国的人口》，中国社会科学出版社，1988年，第74页。

向中央发回第一次调查报告

1961年4月10日,习仲勋奉命率中央工作组到长葛的当天,他就听取了县委第一书记张汉英的汇报,随即决定到存在问题多、情况复杂、离县委机关最近,又能折射当时农村现状的和尚桥公社的宗寨、樊楼、杜村寺三种不同类型的生产大队,进行重点调查。

中央和国务院领导到基层工作,按规定是严格保密的。习仲勋来到长葛后,工作人员理所当然地请他遵守这一规定。但由于习仲勋身材魁梧、气质特别、平易近人,加上一口纯正的陕西关中口音,虽然衣着朴素,仍不免为当地群众所注目,人们纷纷打听他是从哪里来的,是哪一级的领导。

习仲勋带着工作队走村串户,到群众中嘘寒问暖,更是引起了人们的好奇和疑问。习仲勋得知后,便给工作人员说:我的身份对群众不用保密,就说是国务院副总理到长葛来调查,这样才能体现党中央对人民群众的关心,我们来这里是帮助工作的,把身份告诉群众有何不好呢?有个社员曾当面问他:"你来过长葛没有?你们是参观团吗?你们是不是从北京来的?过去汽车一来都得去欢迎,不去还要硬叫去。你们不像过去的参观团。"习仲勋耐心地向群众做了解释,得到了大家的理解和信任。习仲勋感到这里群众很朴实,对党有感情。

经过十多天的调查,根据掌握的情况,4月23日,习仲勋第一次向中共中央总书记邓小平及党中央写了一份详细的书面报告。报告中他以长葛县和尚桥公社为例,详细汇报了农村的有关情况,系统地提出了解散公共食堂、保护农村劳动力、实行多劳多得等意见和建议。

第一,对于农村总体形势的估计。习仲勋在调研报告中指出,中央"十二条"下达以来,形势急骤好转,群众歌颂"十二条"说:"毛主席派来了天兵天将,捉去了妖魔鬼怪,灵符降服了邪气,要回盗走的财宝。"外流的劳动力大部分已经回来,生产大队纷纷添购农具、牲畜、架子车等。广大农民都积极起来了,不光出勤率很高,干活质量也好。习仲勋明确指出:"有些干部害怕群众的这种积极性,这不对。在最近几年之内,有意识地让群众在'小自由'方面多生产些东西,只有好处,并无害处,何怕之有。"这一观点与"一大二公"的宣传和做法迥异,在当时中央层面也并未达成共识,但习仲勋敢于在给中央的报告里面明确表明自己的态度,确属难能可贵。习仲勋还指出,政策稳定对于农村形势好转具有极为重要的作用。他说,群众的政治热情逐渐提高,民主空气开始发扬。但群众思想仍有顾虑,"怕政策再变","因之群众的热情还不稳定,生产积极性还没有充分调动起来"。

第二,关于公共食堂问题。农村办公共食堂,曾是"大跃进"和人民公社化运动中出现的"新生事物",被视为"共产主义萌芽"而大力提倡。在办理公共食堂的过程中,各地不顾实际条件一哄而起,造成人力、物力特别是粮食的极大浪费。

1961年年初,中央根据群众的呼声,停止了统一办公共食堂的做法。习仲勋率中央工作组到来之前,长葛不少公共食堂实际上已经散了伙。听说中央工作组要来长葛,县里连夜召开紧急电话会议,严令各公社、大队所属公共食堂,必须赶在中央工作组到来之前重新开伙。在习仲勋刚开始听取调研的时候,有些干部汇报说贫雇农、下中农拥护食堂，中农、上中农不赞成办食堂，但习仲勋通过走村串户，最终了解到实情。他在给中央的报告里明确提出：公共食堂问题，是目前农村广大群众最关心的一个问题。和尚桥公社的食堂大部分已经在3月初散伙。据了解，长葛县70%以上的食堂也都相继停办。余下的一小部分食堂，群众都在观察等待，只要干部一松口，马上也会停办。一些干部曾担心食堂解散后会影响社员出勤，调查组发现事实正好相反，社员利用早晚时间推磨并没有占用干活的时间，有辅助劳动力的，连在家做饭的时间都不占，而且让社员在自己家吃饭，还可以把30%左右的劳力从食堂节省下来，全部投入农业生产。

既然基层广大干部和群众已经认识到公共食堂有问题，为什么没有尽早解决这个问题呢？习仲勋分析了其中原因。他指出，在过去一段时间，食堂问题之所以没有得到及时的解决，主要是把办食堂的道理强调过分了，结果束缚了群众和干部的思想。群众和干部在实践中碰了钉子，吃了苦头，但是谁要反映真实情况，对食堂提出不同的意见，就被扣上"损害大集体，反对社会主义"的罪名，受到批判和打击。习仲勋明确指出，有些干部说贫雇农、下中农拥护食堂，中农、上中农不赞成办食堂，其实这都是假象。他说：我们在樊楼大队第三生产队的49户人家中，除了3户地富分子外，逐户做了调查，不论贫农、中农，男女老少都不赞成再办食堂，只有几个"五保户"和单身汉愿意在农忙时办小型食堂。实际调查证明，上述说法其实也是一种抽象的阶级观点。

当年办公共食堂是一哄而起，既然公共食堂问题很多，那么是否可以来个一哄而散呢？习仲勋考虑得很细致。他向中央建议：停办食堂一定要慎重从事，不要一哄而散，即使群众要求停办，也要让群众做好充分准备，把炊具、燃料等安排妥当以后，再停办。食堂停办以后，一定要妥善处理善后工作。原来平调社员的房屋、家具、炊具等应当退回去，帮助社员解决在家做饭以后的一些困难。食堂本身购置的家具、炊具，修盖的房屋要妥加保管维护，以备将来使用。食堂的菜地由生产队经营，生产的菜可以按人口分配给社员吃，也可以作为商品菜出售给社员，出售所得归生产队所有，作为本队的积累，或者在以后分配给社员。伙食委员会应当扩大改组为生活管理委员会，实行民主管理。它的任务是安排群众生活，帮助群众解决生活问题，并继续担任每月发口粮、发菜的工作。

针对公共食堂问题，习仲勋在调研报告中最后得出的结论是：在低标准和办食堂非企业化的条件下，食堂不宜再办，还是把粮食分到户，这是便利群众、有利生产、争取更快地扭转农村困难局面的一个有效措施。

第三，关于劳动保护问题。习仲勋在报告中实事求是地指出，由于口粮标准低，群众体力恢复很慢，体质普遍衰弱。春忙以来，有些社、队得浮肿病的多是壮年劳力，与去冬是老年的情况不同。因此，从长期着眼，在当前必须坚持劳逸结合，要强调少劳多逸，给群众足够的休息时间，以便休养生息。与此相关，对于长葛县推行的多劳多吃、按人口扣出5%或10%的口粮，作为奖励粮办法，习仲勋认为这实际上是降低了一般有劳力和无劳力的口粮标准，挖他们的口粮，去奖励他们，是用自己的拳头打自己的眼睛，群众对此非常反感。习仲勋将这些情况，在电话上反映给时任河南省委第一书记吴芝圃，后者对此表示同意并做了纠正。

在调研报告最后部分，习仲勋指出，除了食堂和粮食问题外，还有"三七开"、评工记分、"三包一奖"、"三定"、调整社队规模、经营管理和一二类社队整风等几个问题，这些都是群众和干部最关心的，也是调动群众积极性的几个重要问题。调研组将在进一步的深入调查研究后再报中央。

在习仲勋向中央发出第一份调研报告两天后，即1961年4月25日，中共中央发出《关于在5月中旬召开中央工作会议的通知》，要求各中央局，各省（区、市）党委，应该利用目前这一段时间，对农村工作中的若干关键问题，包括食堂问题，粮食问题，供给制问题，山林分级管理问题，给农民留一定数量的柴山作为自留山的问题，三包一奖问题，耕牛、农具归大队所有好还是归生产队所有好的问题，一二类县、社、队全面整风和坚决退赔问题，恢复手工业问题，恢复供销合作社以及其他问题，进行重点调查，下10—15天的苦工夫，切实地了解情况，向群众寻求真理，以便五月会议能够比较彻底地完成任务。

很明显，这些问题在习仲勋给中央的报告里面已经有所反映，特别是对于最为迫切要求解决的公共食堂和供给制问题的反映，更是切合了中央要求调研的重点。

邓小平接到习仲勋发来的调研报告后，经中央研究同意，于4月29日以中央办公厅的名义批转："各中央局、省（区、市）党委并北三区[1]中央十个调查组组长：兹将习仲勋同志所带领的中央河南调查组寄回的通讯送给你们参考。"

---

[1] 指华北、东北、西北三大区。

毫无疑问，习仲勋的第一次调研报告得到中央充分认可，他提出的意见和建议也在此后的中央决策中得以体现。

在中共长葛县委会议上发表指导讲话

在给中央发出第一份调研报告后，为了更准确地了解和掌握农村的真实情况及群众的呼声，认真贯彻落实中央精神，习仲勋除了听取县、社、队干部汇报外，还带领工作组到群众中搞调查，倾听群众的真实声音。在走访群众的过程中，每到一个地方，他不是随手拉个小凳子或拿个小木墩坐下，就是很随意地坐到砖头或石板上与群众交谈。通过与群众的促膝谈心，他了解到群众对公共食堂的真实想法，对违背群众意愿、侵犯群众利益的错误决策和措施深恶痛绝。

在进一步深入调查的基础上，1961年5月2日下午，习仲勋在中共长葛县委扩大会议上发表重要讲话。他的讲话涉及对形势的判断、如何认识公共食堂和改变干部工作作风等方面。

首先，他对于长葛县的群众情绪、农村形势做了判断。习仲勋毫不留情面地批评了长葛县办公社以来不顾群众利益、乱刮"共产风"的做法，指出这把社会主义最根本的原则——按劳分配——丢掉了，把高级合作社时期那一套行之有效的制度丢掉了。对于长葛县大搞机关基本建设的错误做法，习仲勋更是毫不客气地说：你们的礼堂比北京全国政协礼堂还大；修的猪圈比群众住的房子还好，群众称之为"猪宫"；拆人房，盖"猪宫"，那像什么话？为了让广大干部群众牢记极"左"错误的教训，习仲勋提议：长葛县把所犯的"五风"错误编印成册，保存起来，每年拿出两次在干部会上打个招呼，引起同志们的注意；各公社也应该照样办，都要牢牢记下，不能忘了，忘记了，又会重蹈覆辙。这样振聋发聩的批评，是很少见的，使在座的干部很震惊，受到了极大教育。

其次，他对退赔和整风整社问题提出了看法。1960年11月，中央制定"十二条"下达全国，彻底纠正"一平二调"的"共产风"错误。习仲勋这次到长葛调研也带着检查执行中央政策的任务。他指出："中央'十二条'政策的中心之一是退赔。事实证明，坚决退赔是彻底反掉'五风'错误，调动群众积极性的重要政策。自留地要分给群众，占地占房、平调的一切东西都要退还。并以实物为主。为什么要重视这个工作？因为退赔彻底了，才能取信于民，使群众相信党、相信党的政策的正确性。"经过调查研究，习仲勋找出了长葛县在执行中央关于退赔政策的过程中存在的三个问题，即退赔不彻底、退实物太少、作价不合理。他指示各级干部："群众的东西必须退还给群众，不这样做，就是退赔不彻底。"

中央"十二条"政策允许农民经营少量的自留地和小规模的家庭副业，农民的劳动积极性空前高涨。看到农村形势好转了，习仲勋高兴地说："有了'十二条'，同志们又做了很多工作，农村形势转过来了，晚上12时群众还在自留地里劳动，真是披星戴月。现在的夜战和过去的夜战不同，过去是我们命令群众，现在完全是群众自愿，这个变化是很大的。"

习仲勋来长葛调研之前，中央在1961年3月的广州工作会议上颁布的《农村人民公社工作条例（草案）》，规定人民公社既是基层政权组织，又是社会主义的集体经济组织。公社实行生产大队所有制，大队是基本核算单位，生产队是直接组织社员生产和生活的单位。"六十条"还规定公社、生产大队、生产队的规模，由社员根据具体情况民主地决定。但是，由于长期受到极"左"思想影响，长葛县的社队规模存在偏大的问题，与当时的生产力水平不相适应。经过调研后，习仲勋指出："大队、小队规模适当划小，便于生活，便于生产，好处很多。至于公社一级的规模大小，还可以研究，我看平原地方公社的规模可以适当地大一些，多几个大队，只要改变作风，方法对头，同样可以做好工作。将来设区不设区，我的意见在平原不设区也可以。"习仲勋反对叠床架屋的机构设置，担心这会给群众带来新的负担。

习仲勋很注意借鉴运用在高级合作社时期形成的比较成熟的成功经验。他认为，把大队分成小队，必须把一系列的问题，如"三包一奖""四固定"、分配制度、劳动生产管理等，一个一个地解决好；要把原来高级合作社时期行之有效的管理制度和工作经验加以总结，恢复起来；要立一套章程制度，使工作走上轨道。习仲勋苦口婆心地指出："必须明确，公社化是在高级社的基础上发展起来的，现在仍是社会主义的初级阶段，是生产大队为基础，三级所有，并非社为基础，不能把高级社的经验忘记了。"

"现在仍是社会主义的初级阶段"这一判断和提法，反映出习仲勋实事求是、清醒而睿智的政治眼光和远见，具有重要的理论和实践意义。众所周知，超越社会发展阶段是1958年"大跃进"和人民公社化运动产生的理论根源，当时甚至提出准备向共产主义过渡的口号。经过1958年11月第一次郑州会议的纠"左"，党中央逐步划清了公社集体所有制和全民所有制的界限，明确现在所处的阶段仍然是社会主义发展阶段，刹住了"共产风"。但是，社会主义社会要不要划分阶段，当时中国社会究竟处在社会主义的哪一个发展阶段，对这两个问题并没有搞清楚。1959年年底至1960年年初，毛泽东在读苏联《政治经济学教科书》的谈话中提出："社会主义这个阶段，又可能分为两个阶段，第一个阶段是不发达的社会主义，第二个阶段是比较发达的社会主义。后一阶段可能比前一阶段需要更长的时间。"[1]很显然，毛泽东初步认为当时中国的社会主义还处在不发达阶段。这一判断总体来说是符合实际的。但"不发达"和"比较发达"的说法，属于形象化的表述，缺乏内在的规定性，对其内涵的理解因人而异。此后，毛泽东并未再进一步展开和细化这一理论观点。

可以说，1961年5月习仲勋提出的"现在仍是社会主义的初级阶段"，是对毛泽东所说的"不发达的社会主义"论断的具体展开和发展。这也是我们目前所接触到的档案材料中所记载的党和国家领导人中最早使用"社会主义初级阶段"这一提法。在党的文件中出现这一类似提法，是在20年之后的1981年6月十一届六中全会通过的《关于建国以来党的若干历史问题的决议》，《决议》提出："我们的社会主义制度还是处于初级的阶段。"1987年8月，在党的十三大召开前夕，邓小平明确指出："我们中国正处在社会主义的初级阶段，就是不发达的阶段。一切都要从这个实际出发，根据这个实际来制订规划。"据此，党的十三大系统阐述了关于社会主义初级阶段的理论和党在社会主义初级阶段的基本路线。邓小平明确提出，坚持社会主义初级阶段基本路线

---

[1] 中共中央文献研究室编：《毛泽东文集》第8卷，人民出版社，1999年，第116页。

一百年不动摇。党的十九大报告指出:"我国仍处于并将长期处于社会主义初级阶段的基本国情没有变。""全党要牢牢把握社会主义初级阶段这个基本国情,牢牢立足社会主义初级阶段这个最大实际,牢牢坚持党的基本路线这个党和国家的生命线、人民的幸福线。"

理论探索的生命力不因时间的流逝而消减,反而因经受时间的检验而愈发凸显其宝贵的时代价值和实践价值。1961年5月,习仲勋在长葛调查中提出的"现在仍是社会主义的初级阶段"的思想理论火花,已经成为党的集体智慧的结晶——邓小平理论的有机组成部分,成为中国特色社会主义理论体系的理论因子,具有持久的生命力。

第三,他关注公共食堂解散后的善后问题。习仲勋十分关心公共食堂解散后人民群众的生活问题,要求各级干部切实把解决群众困难放在突出位置。他说:"过去办食堂是全力以赴,但分散以后,不等于不管群众生活了,相反地,应该更好地关心群众生活,帮助群众解决生活困难。"

群众利益无小事。为了妥善解决群众生活问题,习仲勋急群众之所急,想群众之所想,提出了许多建议。比如他指示县、公社干部到外地组织订购铁锅等日用品,保证群众生活的需要;抓好蔬菜生产,保证群众每天能吃上一斤蔬菜;各公社开展互助活动,调剂粮食余缺,解决群众口粮问题;等等。习仲勋告诉干部群众一个道理:解决人民生活问题的根本出路在于增加生产,多打粮食。他叮嘱县、公社干部不要浮夸,不要幻想,不要瞎指挥,要做好农田水利建设规划,努力扩大灌溉面积,提高粮食产量,确保人民口粮的生产供应。

最后，他再次强调干部工作作风和工作方法问题。针对"五风"造成的严重后果，习仲勋明确提出：今后办事没有可靠的根据不要干，不要随便提出不切合实际的要求，必须切实反映群众的要求，切实反映客观实际；一切决定都要事先调查研究，不能凭主观推测臆想；不能光看现象，要看本质，要看出现在是个什么情况，将来有何结果，群众有何反映，问题如何解决，学会实事求是。他认为，一切经过调查研究，在调查研究过程中要注意：一是要置身于群众之中，使群众不把你当外人，不是什么干部、什么领导，而是把你看作和他一样，看成是自己人，是他的朋友；二是确实给群众办事，认真解决群众切身困难；三是去掉官僚架子，勤学勤记，艰苦朴素。

习仲勋还强调了集体领导的重要性。他说：一定要集体领导，个人领导是错误的；党委领导一定要树立民主集中制，第一书记要把大的事情拿到委员会上去讨论，发扬民主作风，让大家充分发表意见，考虑成熟后，再做出决定去执行。他一针见血地指出：作风要改、要学，不能怕麻烦；革命工作就是麻烦，过去刮"五风"的时候不麻烦，但是最后搞出了大麻烦，根本的一条是没有党委的集体领导，而是个人决定，独断专行。他强调任何工作都要走群众路线，向群众宣传，让群众讨论。但他同时指出，走群众路线也不是天天开大会。群众开会最少30分钟，最多不超过一个小时，可能30分钟的会群众还多记住一些东西，而半天、一整夜的会可能什么都记不住，因为时间长了，都打盹睡觉了，群众是在劳动间隙来开会的，我们一定要爱护群众精力。干部讲话一定要事先有准备，不要讲话不沾边，占去过多的时间。对于充满繁文缛节、形式主义的做法，习仲勋深恶痛绝。

他指出，各级会议表报、电话会议都要精简。公社以下可以不写。发那么多文件，不仅作用不大，而且浪费劳力。有时发的文件内容又有错误，发了还不如不发。同时，不要搞那么多洋格式，陕北群众有一句话"科学化，解不下"，搞的东西一定要人能懂，不懂搞那干什么？越多越看越糊涂，越糊涂越不起作用，实在说还是精简一些好，不要那么复杂，办了事就行。

最后，习仲勋强调指出，要发扬我们党的优良传统，生活要和群众相协调，不能特殊，现在群众生活不好，不要悬殊过大。要恢复我们在"土改"时期和合作化时期的实事求是、踏踏实实的做法，勤俭建国，勤俭办一切事业。

可以看出，习仲勋的讲话，贯穿着实事求是的思想路线，体现着从群众中来、到群众中去的群众路线。作为当时的国务院副总理兼秘书长，他的这一讲话，是真正根据中央要求、体现国务院总理周恩来所要求和提倡的"说真话，鼓真劲，做实事，收实效"[1]的代表作。

向中央发回第二次调查报告

1961年5月9日，习仲勋写出了第二份调查报告，向中共中央及邓小平报告了从4月24日起他在和尚桥公社宗寨大队对粮食问题和"三包一奖"、分配、耕畜等问题总结的调查情况。

在报告一开头，习仲勋首先指出，农村的情况和群众情绪越来越好。而之所以有这种转变，是因为中央的政策得到了贯彻执

---

[1]《周恩来选集》下卷，人民出版社，1984年，第349页。

行，干部的作风有了实实在在的改变，群众理所当然欢迎，生产积极性就自然高了。中央政策得到贯彻执行的一个重要体现，就是退赔问题进行得比较彻底。习仲勋同时指出，刚开始退赔并不彻底，首先是因为干部对退赔的决心不大，最主要的原因是群众还没有充分发动起来。

对于生产队的管理权限问题，习仲勋结合调查做了深入分析。1961年3月广州会议原则通过关于农村人民公社工作的"六十条"草案，虽然对社、队规模进行了缩小，但以生产大队作为基本核算单位没有改变，大队仍然承担着"管理各生产队的生产事业""在全大队范围内统一分配大队所有的产品和收入"等职能，生产大队对生产实行包工、包产、包成本、超产奖励的"三包一奖"制度，生产队仅是一个组织生产的单位，并没有生产经营的自主权和对劳动产品的处分权，这就导致生产队之间的平均主义问题依然没有从根本上得到解决。

习仲勋指出，对于"三包一奖"的办法，干部和群众特别拥护。但生产大队与生产队之间的权力划分上存在矛盾。习仲勋举例指出，生产队干部和社员都要求把牲畜所有权下放给生产队。过去牲畜归生产队使用，可是又归大队所有，还规定了保本保质等一套清规戒律。有些牲口老了，生产队无权处理，生下幼畜大队还要提成。生产队干部和社员心里很不踏实，常怕大队把好的牲口调走，这一切都影响了对牲畜的爱护和使用，影响了牲畜的繁殖和发展，不利于生产。而牲畜归生产队所有，至少有四条好处：1.可以促进干部和社员爱畜保畜的积极性；2.对繁殖幼畜有利；3.可以鼓励生产队多买牲畜；4.可以根据生产需要调换牲畜。习仲勋支持群众的合理要求，他指出，群众的休假权利要得到保证。随着"三包一奖"的实行,这个要求是合理的。种植计划、农活安排由生产队做主后,只有生产队才能根据实际情况,灵活安排放假的时间。习仲勋认为,生产队的权力越落实,就可以更加巩固生产大队的基本所有制,对农业生产的发展十分有利。害怕生产队权力过多会影响大队所有制的顾虑,是没有必要的。

习仲勋支持按劳分配的原则。他认为,人民公社化运动之所以出现乱子,就是因为没有认真地贯彻执行社会主义按劳分配的原则,把高级合作社时期行之有效的一套制度弃置不用,结果大大挫伤了群众的生产积极性。他指出,当前农村一切工作归根到底是"大办农业""大办粮食"问题。他引用群众的话说:"十二条,六十条,七十二条,千条万条,都还不是为了多打粮食,吃饱肚子。"而水利是搞好农业、保证多打粮食的一个最重要的条件。习仲勋全面而客观地分析指出,"大跃进"以来,在水利方面确实做出了很大的成绩,需要几年的时间来消化它。要下决心在今后一定时期不搞大的水利工程,而是踏踏实实地搞群众性的小型农田水利。只要把这项工作经常抓,抓到底,就能给农业生产打下牢靠的物质基础。

干部的作风问题,仍是习仲勋上报中央的一个重要内容。他列举了干部作风中存在的不良现象:许多干部工作方法一般化,靠打电话、听汇报、发指示、统计数字来指挥工作;有点像蜻蜓点水一样,飘浮得很,很少深入到群众中去调查研究,寻求真理;不关心群众疾苦,不倾听群众意见;任务来了,就由上往下布置,很少跟群众商量,不走群众路线。他主张,各级组织特别是领导核心都需要无例外地进行一次严格的整风,只有经过长期的艰苦工作，才能把干部的作风彻底转变过来，从而把工作大大地推向前进。

接到习仲勋发来的第二次调查报告后，经中央研究同意，于5月11日以中央办公厅的名义批转："各中央局、省、市、区党委并北三区中央十个调查组组长：兹将习仲勋同志在河南长葛县调查报告和两个材料送给你们参考。"

这样，继向中央发回第一次调研报告后，习仲勋的第二次调研报告也得到中央充分认可。

5月11日，习仲勋率领的调查组又向中央上报了《河南长葛县和尚桥公社整风整社问题的调查》，并附上《河南长葛县占用和退赔耕地的调查》《河南长葛县占用和退赔社员房屋的调查》两个附件。调查认为，这个公社的"五风"严重，中央"十二条"指示贯彻后，"五风"已经"刹了车"，但问题依然成堆：第一，党的政策贯彻不深不透，退赔不彻底；第二，干部作风和工作方法还没有彻底改变；第三，组织不纯洁，干部队伍需要整顿；第四，"六十条"开始贯彻，整风整社内容很多，任务很大。调查报告指出，必须把农村整风整社有计划、有步骤地进行到底。

中央接到关于和尚桥公社整风整社问题的调研报告后，5月15日，即以中央办公厅名义向"各中央局、省、市、区党委并北三区中央十个调查组组长"进行转发："兹将习仲勋同志在河南长葛县和尚桥人民公社的两个调查材料送你们参考。"

结合对和尚桥公社调研的实际情况，1961年5月12日上午，习仲勋在和尚桥公社党委会议（有部分县委委员参加）上发表讲话，强调了转变作风、实事求是、联系群众的问题。他指出：来长葛已经一个月零两天，在你们的配合下，加上我们的努力，情况好些了，群众对党的态度改变了；自留地、食堂、饲养家禽家畜等政策兑现了，粮食标准够吃了，可以活动些了，这是一个很大的变化；现在群众的生活并不好，特别是在低标准的情况下，群众和党的关系这样好是不容易的，所以一切工作都要依靠群众，贯彻党的政策。

依靠群众，贯彻党的政策，关键还在于地方基层的各级干部。习仲勋对于干部作风是否真正转变并不乐观。他直言不讳地指出：实事求是、联系群众的作风，在有的干部身上还没有树立起来，如果不及时整顿，还会实行强迫命令，发生问题，也会影响群众情绪；现在群众情绪还不十分稳定，很多政策没有很好地贯彻。他具体指出：县上决定将县办机械厂的房屋退给群众，而厂里却把门拆了，这样叫群众如何去住？对维护群众利益的事不能不管，必须抓到底。对于如何改善与群众直接联系的公社党委的作风问题，习仲勋提出了具体而严格的要求。他说：公社党委的领导作风要力求转变，我提议社内干部关门三、五、七天，根据干部作风问题进行整风，总结经验，批判错误，哪些对，哪些不对，是非明确，而后再在大队内整风。中央、地、县一起成立五人小组，开会一起开，开始先由宗寨、王庄、大路张、桥南、桥北、樊楼、杜村寺七个队作为重点，其他可以分批分期进行。党委第一书记有些日常事务可以由别人去做，不要什么事都要由党委书记管，越忙越不是好办法，忙得不能想问题，丢了大的，抓了小的。要有时间考虑问题，文件要少发，电话会议要少开，日常事务要少管，公社的一些大问题还是党内先讨论，而后再叫管委会贯彻到群众中去。他最后强调指出：靠个人不行，必须搞好集体领导，把集体领导搞起来，用民主集中制，走群众路线，就很有希望。

可以看出，强调实事求是、倡导群众路线、改变干部工作作风是习仲勋在调查过程中始终抓住不放的中心工作和环节。

在进一步调查指导和尚桥公社的基础上，5月15日，习仲勋率领的调研组又向中央陆续发回了《河南长葛县和尚桥公社宗寨大队粮食问题的调查》《河南长葛县和尚桥公社宗寨大队分配制度的调查》《河南长葛县和尚桥公社宗寨大队"三包一奖"的调查》三份调研报告，就事关群众切身利益的粮食问题，分配问题，包产、包工、包成本和超产奖励的问题如实向中央做了反映。中央接到报告后，于5月17日以中央办公厅的名义下发指出："各中央局、省、市、区党委并北三区中央十个调查组组长：兹将习仲勋同志在河南长葛县和尚桥公社的三个调研材料送你们参考。"

在对和尚桥公社宗寨大队进行调查研究后，习仲勋率领的工作组还调查了杜村寺大队的有关情况及耕畜归生产队所有的问题，并先后于5月17日、18日写成调研报告上报中央。中央接到报告后，随即再次以中央办公厅的名义向"各中央局、省、市、区党委并北三区中央十个调查组组长"转发了这两个调查材料，要求予以参考。

在为期四个半月的调研中，习仲勋代表调研组向党中央及河南省委连续提交了十多份调查报告，系统地提出了解散公共食堂、保护农村劳动力、实行多劳多得分配制度、调整社队规模、改进干部作风、顺应市场规律、包产到户经营、走群众路线等方面的意见和建议。中央办公厅接到报告后，迅速批转到各中央局和省（区、市）党委参考，最终为中央的决策提供了重要参考。

调查报告作用显现

正是由于各地中央调研组所做的调查研究反映了实际情况，促使中央重新思考政策转变。

1961年6月15日，中央重新修改颁布了《农村人民公社工作条例（修正草案）》。《农村人民公社工作条例（修正草案）》取消了农民普遍反对的公共食堂和部分供给制，而这两点直到《紧急指示信》和《六十条》初稿都还申明是必须坚持的，取消或建议取消公共食堂还曾经被当作"右倾机会主义"的一大罪状。

对于公共食堂，《农村人民公社工作条例（修正草案）》第36条规定："在生产队办不办食堂，完全由社员讨论决定。凡是要办食堂的，都办社员的合伙食堂，实行自愿参加、自由结合、自己管理、自负开销和自由退出的原则。这些食堂，都要单独核算，同生产队的财务分开。""生产队对于社员办的食堂，应该给予可能的支持和帮助，但是在经济上不应该有特殊的待遇。对于参加和不参加食堂的社员，生产队都应该同样看待，不能有任何的歧视。""社员的口粮，不论办不办食堂，都应该分配到户，由社员自己支配。口粮分配到户的办法，可以在收获后一次发，也可以分期发。"

对于供给制问题，《农村人民公社工作条例（修正草案）》取消了"六十条"中关于社员分配中供给部分和工资部分"三七开"的规定，改为社员一切收入都"按劳动工分进行分配"。

对于社员的房屋，《农村人民公社工作条例（修正草案）》第43条规定："社员的房屋，永远归社员所有。社员有买卖或者租赁房屋的权利。社员出租或者出卖房屋，可以经过中间人评议公平合理的租金或者房价，由买卖或者租赁的双方订立契约。任何组织、任何人，都不得强迫社员搬家。任何机关、组织、团体和单位，都不得占用社员的房屋。如果因为建设的需要，必须征用社员的房屋，应该严格执行国务院有关征用民房的规定，给以补偿，并且对迁移户作妥善的安置。"

干部作风问题曾较早地引起中共中央和毛泽东的注意。1960年12月下旬的中央工作会议期间，毛泽东就要求胡乔木借鉴红军的经验，搞一个党政干部三大纪律、八项注意的稿子。

在长葛调查研究的过程中，习仲勋对于干部作风问题十分关注。他在上报中央的《河南长葛县和尚桥公社整风整社问题的调查》等报告中就明确指出，"五风"虽然"刹了车"，但干部作风和工作方法还没有彻底改变，主要表现在：1.不调查研究，自上而下布置任务多，自下而上反映群众要求少，文件多、会议多、表报多。许多县、社的领导同志被淹没在事务主义、文牍主义的汪洋里，很少做调查研究工作，他们也常下去，但多是"走马观花"，很少深入细致地研究问题，群众称这种方法是"蜻蜓点水"。布置工作任务，往往不切实际。2.群众路线的工作作风很差，事情很少同群众商量，光要群众听干部的话，干部很少听群众的话。民主办社还是一句空话，工作停留在干部圈圈里头。我们这次调查提出问题和群众商量的时候，经常遇到"看上面咋规定""上面叫咋着就咋着"这样的回答，这不能不说是一个莫大的讽刺，可惜的是有些同志反而以为这样的群众觉悟高，"听党的话"。开群众会时，也很少跟群众商量上面事情，都是传达上级的精神，布置上面下来的任务，干部上去讲个把钟头，群众齐声回答"完成任务"，于是会议结束。干部很少和群众商量办事，上级也很少和下级商量。3. 党委包办行政事务。党委事务太多就产生了两个恶果：第一，党的领导干部不能深入调查研究，检查党的政策执行情形如何；第二，党不管党的现象很严重，造成党的组织涣散，思想工作薄弱。近年来，党的小组没有了，上党课的制度没有了，支部教员没有了，预备党员的管理制度没有了，积极分子的管理制度也没有了。"政治挂帅"成了一句空话。

通过习仲勋等人上报给中央的调查报告材料，中共中央认为，加强纪律约束对于端正干部作风是十分必要的。因此，《农村人民公社工作条例（修正草案）》增设了针对公社干部的三大纪律、八项注意。三大纪律是：如实反映情况；正确执行党的政策；实行民主集中制。八项注意是：参加劳动；以平等的态度对人；办事公道；不特殊化；工作要同群众商量；没有调查没有发言权；按照实际情况办事；提高政治水平。

在中央重新修改颁布了《农村人民公社工作条例（修正草案）》的同时，中央发出指示，要求各级党组织都要详细研究这个修正草案，抓紧农闲间隙，把这个修正草案读给和讲给人民公社全体党员和社员听，深入地展开讨论，并且在群众同意的基础上领导群众逐步实行。各级党组织必须保证把这个工作条例的每条、每款，一字不漏地、原原本本地告诉群众。要防止一部分干部把那些不合乎自己口味的规定不告诉群众，或者任意地加以篡改。

为彻底肃清"共产风"，1961年6月19日，中共中央做出《关于坚决纠正平调错误、彻底退赔的规定》，要求把自人民公社化以来，中央各部门，省、市、自治区、专、县各级的党政机关和企业事业单位，各公社、生产大队、生产队，凡是违背等价交换和按劳分配的原则，抽调或者占用的生产大队、生产队和社员个人的生产资料、生活资料、劳动力和其他财物，都必须彻底地清算和退赔。过去没有清算的，或者处理不彻底的，必须重新算账，保证真正做到彻底退赔。规定指出："通过彻底退赔来教育干部。要使我们的干部懂得，只有彻底退赔，才能恢复广大农民群众对党的政策的信任，才能使农民心情舒畅。要使干部认识到，在任何时候都不能剥夺农民；对于人民公社的三级集体所有制，对于社员的个人所有制，都不容许有任何侵犯。要通过这一次彻底退赔，来教会干部懂得等价交换和按劳付酬的社会主义原则，使他们真正学到，好像上了一次学校。"[1]

《农村人民公社工作条例（修正草案）》的颁布施行和《关于坚决纠正平调错误、彻底退赔的规定》的出台，是以毛泽东为核心的党的第一代中央领导集体和各级领导干部，在广泛调查研究的基础上所做出的正确决策，表明中共中央在农村政策上有了重大突破。在这一过程中，习仲勋在长葛调研报告中提出的一些意见和建议在中央文件中得到了体现，对于扭转农村困难局面发挥了重要作用。

在中共中央的努力和全国人民的支持下，20世纪60年代初期调整国民经济进行得比较顺利。这是怎么做到的呢？对此，1979年11月邓小平在《高级干部要带头发扬党的优良传统》的讲话中这样总结指出："那一次调整国民经济进行得比较顺利，是什么原因呢？就是因为党和群众的关系密切，党的威信比较高，把困难摆到人民面前，对群众讲清道理，做了大量的工

---

[1] 中共中央文献研究室编：《建国以来重要文献选编》第14册，中央文献出版社，1997年，第434—435页。

作。……如果党和政府没有很高的威信是办不到的。另外，那个时候整个风气也不同，我们的干部比较接近群众，所以能够很快渡过困难。"[1] 以习仲勋为首的中央赴长葛调研组实事求是、深入群众开展调查研究的这段历史，是对邓小平这一论述的最好注解。

1961年6月21日至7月6日，中共河南省委召开全省三级干部会议，贯彻中央《农村人民公社工作条例（修正草案）》精神，决定全省解散公共食堂，将粮食直接发给群众，允许农民回家做饭。7月22日，中央调整了河南省委领导班子，调广西壮族自治区党委第一书记刘建勋任河南省委第一书记，河南省委原第一书记改任第二书记。在河南省的形势基本稳定好转后，习仲勋一行于1961年8月22日离开河南长葛返回北京。

不了长葛情

在长葛县调查研究的时间里，习仲勋与当地干部群众结下了深厚的情谊。习仲勋在长葛期间，曾借来《长葛县志》进行通读，对长葛厚重的历史文化称赞不已。但他对当地干部说：现在是非常时期，不是观赏名胜古迹的时候，以后如果有机会，一定回长葛来看一看。习仲勋回到北京后，一直惦记着长葛人民的生活和生产，长葛人民也期盼这位心中有群众、为群众排忧解难的革命家再回长葛看一看。

---

[1] 中共中央文献编辑委员会编：《邓小平文选》第2卷，人民出版社，1994年，第217页。

但客观形势所限，习仲勋未能完成这个回长葛看看的心愿。

1962年，因为小说《刘志丹》，习仲勋被诬为"反党集团"成员，含冤受难十余年。

1978年，是当代中国历史发生重大转折的一年。这一年，习仲勋老骥伏枥，重新恢复工作，奉命去广东"把守祖国的南大门"。

1978年，长葛也迎来了改革开放的春天。当时，长葛的毛呢、羊尾毛、人发加工等地方特产已在国内颇有名气，就想闯一下国际市场。县里指示：去参加一年一度的秋季广交会。由于是第一次参加这样的国际交易会，盲目前往，结果被拒之门外。不能参展，运过去的东西就得再运回来，经济损失不说，还得留下个话柄。当年习仲勋在长葛调研时担任和尚桥公社党委副书记的楚西酉此时已升任县外贸局局长，楚西酉等人立即寻求时任广东省委书记的习仲勋帮忙。次日，长葛特产即入馆参展。

1984年9月12日，长葛县城关公社八七村（即原和尚桥公社宗寨大队）的党支部全体成员及干部群众，给已任中共中央政治局委员、中央书记处书记的习仲勋写信，汇报了当地从1961年由富变穷，到24年后又由穷变富的发展过程。

10月20日，正在出席中共十二届三中全会的习仲勋百忙中抽出时间复信长葛县八七村干部群众：

> 看到你们九月十二日写给我的信，不胜欣慰之至。回想起二十多年前我在长葛县调查研究时的所见所闻，至今依然历历在目，记忆犹新。当时你们大队由一个好端端的富队变成了一个响当当的穷队，我们如实地向中央作了反映。现在

看来，最根本的原因是在"左"的错误思想指导下，破坏了农业生产力，结果使广大干部群众吃了很大的苦头。这是多么深刻的教训啊！时至今日，你们那里在党的十一届三中全会的路线、方针、政策的指引下，在农村经济体制改革的推动下，面貌焕然一新，走上了由穷变富的康庄大道，并在社会主义精神文明建设中取得了很大成绩。我衷心地向你们表示热烈的祝贺和亲切的慰问！今天，党的十二届三中全会已经胜利闭幕。这是继党的十一届三中全会以后的又一次重要的会议。全会通过了关于经济体制改革问题的决定。希望你们认真学习和领会这次全会的精神，并结合农村的实际创造性地贯彻执行。同时，也希望你们坚持实事求是的思想路线，继续清除"左"的思想影响，彻底否定"文化大革命"，增强党性，克服派性，消除隔阂，团结一致，在治穷致富，实现农业现代化的征途中努力攀登新的高峰！

公务缠身，习仲勋回长葛看一看的心愿，一直未能实现。

光阴如梭。1961年习仲勋到长葛搞调查研究已经成为久远的历史。人生易老天难老，岁月沧桑才留痕。耿耿丹心写就的历史不会被湮没，档案材料的白纸黑字依然散发着关心民瘼的温度，口口相传的伟业风范业已深深地镌刻在长葛人民的心中。

"一切结论产生于调查情况的末尾"

调查研究,是中国共产党的基本工作方法和优良传统。习近平总书记指出:"调查研究是谋事之基、成事之道。没有调查,就没有发言权,更没有决策权。"在决胜全面建成小康社会、实现中华民族伟大复兴中国梦的新征程中,进行伟大斗争、建设伟大工程、推进伟大事业、实现伟大梦想,仍需要我们与时俱进地掌握调查研究的方法,继承这一优良传统,夯实这一谋事之基,光大这一成事之道。

"一切结论产生于调查情况的末尾,而不是在它的先头"

中国共产党一经成立,就义无反顾地肩负起实现中华民族伟大复兴的历史使命,团结领导人民进行了艰苦卓绝的斗争。斗争的第一步,就是先了解中国国情并据此提出革命路线图。这正是以毛泽东为代表的中国共产党人所面对的并勇敢承担起来的工作。邓小平指出:"毛泽东同志从参加共产主义运动,缔造我们党的最初年代开始,就一直提倡和实行对于社会客观情况的调查研究,就一直同理论脱离实际、一切只从主观愿望出发、一切只从本本和上级指示出发而不联系具体实际的错误倾向作坚决的斗争。"

众所周知,毛泽东在不同时期都留下了很多调查研究的经典论述和案例。比如,在大革命前后和土地革命时期,他用大量时间对农村有关情况进行了调查研究,写下了《湖南农民运动考察报告》《兴国调查》《寻乌调查》等。习近平总书记曾指出:"毛泽东同志1930年在寻乌县调查时,直接与各界群众开调查会,掌握了大量第一手材料,诸如该县各类物产的产量、价格,县城各业人员数量、比例,各商铺经营品种、收入,各地农民分了多少土地、收入怎样,各类人群的政治态度,等等,都弄得一清二楚。这种深入、唯实的作风值得我们学习。"毛泽东在《调查工作》(《反对本本主义》)一文中,从思想理论方面阐明了调查工作的重要意义,提出了两个极为重要的观点:一是"没有调查,没有发言权";二是"一切结论产生于调查情况的末尾,而不是在它的先头"。在抗日战争、解放战争以及新中国成立后的社会主义革命和建设时期,毛泽东仍一如既往、身体力行地开展调查研究。1956年,毛泽东历时两个多月,先后听取了国务院30多个部门的工作汇报,在调查研究的基础上形成了著名的《论十大关系》报告,成为党开始探索适合中国国情的社会主义建设道路的开端。

当然,探索之路从来不是一片坦途、一帆风顺。由于对社会主义建设经验不足,更由于没有经过认真的调查研究和试点,随后发动了"大跃进"运动和农村人民公社化运动,高指标和"共产风"盛行。主观上的工作失误和客观上的严重自然灾害,导致20世纪60年代初我国国民经济发生严重困难。在严峻的形势面前,毛泽东等中央领导人很快意识到,当务之急是正确认识客观实际并对国民经济进行调整。为此，毛泽东呼吁全党大兴调查研究之风。在他提倡下，刘少奇到湖南，周恩来到河北，朱德到四川、河南，陈云到上海，邓小平到北京郊区等地进行调查研究。同时，根据中央和毛泽东的部署，邓小平主持召开中央书记处会议专门研究农业问题，并派出10个调查组分赴"三北"（华北、东北、西北）、山东、四川等地有关省、区调查。根据安排，习仲勋到河南长葛，廖鲁言到晋东南，胡耀邦到辽宁，王从吾到黑龙江，钱瑛到甘肃，陈正人到四川，王观澜到陕西，徐冰到山东，杨尚昆到河北安国和徐水，分别进行调查研究。一时间，从中央到地方，各级领导同志纷纷走出机关，深入基层进行调查研究。这次调查研究为国民经济调整提供了可靠的依据和坚实的基础，而国民经济调整又成为推动调查研究广泛深入发展的强大动力，两者起到了很好的互相推动作用。

历史的经验值得注意。习近平总书记总结指出："回顾我们党的发展历程可以清楚地看到，什么时候全党从上到下重视并坚持和加强调查研究，党的工作决策和指导方针符合客观实际，党的事业就顺利发展；而忽视调查研究或者调查研究不够，往往导致主观认识脱离客观实际、领导意志脱离群众愿望，从而造成决策失误，使党的事业蒙受损失。"

调研工作务求"深、实、细、准、效"

历史是最好的老师。习近平总书记指出，重视调查研究，是我们党在革命、建设、改革开放等各个历史时期做好领导工作的重要传家宝。他还指出："党的实事求是的思想路线，党的从群众中来、到群众中去的根本工作路线，都要求我们的领导工作和领导干部必须始终坚持和不断加强调查研究。只有这样，才能真正做到一切从实际出发、理论联系实际、实事求是，真正保持党同人民群众的密切联系，也才能从根本上保证党的路线方针政策和各项决策的正确制定与贯彻执行。"

调查研究就是理论和实践相结合的过程，是探求真理的过程，也就是实事求是的过程。毛泽东指出："'实事'就是客观存在着的一切事物，'是'就是客观事物的内部联系，即规律性，'求'就是我们去研究。我们要从国内外、省内外、县内外、区内外的实际情况出发，从其中引出其固有的而不是臆造的规律性，即找出周围事变的内部联系，作为我们行动的向导。"他还指出："实践、认识、再实践、再认识，这种形式，循环往复以至无穷，而实践和认识之每一循环的内容，都比较地进到了高一级的程度。"

调查研究离开了实事求是原则或者实事求是不够，就会导致主观认识脱离客观实际、领导意志脱离群众愿望，从而造成决策失误，使党的事业蒙受损失。1960年6月，毛泽东在《十年总结》一文中指出：过去工作中犯错误正是由于思想方法不对头，忘记了实事求是的原则；而我们所要争取的主动权，恰恰"来自实事求是，来自客观情况在人们头脑中的真实的反映，即人们对于客观外界的辩证法的认识过程"。1961年3月，周恩来在广州会议上指出："调查研究，必须贯彻实事求是精神，各人的认识总是有局限性的，要摆脱局限性、片面性，必须进行比较、综合、分析。"1978年5月，邓小平指出："先作调查研究，然后才有发言权。开会也好，作决议也好，搞文件也好，都要从实际出发，提出问题,总结经验,制定方针政策,这就是实事求是。"习近平总书记指出,调研工作务求"深、实、细、准、效"。这五个方面是对实事求是原则的细化。

"这样才能真正听到实话、察到实情、获得真知、收到实效"

加强调查研究与坚持党的群众路线,是相辅相成的。毛泽东在谈到他在寻乌做调查的情况时说:"找了几个中下级干部,一个破产了的商会会长,一个在县衙门管过钱粮的小官吏,还有一个穷秀才,此外就是寻乌县的县委书记。我们几个人,谈了好几天。那些人可有话讲啦!他们把那里的全部情况,寻乌的工商业情况,各行各业的情况,都跟我讲了。"他自己既主持会议又亲自记录,真正深入到群众中去,调查内容非常丰富,包括地理位置、历史沿革、行政区划、自然风貌、水陆交通、土特产品、商业往来、商品种类、货物流向、税收制度、人口成分、土地关系、阶级状况、剥削方式、土地斗争等。他在调查的基础上得出结论:"寻乌这个城,把它的人口成分解剖起来,才知它还完全是一个农业手工业城市。"由此为制定出正确的路线方针政策提供了可靠依据。与此相反,1958年毛泽东虽视察了大江南北不少省份,但多是走马观花式的考察,很少召开在寻乌做调查时的那种座谈会。事后他说:"不做亲身的典型调查,满足于在会议上听地、县两级的报告,满足于看地、县的书面报告,或者满足于走马看花的调查。……我自己的毛病当然要坚决改正。"这一反思深刻而到位。习近平总书记指出:"领导干部进行调查研究,要放下架子、扑下身子，深入田间地头和厂矿车间，同群众一起讨论问题，倾听他们的呼声，体察他们的情绪，感受他们的疾苦，总结他们的经验，吸取他们的智慧。既要听群众的顺耳话，也要听群众的逆耳言；既要让群众反映情况，也要请群众提出意见。""这样才能真正听到实话、察到实情、获得真知、收到实效。"

"他的方法是调查研究，不调查清楚他就不讲话"

一段时期内，尽管有的决策在做出前看似也征求了意见、做了些调查，但有的调查却是先有判断和答案，调查只是为了论证判断的正确。比如，1958年北戴河会议决定钢产量翻一番达到1070万吨，毛泽东挨个向与会者核实：1070万吨行不行？首先问上海市副市长，回答说可以；又问鞍山市委书记，回答也说可以；再问武汉市委书记，也说行；接着问太原市委书记，他说可以；最后问主要钢铁基地重庆、北京、天津、唐山、马鞍山的工业书记，大家都纷纷说行。在七千人大会上，刘少奇对相关问题批评指出："有许多干部忘记了毛泽东同志一贯提倡的实事求是的作风。"他们决定问题时，不调查，不研究，以感想代替政策；进行工作时，乱提高指标，说空话，瞎指挥，他们听了一些假典型、假"卫星"，就以讹传讹，盲目推广。更有甚者，有的人"故意弄虚作假，瞒上欺下"，"为了争名誉、出风头，不惜向党作假报告，有意夸张成绩，隐瞒缺点，掩盖错误"。这样一针见血的批评，发人深省。

与此相比，陈云同志注重调查研究在党内是出了名的。他每解决一个重要的财政经济问题，每做出一个重大的经济决策，事前都有一个深入细致的调查研究过程。毛泽东多次赞扬陈云，说他懂经济，懂得较多。"他的方法是调查研究，不调查清楚他就不讲话。"毛泽东指出："各级党委，不许不作调查研究工作。绝对禁止党委少数人不作调查，不同群众商量，关在房子里，作出害死人的主观主义的所谓政策。"习近平总书记指出："调查研究一定要从客观实际出发，不能带着事先定的调子下去，而要坚持结论产生在调查研究之后，建立在科学论证的基础上。"他强调："不调研不决策，先调研后决策。"